Susan Arndt und Antje Hornscheidt (Hg.)
Afrika und die deutsche Sprache

UNRAST

Susan Arndt und Antje Hornscheid (Hg.)

Afrika und die deutsche Sprache

Ein kritisches Nachschlagewerk

herausgegeben unter der Mitarbeit von
Marlene Bauer, Andriana Boussoulas, Katharine Machnik
und Katrin Petrow

UNRAST

Bibliographische Information der Deutschen Bibliothek
Die Deutsche Bibliothek verzeichnet diese Publikation in der
Deutschen Nationalbibliographie; detaillierte bibliographische Da-
ten sind im Internet über http://dnb.ddb.de abrufbar.

Für die finanzielle Unterstützung bedanken wir uns bei dem
Nordeuropa-Institut der Humboldt-Universität zu Berlin und dem
Zentrum für transdisziplinäre Geschlechterstudien der Humboldt-
Universität zu Berlin.

Susan Arndt / Antje Hornscheidt (Hg.) -
Afrika und die deutsche Sprache
3. Auflage, März 2018, unveränderter Nachdruck v. 2009
ISBN 978-3-89771-424-3

© UNRAST-Verlag, Münster
Postfach 8020, 48043 Münster – Tel. (0251) 66 62 93
kontakt@unrast-verlag.de
www.unrast-verlag.de
Mitglied in der *assoziation Linker Verlage* (aLiVe)

Umschlag: Online Design GmbH, Bad Kreuznach
Satz: UNRAST-Verlag, Münster
Druck: CPI-books, Clausen & Bosse, Leck

Inhalt

I. Ein Nachschlagewerk zu Kolonialismus, Rassismus und Afrikaterminologie

Prolog

»Worte können sein wie winzige Arsendosen«, schreibt Victor Klemperer in seiner Analyse der Sprache des Nationalsozialismus: »Sie werden unbemerkt verschluckt, sie scheinen keine Wirkung zu tun, und nach einiger Zeit ist die Giftwirkung doch da.«[1] Vergleichbar mit Klemperers Warnung will das vorliegende Buch ein Bewusstsein dafür schaffen, dass auch Rassismus kontinuierlich durch Sprache hergestellt wird und wirkt. Vielen ist nicht bewusst, dass Begriffe wie »Mischling«, »Schwarzer Kontinent«, »primitiv« oder »Häuptling« einen diskriminierenden Gehalt und eine kolonialistisch geprägte, rassistisch wirkende Bedeutungsgeschichte haben, die bis heute zum Ausdruck kommt.

Durch Benennungen werden Dinge, Sachverhalte, Emotionen und Menschen – zugeordnet zu verschiedenen Gruppen und eingeordnet nach diversen Kriterien wie Aussehen, Tätigkeiten, Alter usw. – überhaupt erst sichtbar und wahrnehmbar. Dadurch wird ein Blickwinkel auf Wirklichkeiten zum Ausdruck gebracht: Es macht einen Unterschied, ob gesagt wird, »siehst du den Menschen dort« oder statt »Mensch« von der Frau, der Präsidentin, der Weißen, der Mutter, der Alten, der Jungen, der Verrückten gesprochen wird – oder ob man/frau gar nichts sagt, die Person ignoriert. Alle Benennungen können sich auf dieselbe Person beziehen und bringen doch unterschiedliche Perspektiven und Bewertungen zum Ausdruck. Menschen können durch Benennungen und Nicht-Benennungen aufgewertet oder diskriminiert, zur Norm gesetzt oder ausgegrenzt werden – Sprache kann auf diese Weise als Macht- und potentielles Gewaltmittel funktionieren. In der Regel ist Menschen dieser aktive konstruierende Prozess beim Sprechen nicht bewusst. Stattdessen wird Sprache oft als neutrales Medium wahrgenommen, dass »das« vermeintlich Gegebene einfach nur widerspiegele. Das führt, gerade in Bezug auf kolonialistisch geprägte und rassistische Termini, oft zu einer Weigerung, Sprachgebrauch kritisch zu reflektieren, oder auch zu Aggressionen und Wut, wird frau/man damit konfrontiert. Auch die Herausgeberinnen und Autor/inn/en des Buches, das aus Weißer Perspektive geschrieben und editiert wurde, haben durch die Arbeit an diesem Projekt ihren eigenen Sprachgebrauch neu zu überdenken gelernt. Es war ein wichtiger Lernprozess für alle beteiligten Weißen, auch für jene, die einen Migrationshintergrund haben, sich darauf einzulassen, die eigene Sprache sowie den Sprachgebrauch im sozialen Umfeld und in der Gesellschaft (z.B. Medien, Politik, Werbung) kritisch auf rassistische Muster hin zu reflektieren.

Es ist bis heute ein Weißes Privileg, Begegnungen mit Rassismus in Sprache entweder zu ignorieren oder in einer analysierenden Außenperspektive zu verharren. Die von uns kritisierte Sprache präsentiert sich weit jenseits offenkundiger rassistischer Vokabeln. Wenn Weiße beim Lesen dieses Buches den Eindruck haben, dass die hier gegebenen Darstellungen an einzelnen Stellen überspitzt oder übertrieben seien, dass Sprache doch eigentlich nicht so wichtig sei, dass es sich hier um »Wortklauberei« handele usw., könnten sie diese Gegenwehr zunächst auch daraufhin befragen, ob es sich dabei jeweils um Abwehrstrategien handelt, um sich nicht mit eigenen Vorannahmen, Wahrnehmungen und den eigenen Denkmustern auseinander setzen zu müssen. Nimmt frau/man eine Position ein, dass Sprache einfach da und nicht wichtig sei, wird auf diese Weise auch die eigene, permanente Verantwortung, das eigene sprachliche Handeln zu hinterfragen, abgelehnt.

Das Buch soll vor diesem Hintergrund dazu anregen, sich mit der eigenen Position, Verantwortung und Macht im eigenen Sprechen auseinander zu setzen. Die Projektidee selbst ist der Initiative Schwarzer Studierender am Seminar für Afrikawissenschaften an der Humboldt-Universität zu Berlin zu verdanken, die unter großer emotionaler Kraftaufwendung und weitreichenden persönlichen Konsequenzen nicht aufgegeben haben, den Gebrauch rassistischer Vokabeln und Ausdrucksweisen an der Hochschule zu kritisieren.

Der vorliegende Band kann von Anfang bis Ende durchgelesen werden, aber auch als Nachschlagewerk dienen. In der Einleitung werden die oben angesprochenen, gängigen Vorannahmen zu Sprache, Denken und Rassismus aufgegriffen. Es wird aufgezeigt, inwiefern Denken und Sprache eng zusammen hängen und durch Sprache Gewalt ausgeübt werden kann. Dabei wird auf das historische Gewordensein der deutschen Afrikaterminologie im Kontext von Kolonialismus und Rassismus eingegangen, und es werden verschiedene Argumentationsstrategien kommentiert, die immer wieder anzutreffen sind, wenn Menschen auf den rassistischen Gehalt ihres Sprachgebrauchs angesprochen werden.

Im Hauptteil des Buches können über 30 kolonial und rassistisch geprägte Begriffe nachgeschlagen werden, mit denen Afrika und Schwarze bezeichnet werden. Damit wird nicht angenommen, dass ein »politisch korrekter« Sprachgebrauch oder das bloße Ersetzen von bestimmten Wörtern Rassismus ein Ende bereiten könnte. Durch eine Auseinandersetzung mit rassistischen Begrifflichkeiten kann jedoch eine offene gesellschaftliche Auseinandersetzung mit Manifestationen von rassistischen Denkmustern – seiner Geschichte und aktuellen Implikationen – gefördert werden. Die Auseinandersetzung mit den Begriffen bietet Anregungen und Impulse für eine solche notwendige Reflexionsarbeit.

Im Anschluss daran zeigt eine exemplarische Analyse eines Zeitungsartikels, wie sich Rassismus auch unabhängig von rassistischen Begriffen manifestiert. Dieser Teil gibt den Leser/inne/n ein Instrumentarium dazu in die Hand, wie sie selbst Texte kritisch lesen können.

Der Band schließt mit einer kommentierten Auswahlbibliografie von weiteren Titeln, die die Herausgeberinnen des Bandes Interessierten zum Weiterlesen zu verschiedenen Themenschwerpunkten empfehlen.

Die Illustrationen, die sich an einigen Stellen des Buches finden, sollen die jeweiligen Analysen durch einen visuellen Eindruck weiter verdeutlichen und sind auf diese Weise Teil der jeweiligen Analysen.

Für die Zukunft sind vier weitere Bände geplant, die sich mit Rassismus und Sprache im Kontext anderer Regionen und politischer

Kontexte auseinandersetzen. Gedacht ist hier an Bände, in denen die deutsche Terminologie zu Nord- und Südamerika, zu Europa, zu Asien und Australien sowie zu Antisemitismus kritisch reflektiert wird. Alle, die an einer Mitarbeit interessiert sind, sind eingeladen, sich über die Email-Adresse mit dem Projekt in Verbindung zu setzen. Diese Email-Adresse (spracheafrika@yahoo.de) und die hier angebundene Mailing-Liste soll zudem ein Anlaufpunkt sein, um den Leser/inne/n dieses Bandes ein Forum zu bieten, die Beiträge dieses Bandes kritisch und ergänzend zu diskutieren.

Wir danken Heiko Thierl und insbesondere Regina Stein von der Initiative afrodeutscher Frauen (ADEFRA), die durch ihre Lektüre wichtige Impulse beigetragen und Weiße Denkmuster der Autor/inn/en und Herausgeberinnen aus ihrer Perspektive als Schwarze Deutsche kritisch hinterfragt haben. Darüber hinaus dankt das Herausgeberinnengremium auch Marcus Scharrer und Marek Spitczok von Brisinski, zwei Weißen Deutschen, für ihre kritischen Kommentare und Anregungen.

Die Herausgeberinnen danken dem in Kamerun geborenen, seit vielen Jahren in Berlin lebenden Künstler Moise Ngolwa, dass er ihnen einige Zeichnungen aus seinem Werk zur Verfügung stellte, um diese im vorliegenden Buch wiedergeben zu können. Seine künstlerischen Werke illustrieren insgesamt nachdrücklich, was analysieren wird.

Anmerkungen

[1]   Klemperer, Victor. *LTI. Notizen eines Philologen.* Leipzig 1987 (Erstveröffentlichung 1946): 21.

II. »Worte können sein wie winzige Arsendosen.«[1] Rassismus in Gesellschaft und Sprache[2]

Susan Arndt, Antje Hornscheidt

1. Rassismus und Kolonialismus

In der Ära des transatlantischen Sklavenhandels und Kolonialismus bedurften die europäischen Kolonialmächte einer Rechtfertigungsideologie für ihre Politik der Eroberung, Ausbeutung, Unterdrückung und Gewaltherrschaft. Schließlich verletzte diese Praxis die neu formulierten und vom Bürgertum deklarierten Ideale von »Freiheit«, »Gleichheit« und »Solidarität«. Vor diesem historischen Hintergrund kam es im Zeitalter der Aufklärung zur Erfindung und Hierarchisierung menschlicher → »Rassen« – ein Prozess der gemeinhin als Formierung des Rassismus angesehen wird. Diese ins 17. Jahrhundert zurückreichende »Erfindung« bot letztlich auch die Grundlage für moderne Genozide, die im deutschen Kontext ihren Anfang 1904 nahmen, als die deutsche Kolonialmacht planmäßig und zielgerichtet danach strebte, die Hereros und Namas zu vernichten.

Rassismus kann als Komplex von Einstellungen – Gefühlen, Vorurteilen, Vorstellungen – und Handlungen beschrieben werden, die darauf beruhen, dass Weiße ausgehend von »Rassentheorien«, die den Anspruch auf Wissenschaftlichkeit erhoben haben, aus einer Vielzahl von zumeist visuell sichtbaren körperlichen Merkmalen einzelne (wie etwa die Hautfarbe) selektieren, dichotomisieren und zu einem »natürlich gegebenen« und relevanten Kriterium der Unterscheidung erklären. Dabei werden den vermeintlich gegebenen, statischen und objektiven »Rassenmerkmalen« bestimmte soziale, kulturelle und religiöse Eigenschaften und Verhaltensmuster zugeschrieben. Die so hergestellten Unterschiede werden, wie Albert Memmi zeigte, in einem Prozess Weißer[3] hegemonialer Praxis verallgemeinert, verabsolutiert und gewertet. Ausgehend von einer konstruierten Normsetzung des »Eigenen«

wurde das »Andere« erfunden und homogenisiert. Psychologisch und praktisch dient dieser Konstruktionskomplex Weißen dazu, unterschiedliche Macht- und Lebenschancen von Weißen und Schwarzen sowie Weiße Aggressionen und Privilegien zu legitimieren.[4] Stereotype Wahrnehmungen, die etwa Afrikaner/innen von Europäer/inne/n haben, besitzen nicht eine solche machtlegitimierende Ideologie. Wenn Weiße durch Schwarze markiert werden, dann ist das zwar eine Folge der Markierung und Diskriminierung, die von Weißen eingeführt wurde. Es handelt sich aber nicht um Rassismus, da dieser an den Besitz politischer, sozialer und ökonomischer Macht gebunden ist.

Häufig wird behauptet, Europäer/innen würden nun einmal anders aussehen als Afrikaner/innen. Dabei wird u.a. auf die Pigmentierung angespielt. Weder alle Weißen noch alle Schwarzen haben den gleichen Hautfarbton. Manche als Weiß konstruierte Europäer/innen haben einen dunkleren Teint als Afrikaner/innen. Erst durch den Rassismus wurde das Farbspektrum von Hautfarben auf eine Dichotomie von »weiß« auf der einen Seite und »schwarz« auf der anderen reduziert, wobei Weiß-Sein als Norm gesetzt und das »Nicht-Weiße« alterisiert, das heißt zum Anderen, »Un-Normalen« gemacht wurde. Dabei wurde auf der Seite des »Anderen« partiell ausdifferenziert, etwa in »dunkelhäutig«, »rothäutig« und »gelb«.

Hier wird deutlich, dass solche Grenzlinien in einem breiten Farbspektrum willkürlich gezogen werden. Die entscheidende Frage ist, weshalb und auf Grund welcher Kriterien und Machtkontexte dies geschieht und so Unterschiede als gesellschaftlich relevant hergestellt und bewertet werden.

Im Zuge der Formierung von Rassismus waren Weiße Wissenschaftler bemüht, diese dichotomische Konstruktion wissenschaftlich zu fundieren.[5] Menschliche Körper wurden vermessen, Blutuntersuchungen vorgenommen. Noch heute lagern Tausende von Schädeln als Relikte dieser biologistischen Forschungen in deutschen Krankenhäusern und ethnologischen Museen. Viele der Schädel stammen von Menschen, die von der deutschen Kolonialmacht ermordet worden sind.[6] Wegen ihres naturwissenschaftlichen Duktus und der Unmöglichkeit, die »wissenschaftlichen Befunde« direkt zu überprüfen, konnten Thesen, wie etwa die, dass sich »Rassenunterschiede« genetisch belegen lassen, besonders machtvoll wirken. Entscheidend war, dass diese Forschungen politische Begehrlichkeiten bekräftigten und absicherten.

Heute sind diese Thesen widerlegt[7], so wie auch in anderen Bereichen immer wieder zur Diskussion steht, ob es eine objektivierbare Naturwissenschaft gäbe, die grundlegende menschliche Kategorisierungen »beweisen« könne.[8] Dennoch ist es nicht möglich, diese Klassifizierung nach → »Rassen« einfach zu ignorieren. Auch wenn wir nicht als Schwarze und Weiße geboren werden, werden wir – um Simone de Beauvoirs berühmte Aussage zur gesellschaftlichen Sozialisierung von Frauen aufzugreifen – zu diesen gemacht. Im Bemühen, solche Konstruktionen in ihrer politischen und kulturellen Wirkungsmacht anzuerkennen und zu benennen, ohne die rassistischen Inhalte zu transportieren, haben sich in der solche Überlegungen aufnehmenden Wissenschaft und Politik alternative Bezeichnungen durchgesetzt. Dazu zählen die Begriffe »Schwarze/r« und »Weiße«. Sie beziehen sich nicht auf die Hautfarbe, sondern sind politische Begriffe, die darauf abzielen, auf die soziopolitischen Folgen und historischen Verantwortlichkeiten hinzuweisen. Dabei ist »Schwarze« die politische Bezeichnung für all diejenigen, die zu Objekten des Rassismus konstruiert werden; Weiße agieren als Subjekte rassistischer Prozesse und Akteure und Akteurinnen rassistischer Handlungen. Um deutlich zu machen, dass es sich bei Schwarzen und Weißen um Konstrukte des Rassismus handelt und nicht um biologisch klassifizierbare Gruppen, werden »Schwarz« und »Weiß« auch in adjektivischer Verwendung groß geschrieben. Dies geschieht vor dem Hintergrund, markieren zu wollen, dass Rassismus Weiße wie Schwarze konstruiert hat und Weiß-Sein damit eine kulturelle und politische Implikation und Wirkkraft hat, die unabhängig davon besteht, ob Weiße Individuen sich dieser bewusst sind oder nicht.

Oftmals wird kritisiert, dass mit den Bezeichnungen Schwarze und Weiße biologistische und essentialisierende Kriterien fortgeschrieben werden würden. Hier manifestiert sich aber das Problem, dass es fatal wäre, im Duktus der *colour-blindness*[9] die Existenz und soziopolitische Konsequenz biologistischer Konstruktionen einfach auszublenden. Dadurch würden bestehende Hierarchien eher noch bestärkt werden.[10] Indem man/frau aber essentialistische Bezeichnungen adaptiert und dabei gleichzeitig bricht, wie das etwa bei der Bezeichnung Schwarze Deutsche der Fall ist, kann Rassismus offengelegt und kritisiert werden. Durch sprachliche Innovationen und Irritationen (Großschreibung des Adjektivs) werden zugleich diese Konstruktionen kritisch hinterfragt.

Neben einer Verwendung von »Schwarze« als allgemeine Bezeichnung für Menschen, die Objekte des Rassismus sind, gibt es auch den Ansatz, zwischen »Schwarzen« und »People of Colour« (POC) zu unterscheiden. Schwarze bezieht sich dabei auf Afrikaner/innen und Menschen, die in den afrikanischen Diasporas bzw. Kulturräumen mit einem Hintergrund in afrikanischen Kulturen leben. POC, das anders als Schwarze nur als Kollektivbezeichnung existiert, rekurriert auf Menschen und Kulturen, die Opfer Weißer hegemonialer Macht und von Rassismus sind, aber keinen afrikanisch geprägten kulturellen Hintergrund haben. Dazu zählen etwa Inder/innen und Angehörige der *First Nations People of America*.[11] Auch türkische Migrant/inn/en in Deutschland greifen auf POC als Selbstbezeichnung zurück. Damit eröffnet sich zwar ein Instrumentarium, um innerhalb der überaus heterogenen Gruppe der Personen, die durch Rassismus diskriminiert werden, differenzieren zu können. Doch letztlich kann der diesbezüglichen Homogenisierung nur bedingt entgegengewirkt werden. Politisch und kulturell konstituieren sich beide Gruppen – Schwarze und POC – noch immer heterogen. In diesem Wörterbuch wird dem Ansatz gefolgt, »Schwarze« als allgemeinen politischen Begriff zur Bezeichnung von Menschen zu gebrauchen, die durch Rassismus diskriminiert werden.

Rassismus darf aber nicht pauschal zur Benennung jedweder Form von transkultureller oder transnationaler Diskriminierung verwendet werden. Dies ginge mit einer inflationären Verwendung des Begriffes einher, die den geschichtlichen Kontext des Konzepts Rassismus und somit die Spezifik, Gefahr und Verantwortung, die ihm innewohnen, verschleiert. Bei den Erfahrungen von körperlicher, sprachlicher und psychischer Gewalt, die etwa Weiße Russen und Russinnen heute in Deutschland erfahren, handelt es sich zwar um Formen von Diskriminierung, die auf eine antislawische und antirussische Tradition in Deutschland aufbaut, nicht aber um Rassismus in dem Sinne, wie wir den Begriff hier gebrauchen.

In der deutschen Gesellschaft lässt sich eine Tendenz verzeichnen, Rassismus zu sagen und Rechtsextremismus (und diesen auch noch als »ostdeutsche Jugendkultur«) zu meinen. Dabei wird negiert, dass Rechtsextremismus nur die Spitze des rassistischen Eisberges ist, die ohne Rückhalt in der Gesellschaft schmelzen müsste. Rassismus auf Rechtsextremismus zu reduzieren, heißt, die gefährliche allgegenwärtige und komplexe Verankerung des Rassismus in der bundesdeutschen Gesellschaft zu bagatellisieren. Zudem kann *Rassismus* nicht einfach mit »Fremdenhass« oder »Ausländerfeindlichkeit« gleich gesetzt werden. Dass im öffentlichen Sprachgebrauch häufig von Fremden- oder Ausländerfeindlichkeit geredet wird, ist irreführend. Denn einerseits sehen sich »Fremde« oder »Ausländer/innen«, wie etwa Weiße aus Frankreich, Skandinavien oder Großbritannien, in Deutschland nicht mit Rassismus konfrontiert, andererseits sind ihm zum Beispiel Schwarze Deutsche alltäglich ausgesetzt.

Rassismus nur mit Feindlichkeit oder Hass zu verbinden, bagatellisiert die ihm immanenten stereotypen Vorstellungen, die beispielsweise suggerieren, alle Schwarzen seien ausgezeichnete Tänzer/innen. Auch wenn solche Kategorisierungen über positiv gemeinte stereotype Vorstellungen von Schwarzen hergestellt werden, ist entscheidend, dass auch diese sich auf Körperlichkeit

ohne Titel, Moise Ngolwa, 2003
Künstlerische Ironisierung des »positiven
Rassismus« durch Moise Ngolwa.

15

und »genetisch festgeschriebene Verhaltensweisen« beziehen und damit auf eine angenommene »Natur« Bezug nehmen. Stereotypisierungen sind, wie noch ausführlicher erörtert werden wird, immer diskriminierend, egal ob sie mit positiven oder negativen Intentionen geäußert werden.[12]

Zudem wird heute oft davon gesprochen, es gäbe eine neue Tendenz – den »kulturellen Rassismus«. Das ist insofern irreführend, als der Begriff Rassismus zwar auf → »Rasse« zurückzuführen ist,[13] er aber von Anfang an eine Ideologie war, bei der biologistischen Konstruktionen soziale und kulturelle Attribute zugeschrieben wurden. Neu ist jedoch, dass sich seit den 1970er Jahren Strategien erkennen lassen, wonach sich Rassismus zunehmend auch gänzlich unabhängig von biologistischen Ausgangskriterien manifestiert und in stereotypisierender Weise angeblich »naturbedingte« und als unvereinbar proklamierte Unterschiede zwischen bestimmten Kulturen konstruiert werden, die – so die gleichzeitig damit vertretene Annahme – unweigerlich Konflikte nach sich ziehen würden.

Das Kopftuch islamischer Frauen, beispielsweise, ist in Deutschland in den letzten Jahren zu einem Symbol dieser Denkhaltung instrumentalisiert worden. Aus der Weißen deutschen Perspektive heraus wird es als Beleg für die Weigerung von Türk/inn/en interpretiert, sich »integrieren« zu wollen und zu können.[14] Aus Weißer feministischer Sicht bzw. unter vorgeschobener Berufung auf Frauenrechte wird das Kopftuch häufig als Beleg für die »anderen Kulturen« innewohnende Frauenverachtung angeführt, die im »eigenen Kulturraum« nicht geduldet werden könne, da sonst hinter die eigenen »zivilisatorischen Fortschritte« zurück gegangen werden würde. Damit werden die eigenen Normen und Bewertungsmaßstäbe, die dem damit vertretenen Konzept der »Integration« zu eigen sind, nicht reflektiert, sondern als allgemein gültig reproduziert und weiter verfestigt. Ausgrenzungs- und Ghettoisierungsstrategien der deutschen Gesellschaft gegenüber Menschen, deren Arbeitskraft in einer bestimmten Phase der wirtschaftlichen Entwicklung in der Bundesrepublik unerlässlich schien und deswegen ausgebeutet wurde, bleiben ausgeblendet. Die diesbezügliche deutsche Politik manifestiert sich zum Beispiel auch im euphemistischen Begriff »Gastarbeiter/in« – ein Gast kommt auf Grund einer Einladung, geht aber auch wieder bzw. muss wieder gehen, da sonst der Status »Gast« gebrochen werden würde.

Am bundesdeutschen Umgang mit türkischen Migrant/inn/en zeigt sich auch, dass sich Diskriminierungen auf Grund der Zuschreibung von (kollektiven) Identitäten aus komplexen Wechselwirkungen verschiedener Differenzen ergeben. In der Alltagswahrnehmung wird in der Regel jedoch nicht die Komplexität von Diskriminierung realisiert, sondern diese homogenisiert und/oder vereinfachend auf ein Kriterium, zum Beispiel Gender oder »Race«, reduziert. Das Zusammendenken von Gender[15] und »Race«[16] verdeutlicht aber beispielsweise gerade, wie mit Hilfe der Geschlechterdifferenz rassistische Hierarchien konstruiert und aufrechterhalten werden, weswegen sich Rassismus auch geschlechtsspezifisch und damit für Frauen partiell anders als für Männer manifestiert. Wenn Schwarze Frauen nicht nur durch Rassismus, sondern auch durch Geschlechterhierarchien diskriminiert werden, dann äußert sich dies in einer komplexen Verschmelzung beider Herrschaftserfahrungen. Weiße Frauen bewegen sich wiederum in der Ambivalenz von Subordination (in Bezug auf die Geschlechterdifferenz) und Dominanz (in Bezug auf rassistische Handlungsmuster). Andere Normsetzungen und Hierarchien führen zu weiteren Differenzierungen.

Wenn in diesem Band Manifestationen des Rassismus einen zentralen Stellenwert einnehmen, dann ist das nicht als eine eventuelle Hierarchisierung potentieller Diskriminierungsformen zu verstehen. Vielmehr ergibt sich dieser Fokus aus der thematischen Ausrichtung des Bandes auf Rassismus, Sprache und die deutsche Afrikaterminologie. Durchgängig wird aber versucht, die Komplexität von Differenz und Herrschaft möglichst explizit zu machen.

2. Sprache und Gesellschaft. Koloniale Begriffe und ihre Wirkungsmacht in Geschichte und Gegenwart

Im Kontext des Kolonialismus war Sprache ein wichtiges Medium zur Herstellung und Vermittlung des Legitimationsmythos, Afrika sei das homogene und unterlegene »Andere« und bedürfe daher der → »Zivilisierung« durch Europa. Dieser Ansatz schlägt sich in der kolonialen Benennungspraxis nieder. Grundsätzlich sind zunächst einmal afrikanische Eigenbezeichnungen ignoriert worden. Da Afrika aber als »das Andere« konstruiert wurde, weigerten sich die europäischen Okkupant/inn/en gleichzeitig, für gegenwärtige europäische Gesellschaften gültige Begriffe auf den afrikanischen Kontext zu übertragen.

Alternativ etablierten Weiße auf der Grundlage ihrer Hegemonie neue Begriffe. So wurde etwa für die Vielzahl von Selbstbezeichnungen für Herrscher/innen in afrikanischen Gesellschaften ganz pauschal der Begriff → »Häuptling« eingeführt. Ein anderes Beispiel dafür ist die Bezeichnung → »Hottentotten«. Die gängigste Erklärung dieses Begriffes geht davon aus, dass die Europäer/innen mit diesem Wort auf die Tatsache reagierten, dass in einigen Sprachen des südlichen Afrika implosive Konsonanten, so genannte »Schnalzlaute« oder *Clicks*, vorkommen. Im Duktus eines allgemeinen Gefühls der Überlegenheit versuchten sie diese, ihnen unbekannte, phonetische Spezifik nachzuahmen, wobei diese Imitation bald als Bezeichnung der betreffenden Gesellschaften isoliert wurde. Kulturell, politisch und linguistisch entbehrt dieses abwertende Konstrukt jeder Grundlage. Indem, wie etwa im Fall von → »Häuptling«, »Medizinmann« und → »Buschmänner«, Wörter eingeführt wurden, die mit Männern assoziiert werden bzw. denen per se eine weibliche Form fehlt, bleiben zudem die Existenz und reale gesellschaftliche Position von Frauen ausgeblendet.

Andere Neologismen bauen auf der überholten Annahme auf, dass Menschen in »Rassen« unterteilt werden können. Dazu gehören etwa Termini wie → »Neger/in«, → »Schwarzafrika«, → »Mulatte« und → »Mischling«. So wird ein/e Schwarze/r Deutsche/r, nicht aber ein Kind aus einer Weißen französisch-deutschen Beziehung als »Mischling« bezeichnet.

Wurde auf Begriffe, die bereits zuvor im europäischen Kontext verwendet worden sind, zurückgegriffen, so handelte es sich ausschließlich um Bezeichnungen, die abwertend benutzt wurden. Dazu zählen erstens Begriffe, die eine Bedeutungsverschiebung erfuhren: →»Bastard« etwa fungierte ursprünglich als Bezeichnung für »uneheliches Kind«. Im kolonialen Kontext wurde der Begriff auf Kinder aus Beziehungen von Schwarzen und Weißen übertragen. Dabei wurde die Konnotation, das heißt der Bedeutungsinhalt, »illegitim« transferiert. Zudem wurde so ein assoziativer Bezug zum Tier- und Pflanzenreich hergestellt, wo »Bastard« mit Unfruchtbarkeit assoziiert werden kann.

Zweitens handelt es sich um historisierende Begriffe, die im deutschen Sprachgebrauch Konnotationen von »Primitivität« und »Barbarei« tragen. So bezeichneten Weiße etwa in Anlehnung an die historisierende Bezeichnung »germanische Stämme« Organisationsformen in Afrika pauschal als →»Stämme«. Damit negierten sie nicht nur die Vielfalt von Gesellschaften in Afrika, sondern machten diese zudem, wenn überhaupt, als höchstens mit einer früheren Epoche europäischer Geschichte vergleichbar. Mit diesem Verfahren konnten diskriminierende Perspektiven und Konstruktionen von Afrika als »das Andere« sowie unterlegen, »rückschrittlich« und veraltet hergestellt und transportiert werden.

Ein zentraler Baustein der Konstruktion von Afrika als unterlegener Gegenpol zu Europa durch Neologismen sowie Bedeutungserweiterungen und -übertragungen ist die begriffliche Herstellung eines hierarchischen Gegensatzes zwischen »Natur« und »Kultur«. So wurde Afrika über Begriffe wie →»Buschmänner« und →»Naturvölker« als »Natur« konstruiert. Dabei wird häufig, worauf Frantz Fanon hingewiesen hat,[17] über eine ausgeprägte Tiermetaphorik eine Nähe zwischen Schwarzen und Tieren unterstellt. →»Mulatte« etwa geht auf Maulesel, Maultier zurück. Dieses Tier wird zu den →»Bastarden« gezählt. In der Tier- und Pflanzenwelt gelten diese als nicht fortpflanzungsfähig. Eben dies wurde auch Kindern aus Beziehungen von Schwarzen und Weißen unterstellt. Als sich dieser Mythos nicht länger halten ließ, wurde schließlich die Notwendigkeit der Sterilisation dieser Menschen erörtert. Was in der Weimarer Republik theoretisch erörtert wurde, wurde dann im Nationalsozialismus praktiziert.[18]

Im Kontrast zu dieser Konstruktion von Afrika als »Natur« und Schwarzen als »Bindeglied zwischen Mensch und Tier« wird Europa als »Kultur« konstruiert.[19] Dabei wird Europa als »Norm« gesetzt. Das vollzieht sich in einem eher impliziten Verfahren. Wenn zum Beispiel »Naturvölker« im Gegensatz zu »Völkern«, → »Naturreligionen« zu Religionen und »Buschmänner« zu Männern bzw. Menschen stehen, wird ein spezifizierender Unterbegriff einem generischen Oberbegriff gegenübergestellt. Dieses Prinzip, das sich beispielsweise auch im aktuellen Begriff → »Bananenrepublik« findet, weist darauf hin, dass sich koloniale Benennungen auch über eine Strategie der Asymmetrie vollziehen. Das heißt, in der Regel wird das, was aus Weißer westlicher Sicht als abweichend und »anders« konstruiert wurde, benannt, während die vermeintliche Normalität Weißer Kulturen nicht weiter spezifiziert, sondern durch den Oberbegriff bezeichnet wird. Dadurch vollzieht sich die Normsetzung unsichtbar und ist somit schwieriger zu hinterfragen, als wenn sie explizit gemacht werden würde.

Zudem basieren viele der zur Bezeichnung von Afrikaner/inne/n sowie gesellschaftlicher, kultureller und religiöser Prozesse in afrikanischen Ländern geprägten Neologismen und Bedeutungsübertragungen, wie etwa → »Busch«, auf Konzepten von Chaos, Unordnung und Regellosigkeit. Auch damit wird eine Auffassung transportiert, die Weiße und westliche Wertvorstellungen als Norm setzt und legitimiert. »Ordnung« und »Regelhaftigkeit« werden so als »objektiv fassbar« und »objektiv positiv und erstrebenswert« hergestellt. Die Konzepte von Unordnung und Chaos, die mit dem »Anderen« und »Fremden« verbunden werden, gelten als Bedrohung für die eigene, die Weiße Lebensweise, wodurch sie gleichzeitig auch Gefühle von Angst hervorrufen. Da die Kriterien, auf denen diese Zuschreibungen basieren, in der Regel unbenannt und unreflektiert bleiben, scheinen diese Konstruktionen zusätzlich unangreifbar und gewinnen an mentaler Macht.

Globale und nationale Macht- und Herrschaftsverhältnisse manifestieren sich auch darin, wer die Macht zur Benennung hat, welche Benennungen eine weite Verbreitung finden und sich im gesellschaftlichen Diskurs durchsetzen. Umso machtvoller der Sprachgebrauch ist, umso größer und frequenter ist seine Verbreitung. Durch ständige Wiederholungen bestimmter Wörter, Phrasen und Ausdrucksweisen aus einer Machtposition heraus schleifen sich ihre Gebrauchsweisen und damit die mit diesen vertretenen Konzepte in das Denken ein. Dass diese nicht neutral und objektiv sind, nicht unausweichlich, nicht die einzig mögliche Sichtweise und Benennung, wird so immer schwieriger zu durchschauen. Die Macht der sprachlichen Benennung verselbstständigt sich auf diese Weise zunehmend.

Auch die kolonialen Fremdbenennungen erfolgten in einem Machtraum Weißer Hegemonie. Nur aus diesem Grund konnten sie – in einem symbolischen Akt der Ignoranz der Sichtweisen und Stimmen der so bezeichneten Gruppen – Deutungshoheit und Bezeichnungsmacht erlangen, die zur Etablierung dieser Begriffe bis in den aktuellen Alltagsdiskurs hinein führte.

Der Machtkontext der kolonialen Sprache hat nicht selten zur Übernahme dieser Begriffe durch die so bezeichneten Gruppen geführt. Auch wenn Begriffe wie etwa → »Stamm« oder → »Buschmänner« bis heute z.T. auch von Afrikaner/inne/n verwendet werden, hebt das nicht den kritisierten und historischen Gehalt dieser Bezeichnungen auf. Vielmehr wird hier deutlich, wie Rassismus – gerade vermittelt über Begriffe – das Denken, einschließlich von Selbstwahrnehmungen, prägen kann. So sind gerade rassistische Fremdbenennungen ein wichtiges Medium, über das Afrikaner/innen und andere Schwarze terminologisch (re-)produzierte Abwertungen in das eigene Sein inkorporieren. Diese Wirkungsmacht von Sprache muss den diskriminierten Individuen nicht zwangsläufig bewusst sein. Sie ist nur in einem Prozess kritischer Reflexion und Emanzipation überwindbar.

Weil sprachliche Benennungen im gesellschaftlichen und globalen Machtkontext entstehen und wirken sowie Herrschaft sich mit ihnen realisiert und festigt, was im Kontext einer hegemonialen Benennungspraxis zum Selbst und was zum Anderen (re-)produziert wird, kommt dem Ersetzen rassistischer Fremdbezeichnungen durch politisch-alternative Selbstbenennungen eine wichtige Rolle im Rahmen von Emanzipationsprozessen zu. Politisch ist diese Strategie ein wichtiger Schritt, um für diskriminierte Gruppen und Individuen Öffentlichkeit herzustellen.[20] Der Verzicht auf bzw. das Ersetzen von rassistischen Wörtern muss, damit ein

Überdenken von Wert- und Denkvorstellungen beginnt, sich allerdings nicht stillschweigend, sondern eingebettet in eine öffentliche Debatte und Aufarbeitung von Geschichte vollziehen.

3. Rassistische Begriffe und gesellschaftliche Aufarbeitung

In vielen historischen und gesellschaftlichen Bereichen, die von Diskriminierung gekennzeichnet (gewesen) sind, wird es heute zunehmend als (politisch) korrekt angesehen, bestimmte Begriffe nicht zu benutzen. Neben einigen Frauen verachtenden Ausdrucksweisen ist die Vermeidung der Verwendung nationalsozialistisch geprägten Vokabulars dafür ein Beispiel.

Nur wenige Wörter wurden im Rahmen nationalsozialistischer Ideologie neu erfunden. Die meisten Begrifflichkeiten, die wir heute als nationalsozialistisch geprägt verstehen, waren vor den 30er Jahren des 20. Jahrhunderts gebräuchlich, erfuhren aber in den 30er und 40er Jahren starke Veränderungen ihrer konventionellen Bedeutungen: Ihnen wurden, initiiert durch die Herrschenden, systematisch neue Inhalte und Bedeutungen zugeschrieben. Dabei wurden sie enger und/oder neu ausgelegt. Es gab viele Begriffe wie zum Beispiel »Rassenhygiene«, »Passmarken« oder →»Rasse«, die schon im Kolonialismus Verwendung fanden, für die auch die Nationalsozialist/inn/en eine zentrale Bedeutung in ihrer Ideologie beanspruchten.[21] Der Begriff und die Grundidee zu »Konzentrationslagern« zum Beispiel, mit denen heute vor allem das Lagersystem (Konzentrationslager und Vernichtungslager umfassend) der Nationalsozialist/inn/en sowie das Gulag-System in der Sowjetunion verbunden werden, sind ursprünglich von einem spanischen General (mit preußischen Vorfahren) 1896 auf Kuba geprägt worden.[22] Ab 1900 begann dann die US-amerikanische Besatzungsmacht auf den Philippinen, Aufständische auf der Insel Mindanao in *concentration camps* einzusperren. Etwa zur gleichen Zeit inhaftierte die britische Kolonialmacht Buren in *concentration camps.*[23] Vier Jahre später wiederum, im Dezember 1904, ordnete Reichskanzler Bernhard von Bülow an, Konzentrationslager für die Herero einzurichten.[24] Der deutsche Begriff fand nunmehr Eingang in den politischen Sprachgebrauch.

Wenn frau/man sich heute mit der Sprache aus der Zeit des Nationalsozialismus auseinandersetzt, ist in der Regel von der Art und Weise der Verwendung bestimmter Begriffe im Rahmen nationalsozialistischer Ideologie und Propaganda auszugehen. Während einige Begriffe, wie etwa »Gemeinschaft« und »gigantisch«, die im Dritten Reich eine nationalsozialistisch bestimmte Bedeutung gehabt haben und mit bestimmten Konnotationen verwendet worden sind, noch heute gebräuchlich sind, verschwanden andere Wörter ganz aus dem aktiven Wortschatz. Einige dieser Begriffe, wie etwa »Passmarken«, fielen nach 1945 weg, weil sie nur im Kontext des Nationalsozialismus bzw. zuvor des Kolonialismus von Bedeutung waren. Heute werden sie nur verwendet, um historische Phänomene zu bezeichnen. Andere Wörter, wie etwa »Führer« oder »Rampe«, werden heute von vielen bewusst vermieden, weil sie durch den konkreten Gebrauch im Nationalsozialismus ethisch verschlissen und historisch belegt sind.[25]

Die These, dass allein das Nicht-Verwenden historisch belasteter Wörter schon dazu führe, dass auch die damit verbundenen Ideologien und Einstellungen verschwinden, ist umstritten. So ist etwa der Vorname »Adolf« in Deutschland weitgehend ausgestorben. Tatsächlich aber muss eine effektive Aufarbeitung von historischen Prozessen weit über den Verzicht auf ideologiebehaftete Wörter hinausgehen und kann nur fruchtbar sein, wenn diese offen und kontinuierlich – u.a. unter Berücksichtigung des Zusammenhangs von Ideologie und Sprache – geführt wird.[26] Genau das geschieht in den meisten Bereichen aber bislang nur sehr oberflächlich. Wenn überhaupt, so orientiert sich die Auseinandersetzung mit dem nationalsozialistischen Sprachgebrauch im wesentlichen an einzelnen Begriffen.[27] Dieser Ansatz ist durchaus symptomatisch für die gesellschaftliche Auseinandersetzung mit dem Nationalsozialismus. Die Debatte wird geführt und doch mangelt es ihr an Breitenwirksamkeit und Tiefenschärfe.[28]

Die gesellschaftliche Aufarbeitung des Kolonialismus ist im Vergleich dazu defizitär und rudimentär. Öffentliche Debatten und Mahnmale fehlen gänzlich. Gemeinhin wird das deutsche Kolonialkapitel als Fußnote der Geschichte abgehakt, die keiner weiteren Aufmerksamkeit bedarf. Die sich daraus ergebende Wirkmacht kolonialer Geschichte manifestiert sich jedoch sichtbar in der deutschen Afrikaterminologie. Bis heute finden kolonial geprägte Begriffe in Deutschland, wie auch in anderen europäischen Sprachen, mehrheitlich unreflektiert Verwendung. Oft werden sie sogar mit dem Habitus gebraucht, es sei legitim oder »nicht so schlimm«, diese Wörter zu verwenden. Das ist nur ein exemplarischer Ausdruck dafür, dass eine öffentliche, breitenwirksame und fundierte Auseinandersetzung mit Kolonialismus vonnöten ist. Nicht zuletzt aufgrund der historischen Zusammenhänge, die zwischen Kolonialismus und Nationalsozialismus bestehen, sowie wegen der Parallelen, Übereinstimmungen und Wechselwirkungen von Antisemitismus und Rassismus,[29] liegt es auf der Hand, diese beiden Kapitel deutscher Geschichte auch als komplexe Entwicklung aufzuarbeiten – und zwar unter Einbeziehung von historischem und aktuellem Sprachgebrauch.

4. »Ich habe es doch nicht so gemeint.« Rassistisches Sprechen und Weiße Strategien der Verweigerung

Wenn Klemperer rassistische Wörter als kleine Arsendosen beschreibt, die zu einer schleichenden und irreversiblen Vergiftung führen, weist er damit auf die Konsequenzen hin, die Sprache auf die Gesellschaft insgesamt und auf Individuen in der Gesellschaft hat.[30] Wichtig in diesem Zusammenhang ist zum einen, dass rassistische Begriffe stereotypisierend und normierend wirken, Schwarze in Stress versetzen und verletzen. Rassistisches Sprechen, von vielen Schwarzen als psychische Gewalt empfunden, verlangt ihnen – wie auch alle andere Formen von rassistischen Handlungen – unaufhörlich resistenzbildende Energien ab. Das geschieht unabhängig davon, ob sie mit einem Wort direkt angesprochen werden oder ob es ihnen in Äußerungen begegnet, die nicht direkt an konkrete Menschen adressiert sind (etwa Redewendungen); es ist dabei egal, ob der Sprecher oder die Sprecherin nun direkt anwesend ist oder Schwarze Menschen vermittelt durch Medien wie etwa Fernsehen erreicht. Unabhängig davon, ob eine Schwarze Person sich von entsprechenden Anreden oder Ausdrucksweisen explizit distanziert oder nicht, muss sie sich permanent zu ihnen verhalten und positionieren, wozu auch Schweigen und Übergehen sowie Ignorieren zu rechnen sind.

Zum anderen werden auch Weiße durch rassistische Begriffe sozialisiert und beständig als Weiße reproduziert. Die Auswirkungen von Sprache auf Schwarze und Weiße Erfahrungs- und Verhaltensmuster ist Weißen in der Regel nicht bewusst.

Werden sie darauf aufmerksam gemacht, dass sie gerade einen kolonialistisch geprägten und/oder rassistischen Begriff verwendet haben, so formulieren sie in der Regel Widerstand, der oft aggressiv geäußert wird. In diesem Kontext kommt es zu zusätzlichen Verletzungen von Schwarzen, etwa wenn ihnen unterstellt wird, »schwierig«, ein/e »Nervensäge« oder ein/e »Querulant/in« zu sein und mit ihrer »Empfindlichkeit« zu »übertreiben«. Interessanterweise ist diese Reaktion auch bei jenen anzutreffen, etwa Feminist/inn/en, die im Kontext anderer Machtrepräsentationen, etwa der patriarchalisch geprägten Sprache, längst Innovationen (etwa das große Binnen-I, z.B. in LehrerInnen) praktizieren. Auch ein reflektierter Umgang mit nationalsozialistischem Vokabular steht nicht selten einer Ignoranz kolonialistisch geprägter Sprache gegenüber.

Zur Verteidigung der vertrauten rassistischen Begriffe werden in der Regel nicht Argumente bemüht, die konkret die Notwendigkeit belegen sollen oder können, dass dieses oder jenes Wort gebraucht werden müsse oder kann. Vielmehr wird auf einer eher allgemeinen Ebene versucht, die Notwendigkeit einer solchen Kritik und Reflexionsarbeit an sich in Frage zu stellen. Im Folgenden werden einige der gängigsten Argumentationsmuster, mit denen Kritiken an bestimmten Begriffen zurückgewiesen werden, reflektiert.[31]

Häufig wird argumentiert, dass Begriffe wie etwa → »Mohr« historische Zeugnisse seien und deswegen auch ihren Platz in der deutschen Sprache behalten sollten. Diese Argumentation ist insofern problematisch, als man/frau sich vergegenwärtigen muss, dass die kolonial konzipierten Begriffe die deutsche Kolonialgeschichte und deren Ideologie transportieren und festigen. Wörter wie → »Neger«, »Mohr« oder → »Mischling« beispielsweise zementieren die Weiße Vorstellung von biologistischen Gruppeneinteilungen, -zugehörigkeiten und -kategorisierungen als wissenschaftlich fundiert und dienen damit auch zur Pseu-

dolegitimation des biologistischen Konstruktes →»Rasse«. Und
wenn Afrikaner und Afrikanerinnen als →»Eingeborene«, »Wilde«
»Jäger und Sammler/innen« und ihre Religionen mit Wörtern
wie →»Naturreligion«, →»Animismus« oder →»Fetischismus«
umschrieben werden, verfestigt sich nur der Irrglaube von der
→»Primitivität« und Unterlegenheit von Afrikaner/inn/en im Weißen Bewusstsein. Das zeigt sich exemplarisch darin, dass analoge Konzeptionen auch in aktuelle Wortschöpfungen wie etwa
→»Entwicklungsland« und →»Bananenrepublik« Eingang finden.
Vor diesem Hintergrund ergibt sich die Notwendigkeit, in einer
kritischen Aufarbeitung des Kolonialismus, begriffsgeschichtliche
Zeugnisse dieser Zeit nur gebrochen zu verwenden.

Eine andere Argumentationslinie ist, dass Wörter »nicht so
wichtig« seien. So wird Sprache oft dem Handeln und »inhaltlichen Diskussionen« gegenüber gestellt und diese so implizit
als »Nicht-Handlung« und »inhaltslos« hingestellt. Sprache wird
auf diese Weise zum neutralen Medium stilisiert, als würde sie
einfach nur Informationen transportieren und die Wirklichkeit
beschreiben sowie »unschuldig« sein. So werden Sichtweisen
und Kategorisierungen als »gegeben« und »normal« dargestellt
und unreflektiert hin- und angenommen. Dadurch wird negiert,
dass Sprache machtvolles Handeln darstellt. Sprachgebrauch
wird als jenseits der eigenen Sprachmacht und -verantwortung
stehend charakterisiert. In logischer Konsequenz wird auch die
Notwendigkeit einer Auseinandersetzung mit gesellschaftlichem
sowie dem eigenen sprachlichen Handeln ignoriert.[32]

Zu der Auffassung, Sprache sei nicht so wichtig und »neutral«,
gesellt sich oft das Argument, dass die Forderung nach dem Verzicht auf bestimmte Wörter haarspalterische *political correctness*
sei und eine künstliche Sprache erzwinge. Schließlich gäbe es
ja (leider) keine anderen Begriffe – gemeint sind dann oft gängige Wörter –, man/frau müsse sich ja aber schließlich irgendwie
ausdrücken. In logischer Konsequenz wird den Kritik Äußernden
auch mit dem Argument begegnet, übertrieben empfindlich zu
reagieren.

Das zeigt sich exemplarisch in einem Brief der Firma Dr. Oetker von 1992 an die Elterngruppe Schwarzer Kinder. Auf deren
Kritik, eine Eissorte mit »14 Schwarze Negerlein« – die Tauto-
logie spricht für sich –, zu benennen, antwortete die Abteilung

für Öffentlichkeitsarbeit, dass Kinder fast ausnahmslos Sympathiewerte mit dem Eis assoziieren würden, damit also viel unkomplizierter als Erwachsene auf diese Begriffe reagieren würden.[33] Diese »kindliche Reaktion« wird als Beleg der Wertneutralität dieses Begriffes gedeutet, wobei impliziert wird, dass nur die komplizierte Denkweise mancher Erwachsener dazu führe, diesen als rassistisch wahrzunehmen. Sprache wird hier als von den Sprechenden abtrennbar stilisiert, wobei suggeriert wird, dass der konventionalisierte Sprachgebrauch nichts damit zu tun habe, wenn einige Menschen bestimmte Begriffe als rassistisch wahrnehmen.

Ein weiteres Argument ist, dass ein Insistieren auf das Vermeiden rassistischer Wörter auch deswegen unsinnig sei, weil sich dadurch ohnehin nichts ändere bzw. dass sich zunächst die »Wirklichkeit« ändern müsse, Sprache sich dann schon »automatisch« an eine veränderte Wirklichkeit anpassen würde. So antwortete etwa noch 1992 die Sprachberatungsstelle der Duden-Redaktion der Elterngruppe Schwarzer Kinder auf die Anfrage, warum im Duden »Rechtschreibung« die rassistische Verwendung des Begriffes → »Neger« nicht verzeichnet ist, dass » ... es übrigens naiv [ist] anzunehmen, dass man nur die Sprache zu ändern, ein Wort zu stigmatisieren oder auszumerzen braucht, wenn man das Bewusstsein der Menschen und die gesellschaftlichen Verhältnisse ändern will.«[34] Der Vorschlag der Elterngruppe Schwarzer Kinder an die Duden-Redaktion, sich kritisch mit der Begrifflichkeit, die sie verwenden, auseinander zu setzen, wird in der Antwort der Sprachberatungsstelle so dargestellt, als würde die Elterngruppe dies als die einzige notwendige Strategie ansehen. Doch tatsächlich gab die Elterngruppe das an keiner Stelle ihres Briefes zu verstehen. Entsprechend der Aufgabe und Funktion der Duden-Redaktion ist es aber nur logisch und konsequent, in einer schriftlichen Kommunikation mit dieser genau diesen Aspekt – die sprachlichen Benennungen – zu thematisieren. Zusätzlich zu dieser Unterstellung wertet die Duden-Redaktion das Anliegen der Elterngruppe auch noch dadurch ab, dass sie in diesem Zusammenhang die negativ konnotierten Begrifflichkeiten »ausmerzen« und »stigmatisieren« verwendet sowie dass sie das formulierte Anliegen als »naiv« verwirft.

Das alltäglich oftmals zu beobachtende Argumentationsmuster, gesellschaftliche Veränderungen besäßen Vorrang vor sprachlichen, wird hier ausgerechnet von *den* »Fachleuten« der deutschen Sprache reproduziert und somit autorisiert. Damit versuchen sie nicht nur ihre ignorante (und im Übrigen nun wirklich naive) Haltung zu rechtfertigen. Zudem kehren sie die notwendige Auseinandersetzung mit dem Thema – gerade von einer Wörterbuch-Redaktion mit Deutungshoheit – vom Tisch.[35]

Zuweilen wird auch entgegnet, man/frau hätte nicht gewusst, dass das Wort abwertend sei. Schließlich sagten es doch alle und schon immer so. Selbst in Bezug auf das Wort → »Neger« wird oft behauptet, dass es »früher« jedenfalls nicht diskriminierend gewesen sei.[36] Eng mit einer solchen Verkennung sprachgeschichtlicher Kontexte und kolonialistischer Begriffs- und Konventionalisierungsgeschichte verbunden ist die Reaktion, man/frau würde das Wort ja nicht rassistisch meinen.

In dem bereits zitierten Brief der Firma Dr. Oetker wird in diesem Sinn angeführt, dass mit der Namensgebung des Produkts als »14 Schwarze Negerlein« auf den Kinderreim »10 kleine Negerlein« angespielt werden würde. »Sicherlich sind Sie mit uns der Meinung, dass der Autor dieses Reims seinerzeit keine rassistischen Gedanken verfolgte.« Eine angenommene Autorintention, die sich ohnehin aus heutiger Forschungssicht nicht bestätigen lässt, dient als Argumentation dafür, dass die Benennung des Produkts nicht rassistisch sei. Damit wird Sprechenden, hier dem Verfasser des Reims, eine vollkommene Autorität über die eigenen Konzeptualisierungen eingeräumt. Dass Individuen als Mitglieder von Gesellschaften auch deren Werte und Normen internalisiert haben, bleibt unreflektiert.

Da Sprache durch historische, gesellschaftliche, soziale und kulturelle Zusammenhänge geprägt ist, kann es nicht zum Kriterium erhoben werden, wie man/frau ein Wort individuell und persönlich meint oder ob es alle benutzen oder schon immer benutzt haben. Entscheidend sind sowohl der historische Entstehungskontext eines Wortes als auch die im aktuellen Gebrauch dominierende Konnotation.[37] Wenn ein Wort rassistisch konzipiert wurde, bedarf es zumindest einer gesellschaftlichen Auseinandersetzung sowie eines offensiven Bruchs mit dieser Konnotation, bevor es mit neuen Assoziationen benutzt werden kann.

Selbst für Begriffe aus Bereichen, in denen Diskriminierungs- und Ausgrenzungsmuster gesellschaftlich debattiert wurden und werden, vollziehen sich neue Konzeptualisierungen diskriminierender Begriffe nur partiell. Als ein Beispiel dafür steht der Begriff »schwul«.[38] Exemplarisch zeigt sich hier, dass Bedeutungstransformationen möglich sind, dass dabei aber zwischen verschiedenen Kontexten und sozialen Gruppen unterschieden werden muss. Während seit den 1990er Jahren in geistes- und sozialwissenschaftlichen akademischen Kontexten sowie in sozialen Gruppen, in denen eine inhaltliche Auseinandersetzung mit Homosexualität geführt wurde, eine Benennung mit »schwul« nicht mehr herabsetzend verwendet wird, fungiert eine Benennung mit »schwul« im Jugendslang noch immer als Schimpfwort. Wenn »schwul« beispielsweise auch frequent als herabsetzendes Attribut vor verschiedenen Objekten verwendet wird (z.B. »schwule Federtasche«), scheint es hier allerdings teilweise, zumindest vordergründig, seine sexuellen Konnotationen verloren zu haben.[39]

Ebenfalls gängig ist das Argument, man/frau kenne eine/n Schwarze/n, die/der nichts gegen das Wort habe oder aber, Schwarze würden sich doch selbst so bezeichnen. Tatsächlich präsentiert sich Weiße Macht gerade auch darin, dass Rassismus und seine Manifestationen von denjenigen, die durch Rassismus diskriminiert werden, verinnerlicht und perpetuiert werden.[40] Zudem kann es auch ein Schutzmechanismus und eine Überlebensstrategie sein, sich vor dem diskriminierenden Gehalt bestimmter Äußerungen zu verschließen. Sich selbst einzugestehen, diskriminiert zu werden, ist ein äußerst schmerzvoller und schwieriger Prozess, der auch dazu führen kann, dass man/frau es nicht mehr aushalten kann, unter diesen Umständen zu leben. Die Aussage von Einzelnen, dass sie sich nicht von bestimmten Benennungen diskriminiert fühlen, stellt keinen Maßstab rationaler Kritik dar.

Eine andere Frage ist es, wenn sich Schwarze Gruppen bestimmte Benennungen wieder aneignen, wie zum Beispiel im Stil der »Kannak-Attack« oder der Schwarzen Rapper, die versuchen, rassistische Begriffe ironisierend aufzubrechen. Dies ist ein politischer, widersprüchlicher Emanzipationsprozess, der nicht auf andere Bereiche übertragbar ist. Entscheidend ist ohnehin der

Unterschied, ob Gruppen von Schwarzen eine Bezeichnung für sich verwenden und ihn dabei kontextualisieren, ironisieren oder letztlich zurückweisen oder ob der Begriff als Fremdbezeichnung gebraucht wird.

Weil Weiße nicht Rassismus ausgesetzt sind und auch durch Sprache nicht rassistisch diskriminiert werden, haben sie im Gegensatz zu Schwarzen unter der Perspektive der eigenen Diskriminierung das Privileg, frei entscheiden zu können, ob sie sich mit Rassismus und Sprache auseinandersetzen möchten oder nicht, ob sie die vielfältigen Argumentationen ihrer Verweigerungshaltung als Schutzschild behalten oder aber sich dem schmerzhaften und komplizierten Prozess einer kritischen Reflexion des eigenen Sprechens unterziehen wollen. Vehemente Verteidigungen rassistischer Begriffe und Äußerungen sind in letzter Konsequenz nicht einfach nur als Unkenntnis, sondern als bewusstes Handeln zu bewerten. Sie sind Verweigerungshaltungen gegenüber dem Widerstand, mit dem der Weißen Bezeichnungsmacht und -hoheit begegnet wird, und daher als Versuch anzusehen, den gesellschaftlichen Status quo beizubehalten. Kritische Auseinandersetzungen mit herrschenden Normen und Konventionen des Sprachgebrauchs sind hingegen zugleich auch Kritiken an herrschenden Denk- und Sichtweisen sowie rassistischen Strukturen der Gesellschaft. Eine solche kritische Reflexionsarbeit kann sich aber nicht ausschließlich auf der Grundlage des eigenen Sprachgefühls vollziehen. Vielmehr bedarf es dafür fassbarer Kriterien.

5. Wann ist Sprache rassistisch?

Zu den Kriterien, mit denen sich die rassistische Konnotation von Begriffen feststellen lässt, gehören zunächst einmal Fragen wie: Auf der Grundlage welcher Faktoren, Charakteristika und Elemente wird was warum benannt und markiert? Welche Abgrenzungen werden durch eine Benennung geschaffen, welche Differenzen benannt oder aufgestellt? Welche Seiten dieser Differenzen werden benannt, welche nicht? Welche Seite einer Dichotomie fungiert als Oberbegriff? Welche Wertungen werden mit diesen Benennungen vorgenommen und in welchen Kontexten, Situationen und Medien kommen sie vor?

Ausgehend von diesen Reflexionen kann ein Wort als rassistisch charakterisiert werden, wenn im Prozess der Benennung auf der Grundlage rassistisch-stereotypisierender Konzeptionen Schwarze Menschen und ihre Kulturräume als homogenes Ganzes konzipiert und dabei zum grundsätzlichen »Anderen« stilisiert werden. Unterschiede zwischen Schwarzen und Weißen werden im und durch Sprachgebrauch (re-)konstruiert, verallgemeinert, verabsolutiert und gewertet, um Weiße Hegemonie, Gewalt und Privilegien zu legitimieren.[41] Die Konstruktion und Benennung von Unterschieden mit ihrer Autorisierung über Lehrwerke, Wörterbücher und Lexika beispielsweise vollzieht sich im Kontext von Macht und im Interesse der Herrschenden. Um den rassistischen Gehalt von Wörtern zu erkennen, ist es in der Regel sinnvoll, eine der folgenden Strategien anzuwenden.

1. Es kann aufschlussreich sein, sich die Entstehungsgeschichte eines Wortes bewusst zu machen und zu fragen: Wie und wann ist ein Begriff entstanden? Was bzw. wer wurde damit bezeichnet? Wer hat ihn benutzt und mit welchen Wertungen versehen?

Die Bezeichnung → »Mulatte« lässt sich beispielsweise etymologisch aus dem spanisch-portugiesischen *mulato* von *mulo* »Maulesel, Maultier«, einer Kreuzung zwischen Pferd und Esel herleiten, die keinen Nachwuchs bekommen kann. Mit dieser Anlehnung wird nicht nur impliziert, dass die Eltern eines »Mulatten« oder einer »Mulattin« zwei verschiedenen »Rassen« angehören. Zudem führt er zu abwertenden Konzeptualisierungen. Dies äußert sich zum einen darin, dass ein aus der Tierwelt stammender Begriff auf Menschen übertragen wird – eine nach Frantz Fanon typische Strategie des Kolonialismus, die sich auch in die Konstruktion einer Dichotomie von Afrika = Natur und Europa = Kultur einfügt.[42] Zum anderen wird in dem Wort »Mulatte« implizit der Mythos aufgegriffen, wonach Kinder aus Beziehungen von Schwarzen und Weißen unfruchtbar seien.

2. Es ist wichtig, sich die Pragmatik, das heißt den (aktuellen) Gebrauchsgehalt eines Begriffes zu vergegenwärtigen und zu fragen: Welche der ursprünglichen Bedeutungsteile sind erhalten, werden heute immer noch reproduziert, schwingen in der Verwen-

dung mit bzw. welche neuen oder zusätzlichen Konnotationen hat das Wort?

Der Begriff →»Farbige/r« etwa impliziert nur ein bestimmtes Farbspektrum (Brauntöne). Er spielt auf die Hautfarbe eines Menschen an, wobei er auf der Konstruktion aufbaut, dass es »Rassen« gäbe und körperliche Merkmale auf unzulässige Weise mit geistig-kulturellen Eigenschaften verbindet. Zudem wird mit dem Begriff »Farbige/r« suggeriert, Weiße hätten keine Haut-Farbe. Denn wenn die einen als »farbig« markiert werden, schwingt zugleich die Annahme mit, dass die anderen »nicht-farbig« seien. Hier kommt dann auch die Konnotation zum Tragen, wonach »farbig« »bunt« impliziert. Der Begriff »hautfarben« bezieht sich hingegen auf »die Hautfarbe« »weißer Europäer/innen«, wobei er negiert, dass alle Farbtöne von Haut Haut-Farben sind. Letztlich sind beide begrifflichen Konzepte zwei Seiten derselben Medaille. Beide bauen auf einer Normsetzung der als »weiß« konstruierten Hautfarbe von Weißen auf.

3. *Es ist aufschlussreich, sich anzuschauen, in welchen Wortkombinationen und -zusammensetzungen, Phrasen, Redensarten und Redewendungen der Begriff vorkommt. Durch diese Perspektive können zum einen abwertende Konnotationen eines Wortes bewusst gemacht werden. Zum anderen kann so gezeigt werden, wie in angeblich wertneutralen Formulierungen diskriminierende Wörter unreflektiert verwendet und dadurch beständig reproduziert werden.*

In der Phrase »ich bin doch nicht dein Neger« wird beispielsweise die Vorstellung transportiert und verfestigt, dass dieser ein »Mensch zweiter Klasse« sei, der Hilfsdienste gegenüber anderen, Weißen, zu leisten habe. Und wenn schlechter Kaffee als »Negerschweiß« bezeichnet wird, liegt auf der Hand, dass dem »N-Wort« eine negative Bedeutung anhängt. Zudem zeigt sich an diesen Beispielen wie solche Begriffe unter der Maßgabe einer vermeintlichen Wertneutralität in ganz verschiedenen Kontexten allgegenwärtig sind.

4. *Oftmals ist es aber auch hilfreich, sich selbst und andere nach spontanen Assoziationen zu bestimmten Wörtern und Sätzen zu*

befragen und sich somit die Assoziationen bewusst zu machen, die mit einem Begriff verbunden werden.

Schließt man/frau etwa die Augen und stellt sich einen »Häuptling« vor, was ist dann zu sehen? Und wie werden diese Dinge im westlichen Kontext bewertet?

5. Es kann gefragt werden, ob das Wort auch auf den deutschen/ europäischen Kontext bzw. Weiße übertragen werden könnte, also beispielsweise testen, wie Weiße Deutsche den Begriff bezogen auf sich selbst empfinden würden.

Warum werden beispielsweise Deutsche und Schotten nicht als »Stämme« oder »Eingeborene« bezeichnet, warum ein Schwarzer Deutscher, nicht aber ein Kind aus einer Weißen französischdeutschen Beziehung als »Mischling«, warum Holzkreuze in Klassenzimmern nicht als → »Fetisch«?

6. Es kann geprüft werden, ob es sich jeweils um symmetrische oder asymmetrische Begriffsverwendungen handelt.

Gerade bei Benennungen, die aus zwei Wörtern bestehen und in denen der erste Bestandteil den zweiten näher spezifiziert, kann gefragt werden, ob es ein Pendant dazu gibt oder ob es sich um eine einseitige Spezifizierung handelt, so dass eine Normvorstellung unbenannt bleibt. Warum wird beispielsweise von »Bananenrepublik« geredet, nicht aber von »Kartoffelrepublik«?

6. Rassistische Begriffe und Wörterbücher

Wörterbücher besitzen eine hohe multiplikatorische Funktion, was den Gebrauch und die Konvention von Sprache anbelangt. Sie sind nicht nur Spiegelbild von Normen und Werten einer Gesellschaft, sie schreiben diese zugleich vor und zementieren sie. Es kommt ihnen eine wichtige Verantwortung sowohl für den Sprachgebrauch einer Gesellschaft als auch bei der sprachlichen Emanzipation von rassistischen Grundmustern zu. Sie haben das Potenzial, die Gesellschaft für ihren Sprachgebrauch zu sensibilisieren und dadurch etwa Rassismus aufzudecken und zu thematisieren. Allerdings werden die gängigen deutschen Wörterbücher dieser Herausforderung nicht gerecht.

Anders als andere Texte gelten Wörterbucheinträge nicht als individuelle Meinungsäußerungen. Sie werden als Autoritäten in Bezug auf Sprachgebrauch und Bedeutungen angesehen und auch so benutzt. Sie haben den Status einer Quelle »richtiger« Sprachverwendung. Dabei bleibt aber ausgeblendet, dass Herausgeber/innen und Autor/inn/en von Wörterbüchern eine Auswahl treffen – sowohl was die Aufnahme von Wörtern betrifft, als auch welche Quellen sie benutzen, um zu bestimmen, was ein Wort zu der gegebenen Zeit in der deutschen Sprache »bedeutet«. Weil sie zwar Expert/inn/en, aber dennoch keine neutralen oder alles reflektierenden Instanzen sind, ist bei diesem Verfahren das »Sprachgefühl« dieser Personen ein wichtiges Kriterium. Dieses ist maßgeblich durch ihren eigenen sozialen Hintergrund geprägt, der für den deutschen Kontext durch eine fehlende systematische Auseinandersetzung mit der Kolonialgeschichte gekennzeichnet ist. Folgerichtig schreiben sich in Wörterbücher tendenziell Weiße, akademisch geprägte Mittelschichtnormen ein. Das aber bleibt in Wörterbüchern wie etwa jenen des Duden oder des Brockhaus Verlages unreflektiert. Vielmehr findet sich in Vorworten von Wörterbüchern häufig der Passus, dass diese Sprache nur beschreiben wollen.[43] Auch durch das Verfahren einsprachiger Wörterbücher, einen Begriff und dann dessen Bedeutungen aufzulisten, wird impliziert, es gäbe so etwas wie klare, eindeutige und allgemeinverbindliche Inhalte von einzelnen Wörtern. So wird die durch Wörterbucheinträge suggerierte Bedeutung als die herrschende angenommen und festgelegt, ohne dass sie als solche markiert werden. Und gerade durch die fehlende Reflexion wird die Hegemonie zusätzlich potenziert.

Die Autorität, die Wörterbücher in Bezug auf Sprachgebrauch und Bedeutung besitzen, verschleiert, dass sich hier rassistische Grundmuster fort- und festschreiben.[44] Werden in diesen Publikationen, die von den verschiedensten gesellschaftlichen Gruppen als Autoritäten in Bezug auf begriffliche Verwendungen angesehen werden, rassistische Wörter unreflektiert aufgenommen, so schleicht sich in das Bewusstsein der Gesellschaft der Irrglaube ein, diese Begriffe seien wertneutral und könnten unbedenklich benutzt werden. Wird eine Person etwa mit dem Vorwurf konfrontiert, ein verwendetes Wort sei rassistisch konnotiert, wird sie – sofern Zweifel bestehen – nicht selten im Wörterbuch nachschlagen und sich dann in ihrer Verweigerungshaltung bestätigt sehen. Gerade durch ihren selbst zugesprochenen und gesellschaftlich angenommenen Status, sowohl »Bestandsaufnahme als auch Wegweiser«[45] zur deutschen Sprache zu sein, suggerieren Wörterbücher dem/der Einzelnen, dass er oder sie keine Verantwortung für den Sprachgebrauch trage und deshalb auch nicht über die eigene Macht in Bezug auf sprachliche Handlungen nachdenken müsse. Folglich reproduzieren sie nicht nur rassistischen Sprachgebrauch, sie dienen sogar dazu, eben diesen verteidigen und legitimieren zu können. Am Beispiel des aktuellen *Duden. Die deutsche Rechtschreibung* von 2001 wird dies illustriert.

Bis auf zwei Begriffe (→ »Naturvölker«, → »schwarzer Kontinent«) sind alle 32 in diesem Nachschlagewerk diskutierten Begriffe hier verzeichnet. Diese Einträge sind mehrheitlich den Begriffserörterungen in diesem Nachschlagewerk vorangestellt. → »Dritte Welt« taucht zwar ebenfalls nicht als eigener Eintrag auf, dafür aber der »Dritte-Welt-Laden«, als »Laden, in dem Erzeugnisse der Entwicklungsländer verkauft werden«.[46] Wie auch im Fall von 23 weiteren Begriffen findet sich kein Verweis auf den diskriminierenden Gehalt und Gebrauch des betreffenden Wortes. Oft werden diese Begriffe sogar benutzt, um einander zu erklären, wie etwa wenn im Fall von »Dritte-Welt-Laden« von → »Entwicklungsländern« die Rede ist oder → »Stamm« als Erklärung für → »Ethnie« angeboten wird.[47] In der aktuellen *Brockhaus Enzyklopädie Deutsches Wörterbuch* wird besonders häufig der Begriff »Naturvölker«[48] oder auch »naturverbunden«[49] zur Erklärung herangezogen, was belegt, dass die Gleichsetzung von Afrika mit »Natur« (im implizierten Kontrast zur »Kultur« westlicher Länder) einschließlich der Assoziationskette Exotik, Erotik, Unordnung, Irrationalität und Emotion noch immer abrufbar ist.

Nur für insgesamt sechs Begriffe wird im aktuellen Duden der Gebrauch problematisiert. Dabei geschieht das aber relativierend und zurückhaltend. → »Mohr« etwa wird als »veraltet« und → »Primitive« als »veraltend« bewertet. Der diskriminierende Charakter dieser Wörter bleibt ausgeblendet. Ein veralteter und erst recht ein Begriff, der sich im Prozess des »Veraltens« befindet, kann letztlich, das ist hier impliziert, »wertneutral« verwendet werden. Zwei weitere Begriffe werden als abwertend markiert, wobei noch zwischen »abwertend« (→»Bananenrepublik«) und »derb abwertend« (→»Kaffer«) unterschieden wird. Wenn sprachliche Manifestationen von Rassismus und sogar ein Schimpfwort wie »Kaffer«, für dessen Gebrauch man/frau in Südafrika mit juristischen Sanktionen rechnen muss, als »abwertend« charakterisiert werden, dann handelt es sich um eine Verharmlosung. Taucht das Wort »diskriminierend« als Wertung auf, so wird es anderweitig relativiert. So wird für →»Asylant« und →»Neger« eingeräumt, dass sie »gelegentlich/häufig als diskriminierend *empfunden*«[50] werden. Diese Formulierung suggeriert, bei einem Gebrauch dieses Begriffes könne zwischen einer »eigentlichen« und »reinen« Bedeutung einerseits sowie andererseits den Empfindungen einiger, das Wort sei diskriminierend, differenziert werden. So wird der Eindruck geweckt, die Diskriminierung stecke nicht im Wort, sondern sei von einer individuellen Empfindung abhängig, die auch nicht generalisiert werden könne. Die Erfahrung der begrifflichen Diskriminierung wird so als ein kleiner Zusatz formuliert wie auch das Grundlegende dieser Verwendungsweise in den jeweiligen Einträgen heruntergespielt wird. Dadurch wird die Option geboten, zu sagen, es würde ausreichen, das Wort nicht rassistisch zu meinen.

Vor diesem Hintergrund ist es auch kein Zufall, dass das Kompositum »Negerkuss« als wertneutrales Synonym für Schokokuss dargestellt wird. Das konterkariert nicht nur implizit die Einstufung von »N.« als »als diskriminierend empfunden«, sondern vernachlässigt zudem, dass durch die Zusammensetzung das »N-Wort« gebräuchlich bleibt.[51]

Besonders problematisch wird es, wenn eingeräumt wird, dass ein Begriff »veraltet« oder gar ein »Schimpfwort« (→»Bastard«)[52] sei bzw. »iron. abwertend« (→»Häuptling«)[53] oder »meist scherzhaft o. abwertend« (→»Sippe«)[54] gebraucht wird, solche Bewertungen aber nur in Bezug auf den westlichen Kontext formuliert und nicht auf den afrikanischen übertragen werden. Implizit wird dadurch der Gebrauch für den afrikanischen Kontext legitimiert. Das folgende Beispiel kann diese Asymmetrie exemplifizieren: »Häuptling ... 1. Stammesführer, Vorsteher eines Dorfes bei Naturvölkern: ... 2. (iron. abwertend) Anführer [einer Bande], leitende Persönlichkeit.«[55]

Noch auffälliger ist dieses Verfahren mit Bezug auf »primitiv«. Dieses Wort existiert in der deutschen Sprache mit einer klar abwertenden Konnotation, und das wird auch im Duden vermerkt: »einfach, dürftig; *abwertend für* von geringem geistig-kulturellem Niveau.«[56] Dennoch wird für die Substantivierung → »Primitive« nur eingeräumt, dass es eine »veraltende«[57] Bezeichnung für »Angehörige[r] eines naturverbundenen, auf einer niedrigen Zivilisationsstufe stehenden Volkes«[58] sei. Hier wird also nicht nur von der Bewertung »abwertend« Abstand genommen, sondern zudem die bisherige Konnotation des Wortes unverändert fortgeschrieben. Die Übertragung des Begriffes auf Menschen zur homogenisierenden Benennung bleibt dabei unproblematisiert.[59]

Wenn für den einen Kontext eine abwertende Konnotation beschrieben wird, für den anderen aber nicht, wird der Eindruck, in Bezug auf Afrika sei das Wort »wertneutral« zu gebrauchen, zusätzlich verstärkt. Hinzu kommt ein anderes Phänomen, das im Kontext der westlichen Konstruktion von Afrika durch Sprachgebrauch bedeutsam ist. Wenn im Prozess der Übertragung eines Begriffes und seiner Bedeutung aus dem afrikanischen auf den deutschen Kontext eine Abwertung stattfindet, zeigt das, dass eine solche Übertragung aus Weißer westlicher Sicht als unzulässig empfunden wird.

Trinh T. Minh-ha weist in einer Analyse über die Verwendung des Begriffes → »Dritte Welt« exemplarisch darauf hin, wie aggressiv Weiße reagieren, wenn Benennungen, die sie selbst in Bezug auf Andere als neutral bewerten und die sie selbst für Andere erfunden haben, auf den eigenen Kulturraum übertragen werden. Als Personen, die aus Weißer US-amerikanischer Sicht der »Dritten Welt« angehören, eben diesen Begriff – in einem Prozess der emanzipativen Umdeutung und Übertragung der Vokabel – zur Bezeichnung der USA und Weißen US-Amerikaner/innen benutzten, löste dies vehementen Protest seitens Weißer US-Amerikaner/innen aus.[60]

Dieses Prinzip der asymmetrischen Bewertung von Benennungen korrespondiert ebenso wie der Widerstand von Weißen gegen die Übertragung von Begrifflichkeiten, die für den ehemals kolonisierten Raum verwendet werden, auf die westliche Welt mit der eingangs diskutierten kolonialen Weigerung, für den aktuellen europäischen Kontext gültige Begriffe auf Afrika zu übertragen, um die Erfindung des Unterschieds zwischen Afrika und Europa begrifflich manifestieren und dabei abwerten zu können.

Am Beispiel von Einträgen unter →»Neger« kann exemplarisch illustriert werden, wie zögerlich und inkonsequent sich Autor/inn/en und Herausgeber/innen von Wörterbüchern dazu durchringen, den rassistischen Gehalt und Gebrauch von Begriffen zu markieren und reflektieren.[61]

Zur »Blütezeit« des Kolonialismus fanden sich unter dem Eintrag »Neger« biologistische und diskriminierende Ausführungen im folgenden Duktus:

> »Neger ... Menschenrasse Afrikas, deren Verbreitung über den Kontinent sehr verschieden gedeutet worden ist ... Ratzel fasst als N. alle dunklen, wollhaarigen Afrikaner zusammen und schließt nur die hellen Südafrikaner ebenso wie die helleren Nord- und Ostafrikaner aus. Die meisten N. haben hohe und schmale Schädel ...; dazu gesellt sich ein Vortreten des Oberkiefers und schiefe Stellung der Zähne ... Den der Rasse eigentümlichen Geruch führt Falkenstein auf eine etwas öligere Beschaffenheit des Schweißes zurück, der bei unreinlicher Lebensweise leicht ranzige Säure entwickelt ...«.[62]

Ein Wort, das zu seiner Entstehungszeit so konnotiert war, kann sich kaum jemals von den ursprünglichen Assoziationen lösen. Unter dem Einfluss der Schwarzen Bürgerrechtsbewegung in Nordamerika erwachte in den 1970er Jahren in der Bundesrepublik Deutschland, wenn auch nur zaghaft und partiell, ein kritisches Bewusstsein für diesen Begriff.

In der Ausgabe von 1978 des *dtv-Wörterbuches der deutschen Sprache* ist jedoch nicht nur keine Rede vom abwertenden Charakter dieses Wortes, sondern wird noch immer im Duktus kolonialer »Rassentheorien« formuliert:

> »Neger 1. *dunkelhäutiger, kraushaariger Bewohner des größten Teils von Afrika südlich der Sahara* 1.1. *Nachkomme der nach Amerika verschleppten Afrikaner.*«[63]

Noch mehr als ein Jahrzehnt später heißt es analog dazu im *Deutschen Wörterbuch Wahrig*:

> »*Angehöriger der in Afrika lebenden negriden Rasse; Nachkomme der nach Amerika verschleppten schwarzen Afrikaner; Farbiger; Schwarzer ...*«[64].

Im *Duden. Die sinn- und sachverwandten Wörter* aus dem Jahr 1986 ist sogar zu lesen:

> »¹*Neger*, Schwarzer, Mohr, Nigger, Farbiger *afrikanischer*: Afrikaner, Aschanti, Ambo, Bantu, Ibo, Ila, Hutu, Fulbe, Kaffer, Haussa, Mbundu, Massai, Tussi, Suaheli, Sotho, Basotho, Zulu. Ggs. → Weißer. ²*Neger*: angeben wie zehn nackte N. → prahlen; das haut den stärksten N. um → unerhört [sein].«[65]

Es ist augenfällig, dass hier auf das grundsätzliche Prinzip von Synonymwörterbüchern, genau zu kommentieren, ob ein Wort salopp, umgangssprachlich, abwertend etc. ist, völlig verzichtet wird. Dies führt dazu, dass rassistische Schimpfwörter wie »Nigger« und → »Kaffer« sowie kolonialistisch geprägte Bezeichnungen (→ »Mohr«, → »Farbiger«) ohne weiteren Kommentar in einer Reihe mit »Afrikaner« aufgelistet werden. Ebenfalls ist zu fragen, wozu die wahllos wirkende Aufzählung einiger afrikanischer Gesellschaften dienen soll –, wobei die Schreibung »Ibo« einer Schreibweise des Kolonialismus entspricht, heute gilt »Igbo« als Standard – und warum die rassistische Redewendung »angeben wie zehn nackte N.« kritiklos aufgeführt wird.

In den späten 1980er Jahren fingen Wörterbücher vereinzelt an, auf die diskriminierende Dimension des Wortes hinzuweisen. Allerdings geschah das noch immer sehr zögerlich – etwa mit Formulierungen wie: »auch abwertend«[66] oder »oft als diskriminierend empfundene Bezeichnung«.[67] An diesem Stil einer unbestimmten, relativierenden und herunterspielenden Positionierung wird bis heute festgehalten. Selbst in der jüngsten Ausgabe des Duden steht unter »N.« nicht mehr als: »*wird häufig als abwertend empfunden*«.[68]

Zudem ist auffällig, dass die Distanzierung vom zur Rede stehenden Wort bis heute in den Wörterbüchern unentschlossen und ohne Konsequenz für die Bewertung von Komposita und Redewendungen mit diesem Wort verläuft. Während in dem 1986 in der DDR erschienenen Duden steht: »[oft als diskriminierend empfundene] Bez. für einen Angehörigen des negriden Rassenkreises«,[69] erschien im gleichen Jahr beim selben Verlag ein Synonymwörterbuch, in dem der Ausdruck »Neger« als angeblich wertneutral dargestellt wird.[70]

Eine ähnliche Inkonsequenz lässt sich für die jüngste Ausgabe des *Brockhaus. Die Enzyklopädie in 24 Bänden* feststellen: Während im Band 15 der Enzyklopädie von 1991 immerhin vermerkt wurde – wenn auch relativierend und unbestimmt –, dass ausgehend »von dem im Amerikanischen üblich gewordenen Gebrauch des Schimpfwortes ›Nigger‹ ... die Bez. ›N.‹ seit Ende des 19. Jahrhunderts zunehmend als diskriminierend« gilt,[71] wird im acht Jahre später erschienenen Wörterbuch wieder auf die bagatellisierende Formulierung »wird heute meist als abwertend empfunden«[72] zurückgegriffen.

In Ergänzung zu dieser problematischen Bewertung des »N-Wortes« werden im *Brockhaus Wörterbuch* eine Reihe von Redewendungen und alternativen Verwendungsweisen aufgelistet, deren Bedeutungsinhalte sich aus dem rassistischen Gehalt des »N-Wortes« ergeben. Das zeigt, dass die Konnotation nicht nur eine Frage der Empfindung sein kann. Doch eben dies wird, wie der folgende Auszug zeigt, in dem Eintrag nicht erwähnt:

> »Neger ... er kam schwarz wie ein N. (ugs. scherzh.: *ganz braun gebrannt*) aus dem Urlaub zurück; R das haut den stärksten N. um! (ugs: *das ist eine unglaubliche, tolle o.ä. Geschichte!*); angeben wie zehn nackte N. (salopp: *fürchterlich angeben, prahlen*). 3. (Ferns. Jargon) *Tafel, von der ein Schauspieler od. Sänger (im Fernsehstudio) seinen Text ablesen kann.* 4a) (ugs.) *jmd., der für bestimmte Dienste von einem andern ausgenutzt wird*: dass solche Bankette .... nicht für die Spieler, sondern für die Funktionäre geschaffen sind, damit sie sich mit uns, ihren ›Negern‹, wie es mitunter den Anschein hat, zur Schau stellen können (Hörzu 39, 1975, 32) ...«[73]

Indem ausgespart bleibt, dass diesen Redewendungen und Verwendungsweisen diskriminierende Konnotationen zugrunde liegen, können sie von Wörterbuchbenutzer/inne/n als »wertneutral« verinnerlicht werden. Das wirkt unweigerlich auf das Sprachgefühl für den klassischen Gebrauch des »N-Wortes« zurück.

Die im selben Eintrag aufgelisteten Komposita werden zum Teil kommentiert. Das sieht dann etwa so aus: »Negerhaar (ugs. veraltet), negerhaft (veraltet), Negerkind (veraltet), Negerkrause (ugs. veraltet), Negerkuss (veraltend), Negerlippen (veraltet), Negerschweiß (salopp scherzh. veraltend)«.[74] Hier wird also auf

Formulierungen zurückgegriffen, die den ursprünglichen Gehalt dieser Wörter bagatellisieren. Nur bei »N.musik« ist als zweiter Eintrag »(abwertend) Jazz« aufgeführt, womit aber lediglich zum Ausdruck gebracht wird, dass Jazz durch eine solche Benennung abgewertet wird.[75] Dass eben diese Konnotationen auch von dem »N-Wort« transportiert werden, bleibt höchstens implizit zu erschließen.

Die vermeintliche Diskrepanz zwischen dem Enzyklopädieband von 1991 und dem Wörterbuchband von 1999 relativiert sich angesichts der Tatsache, dass im Enzyklopädieband zwar vermerkt wird, dass »N.« als abwertend gilt, in unreflektierter Kontinuität zu tradierten Erklärungen des »N-Wortes« allerdings »N.« als »Angehörige des *negriden* Formenkreises« definiert werden. Auch in anderen Einträgen wird im aktuellen Brockhaus das Adjektiv »negrid« unkritisch im tradierten »rassentheoretischen« Sinn benutzt. So heißt es etwa unter → »Mulatte«: »Mischling mit europidem und negridem Elternteil.«[76] Hier zeigt sich, dass die Markierung des »N-Wortes« als »abwertend« nicht mit einer kritischen Reflexion des implizierten Konzeptes einher gegangen ist.[77] Denn letztlich werden die rassistischen Vorstellungen und Denkhaltungen, die mit »N.« konnotiert sind, durch die Begriffe »negrid«/ »Negride« weiterhin verfestigt – partiell sogar noch »unverfälschter«. So findet sich etwa im Brockhaus. *Die Enzyklopädie Band 15* unter dem Eintrag »Negride« eine im Duktus von *Meyers Konversations-Lexikon* von 1897 gehaltene Argumentation. Hier wird nicht nur, wie übrigens auch im *Deutschen Wörterbuch* der gleichen Ausgabe, die Auffassung, dass es »Rassen« gäbe, mit einer biologistischen Untermauerung vertreten. Zudem wird mit »Kafride« (→ »Kaffer«) ein rassistisches Schimpfwort reproduziert.

> »**Negride** ... [zu span. Negro, von lat. niger ›schwarz‹], Menschenform (›Rassenkreis‹), die in Afrika südlich der Sahara verbreitet ist. N. sind gekennzeichnet durch eine extrem starke Pigmentierung (dunkel-braune bis schwarze Haare, Haut und Augen), kurzes, meist engkrauses Kopfhaar, schwache Bart- und Körperbehaarung, mittleren bis hohen Wuchs, lange Beine, mittellangen bis langen Schädel, breite, niedrige Nase mit flacher Wurzel und stark geblähten Flügeln, dicke, oft wulstige Lippen. – Die vielfach hellhäutigeren Bantuide (Kafride) sind die volkreichste Teilgruppe der N.; Hauptverbreitungsgebiete sind Süd- und Ostafrika.«[78]

Andere Wörterbücher zeigen sich von den Debatten um den Begriff »N.« gänzlich unbeeindruckt. In Herrmann Pauls *Deutsches Wörterbuch* in der 10., überarbeiteten und erweiterten Auflage von 2002 wird im Duktus einer alltagspraktisch häufig zu findenden Argumentationsstrategie nur »Nigger« als abwertend charakterisiert:[79] In Bezug auf »N.« fehlt jeglicher Hinweis auf den diskriminierenden Charakter der Bezeichnung: »*Neger* ... 1945 noch unbefangene Verwendung ...; heute nur selten u. zumeist kommentiert: *ein N., ein Angehöriger der dunklen afrikanischen Völker, der gerade vorbeikam* (1987 R. Wolf, Männer 76).«[80] Es wird also nur darauf verwiesen, dass »N.« heute zumeist kommentiert verwendet wird. Damit ist aber nicht, wie man/frau vielleicht zunächst meinen könnte, der Kommentar gemeint, das Wort sei abwertend, diskriminierend oder gar rassistisch. Das zeigt sich angesichts des Beispiels, in dem sich der »Kommentar« als biologistische Erklärung des Begriffes entpuppt.

Bleibt als Einschränkung also nur, dass der Begriff heute »selten« verwendet wird. Dazu wird erklärt: »Dieses Tabu ist wohl auch eine Reaktion auf den Gebrauch des Wortes in der Nazipropaganda, wo z.B. Juden als *negerisch* und der Jazz als Negermusik verunglimpft wurde.«[81] Ganz im Duktus der Tatsache, dass sich in Deutschland die historische Aufarbeitung von Rassismus fast durchweg allein auf den Nationalsozialismus konzentriert, wird ein eventuell zunehmender Verzicht auf den Gebrauch des Wortes »N.« lediglich damit begründet, dass dieser Begriff auf Juden und Jüdinnen übertragen wurde. Wie im öffentlichen Diskurs bleibt in diesem Eintrag ausgeblendet, dass das »N-Wort« gerade deswegen zur Diskriminierung von Juden und Jüdinnen und zur Abwertung des Jazz instrumentalisiert werden konnte, weil es rassistisch konnotiert ist. Nur implizit kann dies ein/e kritische/r Wörterbuchbenutzer/in aus dem Beitrag herauslesen.

Am Ende des Eintrages wird noch betont, dass »heute die Übertragung von N. auf ein ›Cola-Mischgetränk‹ (Küpper: u.a. bes. im Südostdt. für Spezi ...), sowie die Bez. Negerkuß für eine bestimmte Süßspeise«[82] »unbefangener« erfolgt – fast so, als wäre eine Rehabilitierung des Begriffes »N.« wichtig und als könnte er heute wieder zunehmend »wertneutral« verwendet werden.

Solange mit Begriffen wie »N.« in Sprachinstitutionen sowie im öffentlichen Sprachgebrauch derart unreflektiert umgegangen wird, sind Begriffe wie »N.« jedoch im Sinne Klemperers Arsendosen, die Denken, Sprache und Gesellschaften nachhaltig vergiften.

Wie in allen Ländern gibt es auch in Deutschland ausgeprägte sprachpflegerische Bemühungen. Ein Beispiel dafür ist, dass die deutsche Rechtschreibung kontinuierlich der Dynamik sprachlicher Entwicklungen angepasst wird, wodurch auch öffentliche Diskussionen ausgelöst werden. Politisch relevante Debatten zu Veränderungen rassistischer Konzeptualisierungen durch einen bestimmten, konventionalisierten Sprachgebrauch finden allerdings weder in linguistischen Kreisen noch in anderen Teilen der Gesellschaft in nennenswertem Umfang statt. Wie fragwürdig diese Asymmetrie zuweilen ist, zeigt sich exemplarisch in den Einträgen »Negerkuss« und »Stammesbewusstsein« in der aktuellen Ausgabe des *Duden. Die deutsche Rechtschreibung.* Während in beiden Fällen darauf

ohne Titel, Moise Ngolwa, 2003
Moise Ngolwa beobachtete, wie im deutschsprachigen Raum auf veränderte Orthographie- und Grammatikgewohnheiten reagiert worden ist, rassistisch geprägte Inhalte hingegen waren nie Gegenstand in diesen emotional geführten Debatten.

verzichtet wird, zu vermerken, dass mit dem Wort diskriminierende Konzepte transportiert werden, wird die Beachtung der Neuen Rechtschreibregeln als wichtig markiert.[83]

Wie die Illustration veranschaulicht, muss die Auseinandersetzung mit Rassismus im eigenen Sprachgebrauch aufgrund der Komplexität von Sprache weit über das Reflektieren einzelner ideologiebehafteter Wörter hinausgehen. Exemplarisch sollen im Folgenden weitere sprachliche Manifestationen des rassistischen Diskurses diskutiert werden – ein Aspekt, der dann auch in der Textanalyse am Ende des Buches wieder aufgenommen wird.[84]

7. Rassismus ohne rassistische Wörter

Rassismus durch an sich nicht rassistisch konnotierte Wörter

Sprachgebrauch ist immer kontextabhängig. Auch Wörter, die selbst weder sprachhistorisch als rassistisch eingestuft werden können noch grundsätzlich in allen Verwendungsweisen in ihrem aktuellen Sprachgebrauch so konnotiert sind, können in bestimmten Kontexten rassistisch sein oder für entsprechende Konstruktionen instrumentalisiert werden.

Zum einen gibt es Wörter, die für sich genommen keine rassistischen Inhalte transportieren, aber im Prozess der Übertragung auf den Kontext afrikanischer Gesellschaften eine Bedeutungsveränderung erfahren. Schon allein dadurch, dass ein Wort in Bezug auf Afrika anders als für Europa verwendet wird, wird Afrika als das Andere konstruiert. Mit Bezug auf unterschiedliche Bewertungen von Wörtern – als abwertend für den westlichen Kontext, aber vermeintlich wertneutral für den afrikanischen, etwa bei »Häuptling«, wurde das bereits diskutiert.[85] Hinzu kommt, dass durch diese Bedeutungsveränderungen oder -erweiterungen koloniale Konzeptionen eingeschrieben werden, wie etwa dass Afrika homogen, anders als Europa und diesem unterlegen sei.

Das ist etwa beim Gebrauch von Wörtern wie Hütte oder Dialekt der Fall. Natürlich gibt es Hütten und Dialekte in Afrika – wie auch in Europa oder sonst wo auf dieser Welt. Doch wenn im Zuge einer Strategie der asymmetrischen Bedeutungserweiterung auch Häuser und Sprachen als Hütten bzw. Dialekte bezeichnet werden, kommt es zu einer undifferenzierten und pauschalen Bezeichnung. Diese dient dazu, Häuser und Sprachen in Afrika als jenen in Europa nicht

»Hütten« von Abidjan in Côte d'Ivoire. Hier leben über 4 Millionen Menschen.
Quelle: Christoph Plate/Theo Sommer (Hrsg.): Der bunte Kontinent. Ein neuer
Quelle: Blick auf Afrika. Deutsche Verlags-Anstalt 2001, S. 123

Die Megacity Lagos in Nigeria zählt zu einer der größten Städte
der Welt. Hier leben nach Schätzungen weit mehr als 10 Millionen Menschen.
Quelle: privat

ebenbürtig oder unterlegen darzustellen und damit abzuwerten. Hier klingt unmissverständlich an, dass Weiße diese als »primitiver« als die eigene Sprache oder das eigene Haus konstruieren. Werden etwa Häuser als »Hütten« bezeichnet, kann Afrikas »zivilisatorische« Minderwertigkeit impliziert und Afrika im Vergleich zum westlichen Kulturraum als unterlegen konstruiert werden. Zudem werden mit der Unterstellung, alle Afrikaner/innen lebten in Hütten, Lebensformen homogenisiert. Wird eine Sprache als Dialekt bezeichnet, kann den afrikanischen Sprachen ein untergeordneter Status gegenüber den europäischen (National)Sprachen zugeschrieben werden. Schließlich wird über diese Benennungspraxis auch die Wahrnehmung des afrikanischen Kontinents als eine große, homogene Einheit, die »lediglich« dialektale Unterschiede aufweise, kolportiert. In Afrika werden mehr als 2000 Sprachen gesprochen. Das macht etwa ein Drittel aller Sprachen der Welt aus.[86] Dabei hat Swahili mit Zulu und Hausa ebenso wenig Gemeinsames wie Russisch mit Ungarisch und Deutsch.

Zum anderen gibt es Begriffe, die im Kontext kolonialistischer und rassistischer Konstruktionen eine zentrale Rolle spielen und ein entsprechendes Denken verfestigen – selbst dann, wenn keine Bezugnahme zu Afrika erfolgt. Der Gebrauch von »schwarz« als Adjektiv oder in Komposita ist dafür ein Beispiel.

In der christlichen Mythologie wurden »schwarz« und »dunkel« als negativ, »hell« und »weiß« jedoch als »positiv« belegt. Seit den ersten »Kontakten« von Europäer/inne/n mit Schwarzen im 17. und 18. Jahrhundert haben Weiße unter Bezugnahme auf die christliche Konstruktion Schwarze als Verkörperung von Dunkelheit und Furcht konzipiert.[87] Sowohl die christlich-mythologische als auch die koloniale Konzeption hat sich in den heutigen Gebrauch von »schwarz« eingeschrieben. Dabei ist es nicht mehr möglich, beide Herkunftssysteme eindeutig voneinander abzugrenzen und zu sagen, dieser Gebrauch würde sich allein nur auf die eine oder die andere Ebene beziehen: sie bedingen und bestärken sich gegenseitig. Schwarz impliziert zumeist Annahmen oder Zuschreibungen wie »illegal«, »unerwünscht« oder gar »kriminell«.

In Bezug auf Afrika haften Begriffen wie »traditionell« und Tradition nicht nur Konnotationen wie etwa statisch und antiquiert, sondern auch unterlegen und »primitiv« an. Dabei wird eine starre Trennung von Tradition einerseits und Moderne andererseits suggeriert. Tradition wird dabei oft mit dem »authentischen« Afrika gleichgesetzt, während Moderne zum einen mit Europa und zum anderen mit einem Afrika assoziiert wird, das von dem Kontakt mit dem Westen profitierte. Bereits im Kontext des Kolonialismus wurde Afrikas angebliche Tradition (oft in diesem homogenisierenden Gebrauch) als Legitimation europäischer Kolonialpolitik instrumentalisiert. Nicht nur aus diesem Grund ist es problematisch, generell oder unreflektiert von Tradition in Afrika bzw. traditionellen afrikanischen Gesellschaften zu sprechen. Zudem ist dies angreifbar, weil diese Einteilung samt der implizierten Bewertung in einem Verfahren Weißer Hegemonie westlichen Kriterien folgt und diese zur generalisierenden Norm erhebt.

Tradierte gesellschaftliche, religiöse und kulturelle Prozesse afrikanischer Gesellschaften auf Konzepte wie etwa »Primitivität« und »Starrheit« zu reduzieren, heißt, die komplexen und dynamischen politischen, sozialen, religiösen und kulturellen Strukturen und ihre Entwicklung in der Geschichte Afrikas zu negieren.

Diskriminierung durch Stereotype

Komplexe Wirklichkeiten werden erst über Kategorisierungen wahrnehmbar. Diese basieren darauf, dass zum Beispiel Menschen oder Dinge auf der Basis einzelner Merkmale einer Gruppe zugeordnet werden. Die Anwendung einzelner Merkmale als bestimmende Gruppenkennzeichen ist eine Form der Stereotypisierung. Die Auswahl von einzelnen Faktoren folgt dabei keiner »natürlichen« Ordnung und ist kein natürlich »vorgegebener« Prozess, sondern ist kulturhistorisch und durch ökonomische und politische »Erfordernisse« einer Kultur bedingt. Dabei können sie sich auch Kultur übergreifend etablieren. Sie sagen aber nicht nur etwas über die kulturelle und politische Ordnung sowie Normen und Werte einer Gesellschaft aus. Gleichzeitig legitimieren und reproduzieren Stereotype, die sich auf diskriminierte Gruppen beziehen, Herrschaftsverhältnisse und damit verbundene Manifestationen von Ausgrenzung und Diskriminierung.

Durch permanente Wiederholungen schleichen sich Stereotype subtil in individuelle Wahrnehmungen ein und werden dann als gegeben, eindeutig und natürlich angenommen. Das erklärt die Veränderungsresistenz von Stereotypen. Nur partiell werden neue Inhalte und Grenzen ausgehandelt. Wenn Stereotype also in verschiedenen historischen Kontexten nur partielle Verschiebungen erfahren und auch über kulturelle Grenzen hinweg bekannt sind, heißt dies aber nicht, dass sie deswegen »natürlich« wären. Vielmehr zeigen sie, wie Glaubenssätze sich mit der Zeit mehr und mehr zu vermeintlichen »Wahrheiten« verfestigen.

Während Weiße für sich den Anspruch erheben, dass sie nicht über Stereotype zu erfassen und zu kategorisieren seien, definieren sie über Konstruktionen und Wahrnehmungen, die sich als Stereotypen verfestigen, was von Schwarzen zu erwarten sei.

Augenfällig ist dabei, dass sie in einem homogenisierenden Verfahren Schwarze ausschließlich über Aspekte stereotypisieren, die sie angeblich von Weißen unterscheiden. Die Palette der negativen Stereotype, die in nur partieller Transformation kolonialer Konstruktionen bis heute von Weißen mit Afrikaner/inne/n assoziiert wird, ist lang und soll hier nicht reproduziert werden.[88]

Aber auch wenn etwa vermeintlich wohlwollend behauptet wird, Afrikaner/innen könnten besonders gut trommeln und tanzen, denn »das läge ihnen ja im Blut«, handelt es sich um begrenzende und einengende Stereotype, die eine Wahrnehmung und Bewertung der herrschenden Weißen Gruppe/Kultur widerspiegelt, die sich bereits im kolonialen Kontext konstituiert hat. Auch diese vorgeblich »positiven« Annahmen befördern den Glauben an genetisch und/oder kulturell bedingte Eigenschaften und legen einen mentalen Nährboden für Ausgrenzung und Diskriminierung. Entsprechende, vermeintlich positive Stereotypisierungen haben zudem immer einen paternalistischen Charakter. Dabei ist aber bedeutsam, dass die vorgeblich wohlwollenden Zugeständnisse, die die herrschende Gruppe »den Anderen« macht, diese keineswegs in einem bestimmten Bereich zum »Besseren« machen und damit zentrale Weiße Wertvorstellungen bedrohen würden. Die eingeräumten »positiven Konnotationen« können die Grundfesten der Weißen Überlegenheit in einem gesellschaftlichen Gesamtblick nicht gefährden.

Viele der vermeintlich positiven Stereotype ergeben sich aus der Konzeptualisierung einer Dichotomie von Afrika als »Natur« und »Emotion« versus Europa als »Kultur« und »Ratio«. Doch wenn Afrika als naturhaft und emotional konstruiert wird, mündet dies in der Weißen Wahrnehmung in Konstruktionen von »Wildheit«, »Barbarei«, »Irrationalität«, »Ungeordnetheit« und von »Bedrohung«. Afrika wird damit eine Minderwertigkeit gegenüber der kulturellen Höherentwicklung der Weißen westlichen Kolonisator/inn/en zugeschrieben, die für sich in Anspruch nehmen, Inbegriff von Kultur und → »Zivilisation« zu sein. Letztere ist das aus Weißer westlicher Sicht als erstrebenswert definierte Ziel. Auf diese Weise werden zugleich Kolonialisierung und Eroberung in ihren verschiedenen Ausformungen legitimiert. Handelt es sich doch aus dieser Sichtweise um »Hilfen zur Entwicklung aus der ›Primitivität‹ auf dem Weg zur Zivilisation«.

Wie schwer es für Schwarze ist, stereotypen Zuschreibungen zu entgehen, zeigt sich exemplarisch darin, wie Schwarze Deutsche in der deutschen Gesellschaft wahrgenommen werden. Zu der breiten Palette alltäglicher Rassismuserfahrungen gehören u.a. häufig an sie gerichtete Fragen wie etwa: »Wo kommst du denn her?«, »Du sprichst aber gut Deutsch« (beide Absprechung des Deutsch-Seins), »Wie lange bist du schon hier?« (Absprechung des Zuhause-Seins und/oder die Frage: Wann gehst du wieder?), »Wie wäschst du denn deine Haare?« (Nur, wenn sie wirklich einen Tipp erhalten wollten, würden Weiße das in der Regel eine/n andere/n Weißen fragen.). Durch Fragen wie diese sowie andere Stereotype wird »das Andere« in einem hegemonialen Prozess beständig neu erfunden, wodurch die Weiße Norm geschützt bleibt.

Diskriminierung durch Phrasen und Schlagwörter

Stereotype Wahrnehmungen und Konstruktionen verdichten sich oft in Phrasen und Schlagwörtern, die von Medien und Politiker/inne/n kolportiert werden und sich nachhaltig ins kollektive Gedächtnis einschreiben. Dazu zählen Standardformulierungen wie etwa »Ausländer nehmen uns unsere Arbeitsplätze weg« und »Das Boot ist voll«, die genaueren Überprüfungen nicht stand halten. In den letzten Jahren wurden jährlich zwischen 6 und 10 % der gestellten Asylanträge bewilligt.[89] Im Jahr 2000 etwa wurden beim Bundesamt für die Anerkennung ausländischer Flüchtlinge neben 78.564 Erstanträgen auch 39.084 Asylfolgeanträge gestellt. Nur in 3,0% aller Entscheidungen ist eine Asylanerkennung ausgesprochen worden. Befristeten Abschiebeschutz erhielten 7,9%.[90] Das heißt 12.829 Personen wurde ein zumeist kurzfristiger Aufenthalt in Deutschland gewährt. Hinzu kommen 186.691 neue Einbürgerungen im Jahr 2000.[91] Und bekanntlich ist es für Asylberechtigte und Migrant/inn/en um ein Vielfaches schwieriger, eine Arbeitsstelle zu finden, als für Deutsche. Für Personen, die einen Asylantrag gestellt haben, gilt ohnehin, dass sie erst einen Arbeitsvertrag unterschreiben dürfen, wenn der Arbeitgeber nachgewiesen hat, dass es keine deutschen Interessent/inn/en gibt.[92]

Aber auch Schlagwörter wie »Asylmissbrauch« und »Ausländerkriminalität« tragen zur Verfestigung diskriminierender Wahrnehmungen bei. Durch die Zusammenfügung von zwei Konzepten (Ausländer und Kriminalität) wird eine assoziative Verbindung zwischen diesen hergestellt. Je frequenter man/frau ihr begegnet, umso mehr verselbstständigt sich das Muster, dass die eine Komponente (Kriminalität) bei der anderen (Ausländer/innen) automatisch mit gedacht wird. Kriminalität wird so zu einem bestimmenden Faktor von »Ausländer«, und umgekehrt. Dabei bezieht sich das Label »Ausländer/innen« aber nicht auf Weiße, es sei denn sie kommen aus bestimmten Regionen in Ost- und Südeuropa. Letztendlich rekurriert es in der Verknüpfung mit Kriminalität immer auf die Bevölkerungsgruppen, die in einem diskriminierenden Verfahren von der Weißen Kultur gerade als »Bedrohung« für eben diese konstruiert werden.

Neben der ständigen Wiederholung dieser Begriffe in der öffentlichen Diskussion werden spektakuläre Einzelfälle krimineller Handlungen ausführlich geschildert und als typisches Verhalten von »Ausländer/inne/n« dargestellt. Dazu werden einzelnen Gruppen spezifische Kriminalitätsbereiche zugeordnet, die aus singulären Beobachtungen abgeleitet, verallgemeinert und verabsolutiert werden. Ein Beispiel dafür ist die gängige Behauptung, Nigerianer seien Drogenhändler. Bei kriminalisierten Handlungen in Deutschland sind vor allem Deutsche beteiligt. Dies wird aber nicht explizit benannt. Wird die nationale Identität eines Täters/einer Täterin genannt, so handelt es sich immer um »Ausländer/innen« im oben genannten Sinne, während deutsche Täter/inne/n über andere Faktoren (etwa Arbeitslosigkeit bzw. Beruf) charakterisiert werden.

Analog dazu wird durch den Begriff »Asylmissbrauch« ein inhaltlicher Bezug zwischen Asyl und Missbrauch hergestellt, der sich schnell assoziativ einstellt und verselbstständigt. Dabei hat sich die Praxis durchgesetzt, dass unter Missbrauch ein breites und unspezifiziertes Spektrum unterschiedlicher Verhaltensweisen und Wahrnehmungen subsumiert werden kann. Es erstreckt sich etwa von Asylbewerber/inne/n, die illegal arbeiten müssen, über jene, denen es gelingt, über mehrere Jahre hinweg eine »Duldung« zu erlangen, bis zu Personen, die »straffällig« werden. In den staatlichen Regulierungen und Praktiken, die dazu führen, dass Personen beispielsweise illegalisiert werden oder auf Grund von Aufenthaltsverboten überhaupt von »Duldung« gesprochen werden muss, zeigt sich dabei der dem Staat eigene institutionalisierte Rassismus.

Die diskriminierende Ausrichtung von Schlagwörtern wie »Asyl-missbrauch« und »Ausländerkriminalität« lässt sich durch eine Umstellprobe leicht erkennen: Gibt es antonyme Komposita wie etwa »Inländerkriminalität« oder »Asylgebrauch«? Spätestens wenn eine Asymmetrie der Benennungspraktiken zu bemerken ist, wird es notwendig, diese Begriffe auf ihren diskriminierenden Gehalt hin zu reflektieren und zu vermeiden.

Nicht-Erwähnen als sprachliche Manifestation von Rassismus. Von der vermeintlichen Normalität, Weiß zu sein
Ganz im Tenor der eben beschriebenen Tendenz, dass »Auslän-der/innen« beständig über ihren Status als »Ausländer/innen« markiert werden, geht es in der Regel auch, sobald man/frau in den Medien Schwarzen Menschen begegnet, ganz konkret um spezifische Erfahrungen von Schwarzen oder aber um stereotype Assoziationen, die konkret an Schwarze Personen geknüpft sind. Wenn zum Beispiel in der deutschen Werbung – einem wichtigen Medium zur Re-Produktion und Übermittlung gesellschaftlicher Normvorstellungen – Schwarze auftauchen, so handelt es sich in einigen seltenen Fällen darum, Rassismus anzugreifen und Toleranz einzuklagen. Mehrheitlich werden aber assoziative Ver-knüpfungen zu »sportlich«, »musikalisch« oder »abweichend/anders« bzw. exotische oder erotische Lebensgefühle aufgerufen. Dabei werden oft rassistische Konnotation bemüht, wobei diese sich im Allgemeinen subtiler und komplexer als in der abgebil-deten Lufthansawerbung manifestieren. Hier wie von anderen Reiseunternehmen wird gern mit einer Kombination von Erotik und Exotik operiert.[93]

Das Weiß-Sein von Menschen ist dagegen für Werbetexte nicht interessant, wodurch es implizit als normhaft bestätigt wird.[94] Eine Ausnahme hierzu ist, wenn Weiß-Sein im Kontrast zu Schwarz-Sein werbetechnisch aufbereitet wird, wobei auch hier in der Regel rassistischen Stereotypisierungen gefolgt wird. Nur sel-ten vollzieht sich das allerdings so offensichtlich wie in einer Langenscheidt-Kino-Werbung aus dem Jahr 2002. Hier laufen ein Weißer und ein Schwarzer Mann nackt am Strand entlang. Während dem Weißen ein kleines Lexikon genügt, um seinen Penis zu verbergen, benötigt der Schwarze ein großes.

Werbeplakat der Lufthansa.
Neben dem Foto mit der Schlagzeile ist der Zusammenhang zwischen Bild und dem Satz
»Je stärker das Tele, desto harmloser der Löwe« beachtenswert.

Quelle: Regina und Gerd Riepe: DU SCHWARZ – ICH WEISS. Peter Hammer Verlag, Wuppertal 1992, S. 56

In einer aktuellen Kino-Werbung, die zur Zahlung von GEZ-Gebühren ermahnt, äußert ein Weißer Mann »ich sehe schwarz«, worauf ein Schwarzer Mann »ich weiß« entgegnet. Das ist ein Wortspiel, das sowohl impliziert, dass der Schwarze Mann »weiß« sieht, als auch, dass er weiß, das sein Gegenüber keine Gebühren zahlt. Wenn er weiß, und nicht schwarz, sieht, kann zudem angenommen werden, dass er, im Gegensatz zum Weißen, Gebühren bezahlt hat. Hier wird vordergründig der Eindruck erzeugt, dass der Schwarze der »Gute« sei und damit implizit der Anschein geweckt, Rassismus werde hier herausgefordert. Doch bei genauerer Betrachtung zeigt sich, dass diese Suggestion über verschiedene Arten gebrochen wird, die rassistische Wahrnehmungsmuster bedienen. Ganz entscheidend in diesem Zusammenhang ist etwa, dass »schwarz sehen« hier in der übertragenen Bedeutung von »ich befürchte Schlimmes für mich« gebraucht wird.[95] Der Schwarze, der dieses »schwarz sehen« hier transportiert, verkörpert Unheil für den Weißen/die Weiße (Zuschauer/in) und wirkt Angst einflößend und bedrohlich auf ihn/sie. Und gerade weil sich das subtil, getarnt durch eine vordergründige Aufwertung des Schwarzen, vollzieht, kann dieses rassistische Grundmuster noch nachhaltiger als etwa die Langenscheidt-Werbung wirken.

Während also »Schwarze« in ihrem Status als »Schwarze« beständig markiert werden, gehört es ebenfalls zur von Weißer Hegemonie geprägten deutschen Kommunikationspraxis, dass Schwarze in anderen Zusammenhängen sprachlich ignoriert werden. Sehr häufig ist von »Menschen« oder »der Menschheit«, von »Frauen« bzw. »Männern« oder »man« die Rede. Eine Allgemeingültigkeit für »alle Menschen/Frauen/Männer« ist damit impliziert. Erst in der kritischen Reflexion wird erkennbar, dass aber eigentlich nur Weiße gemeint sind. So wird beständig ein Teil der Menschheit ignoriert oder ausgeschlossen, deren Erfahrungshorizont negiert und unsichtbar gemacht, und schnell der gefährliche Eindruck erweckt, »der normale Mensch« oder »die normale Deutsche« sei weiß/Weiß. Diese Praxis ist insbesondere deswegen so wirkungsmächtig, weil sie sich »unsichtbar« vollzieht und daher nur schwer erfasst, benannt und überwunden werden kann.[96]

Ein Text auf einem Kalenderblatt aus dem Duden-Abreißkalender von 2003 verdeutlicht das exemplarisch. Hier heißt es: »Das Okapi ist eines der wenigen Großtiere, die bis ins 20. Jahrhundert unentdeckt blieben. Erst 1901 stieß man in den Regenwäldern des Kongo auf das erste Exemplar des etwa pferdegroßen Tieres.«[97] Unzweideutig wird »man« hier, in ungebrochener Kontinuität eines kolonialen Denkansatzes, synonym für »Weiße« verwendet, was aber eben durch den Gebrauch des unbestimmten Pronomens »man« verschleiert bleibt. Implizit wird damit Afrikaner/inne/n, die schon lange vor 1901 auf Okapi gestoßen waren, das Mensch-Sein abgesprochen, aber auch die Fähigkeit zum »wissenschaftlichen Verständnis«, wozu ja auch »Entdeckung« in dieser Form gehört.

Ein anderes Beispiel ist das abgebildete Plakat der Nichtraucher-Initiative. Wenn es hier heißt »Würden sie auch dann noch rauchen, wenn Ihr Gesicht so schwarz wie Ihre Lunge würde?« werden nicht nur Schwarze als Adressat/inn/en ausgeschlossen. Zudem wird die Gleichsetzung von »schwarz« mit »negativ«, »inakzeptabel« und »unerwünscht« fortgeschrieben.

Ähnlich wie auf diesem Plakat beziehen sich auch Texte über gesamtgesellschaftliche Probleme und Themen in der Regel nur auf Weiße. Dabei ist diese Fokussierung im Allgemeinen aber unmarkiert, und es bleibt ausgespart, dass der skizzierte Fall nicht in voller Komplexität andere von diesem Thema betroffene gesellschaftliche Gruppen repräsentieren kann.

Werden in einem Artikel etwa die Karrierechancen von Frauen behandelt, so wird von der heterosexuellen, Weißen Norm ausgegangen. Thematisiert werden diesbezüglich relevante Aspekte, wie etwa »Ausfall«zeiten durch die Geburt von Kindern. Andere potentielle Karrierebarrieren, denen zum Beispiel Schwarze deutsche Frauen auf Grund der Diskriminierung in der deutschen Gesellschaft unterliegen, bleiben zugleich ungenannt und unsichtbar. Mit dem Gefühl, sich mit der potentiellen Diskriminierung von Frauen in Bezug auf Karriere durch »Ausfall«zeiten beschäftigt zu haben, entsteht so leicht der Glauben, man/frau habe sich mit Diskriminierung insgesamt auseinandergesetzt. Damit nimmt zugleich auch das Bewusstsein für komplexere, vielschichtige Diskriminierungen und Diskriminierungsstrukturen ab sowie die

Bereitschaft, dies zu reflektieren. Letztlich manifestieren sich durch diese Nicht-Benennung vielfältige Ausgrenzungsstrategien.

Sie wurzeln in einer prinzipiellen Geisteshaltung von Weißen, Weiß-Sein explizit oder implizit als Norm zu setzen. Dies realisiert sich über zwei Grundmuster. Das eine besteht darin, dass etwa im Kontext von Kolonialismus, Nationalsozialismus, Apartheid und Rechtsextremismus Weiß-Sein bewusst markiert und als höherwertig eingestuft wird. Diesen rassistischen »Herrenmenschentheorien« diametral entgegen steht die so genannte *colour-blindness*.

Aktuelles Werbeplakat der Nichtraucher-Initiative Deutschland e.V. Der Hinweis auf die Ausstellung »Körperwelten«, deren zum Teil menschenverachtende »Körpergewinnung« (Hinrichtungsopfer China) schon lange bekannt ist, verstärkt sogar noch den rassistischen Gehalt dieser Gegenwerbung.
Quelle: Plakat der Nichtraucher-Initiative Deutschland e.V. (NID)

Diese wurzelt zum einen in der Tendenz, dass Weiße ihr Weiß-Sein gar nicht wahrnehmen. Wenn Weiße sich beschreiben – sie also Grundsteine der eigenen Identifizierung und Identifikation, sowohl im Selbst- wie im gewünschten Fremdbild, benennen, gehen sie in der Regel nur auf Aspekte wie Beruf, Alter, Geschlecht und Religion ein. Auf ihr Weiß-Sein nehmen sie keinen Bezug. Darauf angesprochen wird oft erklärt, dieses sage nichts über das eigene Leben aus.[98] Interessanterweise markieren aber dieselben

Quelle: B.Z. vom 30. November 1999, S. 44

Die Berliner Boulevardzeitung »B.Z.« berichtete am 30. November 1999, dass »Pinky« mit »blauen Augen und rosa Haut wie ein Menschenbaby" aussieht und »auch so aufgezogen« wird. Die B.Z. ist die auflagenstärkste Tageszeitung in der größten und bevölkerungsreichsten Stadt Deutschlands.

Personen Schwarze dann oft als aller erstes über ihr Schwarz-Sein. Analog zu dieser Position assoziieren Weiße, wenn von »Rasse« gesprochen wird, gemeinhin Schwarze Menschen – so als hätten Weiße keine → »Rasse«.[99] Dieser Duktus manifestiert sich exemplarisch in der folgenden Schlagzeile aus der B.Z.: Was macht den Affen zu einem Menschen? Dass er »rosafarbene Haut« hat? Hier wird suggeriert, dass Menschen eben eine helle Haut haben (müssen).

Zum anderen hat sich die *colour-blindness* partiell im Zuge von Bestrebungen herausgebildet, sich von Aufwertungsstrategien des Weiß-Seins etwa im Kontext von Kolonialismus, Nationalsozialismus, Apartheid und Rechtsextremismus zu emanzipieren. Oft wird sie auch als »liberal« und »aufgeklärt« verteidigt. Bewusst wolle man/frau damit rassistische Wahrnehmungsmuster und positive Hervorhebungen von Weiß-Sein unterwandern, weil solche Markierungen gefährlich seien. Das geht dann mit einer Weigerung einher, Menschen »über Hautfarben« wahrzunehmen. Schließlich seien alle gleich oder verfolge man/frau doch eben diese Utopie.

Doch gerade diese Position birgt Gefahren in sich. Deutlich wird dies spätestens daran, dass die *colour-blindness*, ob sie nun aus Ignoranz oder emanzipatorisch-utopistischen Erwägungen erfolgt, im Umkehrschluss impliziert, dass Ausgrenzungs- und Diskriminierungserfahrungen, die Schwarze durch Weiße real erleben, keine Rechnung getragen wird. Die bloße Negierung existierender Hierarchien und Machtachsen kann diese keineswegs überwinden. Im Gegenteil: Unausgesprochen nimmt die *colour-blindness* sie gerade in und durch Äußerungen wie »ich finde mein Weiß-Sein unwichtig« oder aber »wir sind doch alle gleich« als gegeben hin. Aus diesem Grund können sie auch ungebrochen weiter bestehen.[100] Neben der impliziten Fortschreibung der Normsetzung des Weiß-Seins kommt es durch die fehlende Wahrnehmung von Weiß-Sein in seiner politischen und kulturellen Konnotation zudem zu einer gesellschaftlich gewollten und unterstützten Weigerung Weißer, sich selbst in historischen Zusammenhängen und sich daraus ergebenden Konsequenzen für die Gegenwart zu verorten.

Weiß-Sein im historischen, kulturellen und politischen Sinn schließt zunächst einmal eine mentale Kontinuitätslinie ein, die einen Bogen von den Anfängen des Kolonialismus bis in die Gegenwart zieht. Aufbauend auf Rassismus als kolonialer Rechtfertigungsideologie erfand Europa seine »unzivilisierten, primitiven Anderen«, die es zu »retten« – oder zu vernichten – galt. Dies war auch die Grundlage des homogenisierenden und alterisierenden Afrikabildes, das die mentale Basis dafür war, dass Kolonialismus von den Menschen in Europa mehrheitlich mitgetragen wurde. Vermittelt u.a. durch Medien, Politik, Kultur, Bildungswesen und Sprache und geschützt durch die fehlende öffentliche Auseinandersetzung mit kolonialer Geschichte hat dieser Diskurs bis in die Gegenwart hinein Wissen hergestellt und Weißes Denken geprägt.[101] Bis heute nährt er Weiße Diskriminierungs- und Ausgrenzungsstrategien, mit denen sich Afrikaner/innen und andere Schwarze konfrontiert sehen. Dazu gehören etwa auch Weiße kollektive Rechtfertigungsstrategien, mit denen Weiße ausgehend vom dominierenden Afrikadiskurs zu legitimieren versuchen, dass Europa in einem Luxus lebt, den Afrika in sehr hohem Maße mitfinanziert, während es in Afrika eine Vielzahl von Problemen gibt, mit denen Europa nicht zu kämpfen hat. Teil dieser kollektiven Rechtfertigungsstrategien, die sich aus Stereotypen speisen, ist es, dass davon ausgegangen wird, dass Afrikaner/innen eben nichts anderes kennen würden als Leid, ohnehin komplett anders seien als Weiße und sich letztlich alles selbst zuzuschreiben hätten. So seien sie etwa an ihrer Armut selbst schuld, weil sie so viele Kinder bekämen oder demokratieunfähig seien.

In diesen stereotypen Rechtfertigungsstrategien manifestiert sich die Weigerung Weißer, sich im globalen Machtkontext – historisch wie aktuell – zu verorten und kollektive und individuelle Mitverantwortung für ökonomische und politische Konsequenzen von transatlantischem Sklavenhandel und Kolonialismus zu übernehmen. Zum einen sind die komplizierte ökonomische Situation sowie viele politische Konflikte in den ehemals kolonisierten Gebieten in hohem Maße Spätfolgen des Kolonialismus und des transatlantischem Sklavenhandels. Zum anderen sind es eben diese europäischen Verbrechen, sowie die darauf aufbauenden aktuellen Manifestationen der ökonomischen Ausbeutung ehemaliger Kolonien, aus denen sich der Reichtum der westlichen Welt mitspeist.[102]

Hier ist die sozialökonomische Privilegierung von Weißen und ihren Kulturen angesprochen, die auch mit deren sozialer, rechtlicher, kultureller und politischer Privilegierung einhergeht. Für Deutschland können Privilegien von Weißen etwa die Tatsache umfassen, dass sie im deutschen Alltag den Schutz der Anonymität genießen, dass ihnen der allgegenwärtige Druck feindseliger oder auch nur »neugieriger« Blicke erspart bleibt, ihre bloße Existenz in der deutschen Gesellschaft nicht hinterfragt wird, dass sie das Privileg haben, ohne Angst vor rassistischen Gewalttäter/inne/n das Haus zu verlassen, und letztlich auch bei der Wohnungs- und Arbeitssuche privilegiert sind und dabei nicht darüber nachdenken müssen, wie sich ihr Weiß-Sein darauf auswirken könnte. Dies trifft auf alle Lebenssituationen zu. Wird einem Schwarzen Mann oder einer Schwarzen Frau etwa die Tür vor der Nase zugeschlagen, so werfen seine oder ihre Erfahrungen unweigerlich die Frage auf: Hat die betreffende Person das getan, weil ich Schwarz bin?

Es steht außer Frage, dass sich kulturelle Identität aus verschiedenen, durchaus widersprüchlichen Diskursen und Machtverhältnissen zusammensetzt. So können und müssen Weißen Subjekten ausgehend von anderen identitätsstiftenden Komponenten, Herrschaftsverhältnissen und Hierarchien unterschiedliche Positionen im sozialen Raum zugewiesen werden, die sich komplex und dynamisch gestalten.[103] Folgerichtig können die hier exemplifizierten Privilegien von Weißen durch andere gesellschaftlich als Abweichungen von Normen definierte und markierte identitätsstiftende Komponenten wie etwa Homosexualität oder Behinderungen gebrochen werden – oder sich gar multiplizieren.

Insgesamt enthebt das aber Weiße nicht der Verantwortung, ihr Weiß-Sein zu reflektieren und als Perspektive ernst zu nehmen. Im Umkehrschluss bedeutet dies, Schwarze in der alltäglichen Kommunikation mitzureflektieren und sie aus der Ghettoisierung zu befreien, in der sie von Weißen nur gedacht werden, wenn ihr Schwarz-Sein explizit markiert und instrumentalisiert werden soll.

8. Rassistischer Sprachgebrauch: Strategien der Vermeidung

Widerstand gegen Diskriminierung heißt auch, bestehende Machtverhältnisse zu hinterfragen. Übertragen auf den Sprachgebrauch bedeutet dies, Machtrelationen, die sich in Mustern sprachlicher Benennung niederschlagen, zu reflektieren und – so weit es möglich ist – zu überwinden. Folgerichtig richtet sich die Erschütterung kolonialistisch geprägter Sprachmuster gegen die von Weißen so vehement verteidigte Macht, sprachliche Benennungen zu beherrschen und dadurch Weiße Perspektiven und Wahrnehmungsmuster als »normal« herzustellen, die Afrika homogenisieren, alterisieren und (ab-)werten.

Auch wenn jede Gesellschaft sprachliche Standards und Normen (z.B. durch Wörterbücher, Rechtschreibeleitfäden etc.) vorgibt, die die dominierenden Macht- und Herrschaftsverhältnisse repräsentieren und reproduzieren, ist und bleibt Sprachgebrauch ein dynamischer, gesamtgesellschaftlicher Prozess. Innerhalb der von einer Gesellschaft vorgegebenen sprachlichen Paradigmen hat jeder Mensch auch einen persönlichen Spielraum sowie einen individuell geprägten Standard, der sich ständig verändert bzw. verändern kann. Diese Veränderungen können verschiedene Formen von Anpassungen sein (an das soziale Umfeld, an unterschiedliche Gesprächspartner/innen usw.), aber auch Formen von Widerstand. So lässt der individuelle Sprachgebrauch zum einen Rückschlüsse auf das Denken, die Einstellungen und das Bewusstsein Einzelner zu. Zum anderen trägt jede einzelne Person auch Verantwortung für Denkvorstellungen und Sprachgewohnheiten ihres sozialen Umfeldes und damit auch der Gesellschaft als Ganzes. Im Rahmen von durch Machthierarchien geprägten Grenzen kann er oder sie als Korrektiv auf Sprachnormen der Gesellschaft zurückwirken und diese aktiv mit beeinflussen. Der bewusste Umgang mit Sprache ist eine wichtige politische Strategie und Handlungsweise, die in der Auseinandersetzung mit Rassismus weitreichende Effekte haben kann.

Ein erster wichtiger Schritt eines emanzipativen Umgangs mit Sprache ist, sich ihre Wirkungsmacht bewusst zu machen. Dazu gehört, anzuerkennen, dass Sprache nicht neutral ist, mit dem Gebrauch von Sprache immer auch gehandelt und (unbewusst) ein bestimmtes Bild von Wirklichkeit entworfen und tradiert wird sowie dass so mentale Konzepte hergestellt oder wachgerufen werden. Zudem geht es darum, sich und anderen einzugestehen, dass durch Sprachgebrauch (unbewusst) eine bestimmte Meinung vertreten und Gewalt ausgeübt wird sowie Verletzungen provoziert werden, Sprache also nicht »unschuldig« gebraucht werden kann. In Bezug auf die deutsche Afrikaterminologie heißt das, sich deren Verwurzelung in Kolonialismus und kolonialistischer Mentalität sowie ihre historische wie auch aktuelle Wechselwirkung mit Rassismus zu vergegenwärtigen.

In einem zweiten Schritt kann begonnen werden, die Konzeptualisierungen, die durch den Gebrauch bestimmter Begriffe beispielsweise subtil, aber sehr machtvoll hervorgerufen werden, zu reflektieren und bewusst auf kolonialistisch geprägte und rassistisch wirkende Begriffe zu verzichten.

Als logische Konsequenz steht schließlich drittens das Favorisieren von alternativen Begriffen. Dabei handelt es sich um Vokabeln, durch die es nicht zu einer (Re-)Konstruktion, Verallgemeinerung, Verabsolutierung und Wertung eines Unterschiedes zwischen Afrika und Europa sowie Schwarzen und Weißen, einschließlich einer Legitimation Weißer Hegemonie und Privilegien, kommt. Wörter ohne koloniale Entstehungsgeschichte, die im aktuellen Gebrauch weder rassistisch konnotiert sind noch kolonialistisch geprägte Assoziationen evozieren – auch nicht in auf sie aufbauenden Komposita und Redewendungen – bieten sich an. Es müssen also Begriffe sein, die im Prozess einer symmetrischen Benennung darauf verzichten, Afrika und Schwarze zu homogenisieren, alterisieren und abzuwerten und Afrika oder Schwarze etwa pauschal mit Natur, Emotionalität, Exotik, Chaos und Unordnung zu konzeptualisieren. Eine geeignete Strategie ist der Gebrauch von Wörtern, die auch für den Weißen westlichen Kontext gegenwärtig verwendet werden. Dies ist allerdings nicht immer möglich oder sinnvoll. So ist es in bestimmten Kontexten eher angebracht, auf Selbstbenennungen der Bezeichneten zurückzugreifen.

Die Verwendung von Selbstbenennungen kann sich zum einen über bereits existierende Begriffe, etwa Bezeichnungen für die politischen Machthaber/innen einzelner afrikanischer Gesellschaften (z.B.: Igbo: *eze*) als Ersatz für »Häuptling«, realisieren.

Zum anderen gibt es aber auch Benennungspraktiken, die im Prozess politischer Emanzipationsbewegungen und Diskussionen konzipiert werden. In der Regel werden sie maßgeblich von Menschen, die (sprachlichem) Rassismus ausgesetzt sind, initiiert, um auf Rassismus aufmerksam zu machen und sich als gesellschaftliche Gruppe zu konstituieren und zu markieren.

So wäre es etwa im emanzipatorischen Sinne fatal, wenn gemeinhin als »Mischlinge« oder »Mulatten« bezeichnete Schwarze Deutsche nunmehr einfach als Deutsche klassifiziert werden würden. Natürlich müssen diese Begriffe wegen ihres rassistischen Charakters überwunden werden. Gleichzeitig ist es aber wichtig, sprachlich darauf zu reagieren, dass Schwarze Menschen in Deutschland Rassismus ausgesetzt sind und rassistisch geprägte Sozialisierungsmuster Weiße und Schwarze Identitäten nachhaltig geprägt haben und noch immer prägen. Dass sich in Anlehnung an Debatten in Nordamerika, Frankreich und Großbritannien zunächst »Afrodeutsche« und später dann »Schwarze Deutsche« sowie auch »Schwarze« und People of Colour als Selbstbezeichnungen etabliert haben, ist ein Beispiel für diese sprachliche Ambivalenz von Markierung und Emanzipation von Rassismus. Diese Selbstbenennungen ersetzen rassistische Begriffe und machen Schwarze als politische Gruppe sichtbar, wodurch sie sich kollektiv politisch verorten und ihre Erfahrungen benennen können. Dies zeigt, dass die Repräsentation durch und mit Sprache ebenfalls ein wichtiger Schritt im Kontext gesellschaftlicher Emanzipationsprozesse ist.

Zwar ist Sprache ein dynamischer Prozess und Ergebnis gesamtgesellschaftlicher Aushandlungsprozesse, die individueller Initiativen bedürfen. Doch weil diese nicht in einem Vakuum, sondern im Kontext von Machtverhältnissen erfolgen, vollzieht sich die Etablierung alternativer Begriffe im Allgemeinen nur langwierig und unter großer Kraftaufwendung Einzelner und sozialer Gruppen. Die Praxis zeigt, dass dabei in der Regel rassistisch Diskriminierte selbst federführend sind. Die Entscheidung, sich mit Rassismus (im Sprachgebrauch) auseinander zu setzen (oder auch nicht), ist noch immer eines der vielen Privilegien von Weißen. Außerdem ist es für Weiße, Nicht-Afrikaner/innen oder Nicht-Nigerianer/innen etc. nötig – das zeigt das Beispiel »Häuptling« versus »Eze« –

sich mit dem bezeichneten »Gegenstand« auseinander zu setzen und Wissenslücken zu füllen.

Rassistische Begriffe zu ersetzen resultiert zudem keineswegs automatisch im Verschwinden der Auffassungen, die diese Begriffe produziert haben bzw. produzieren. Dies zeigt sich exemplarisch im US-amerikanischen Englisch, wo in den späten 80er Jahren des 20. Jahrhunderts die Anredeform »Ms.« neu gebildet worden ist, um bei der Anrede von Frauen nicht mehr danach zu differenzieren, ob sie verheiratet sind oder nicht. Die Formen »Miss« und »Mrs.« sollten so wegfallen und unverheiratete Frauen nicht länger auf Grund ihres partnerschaftlich-institutionalisierten, heterosexuell definierten Status diskriminiert werden. Im Verlauf der 1990er Jahre hat sich aber eine Verwendung von »Ms« im öffentlichen Sprachgebrauch durchgesetzt, in der diese Form wiederum in Opposition zu »Mrs.« gebraucht wird, die Form »Miss« also lediglich ersetzt und wiederum unverheiratete Frauen bezeichnet hat – sowie nun zusätzlich Feministinnen. Dieses Beispiel macht deutlich, dass es nicht ausreichend sein kann, bestimmte Begriffe einfach nur zu vermeiden und/oder durch andere zu ersetzen, weil frau/man glaubt, damit moralischen und politischen Kritiken Genüge zu tun.[104]

Wichtig ist, wie bereits angesprochen, dass sich das Vermeiden und Ersetzen von Begrifflichkeiten im Kontext einer intensiven Auseinandersetzung mit den durch diesen ausgedrückten Verhältnissen, Diskriminierungen und Ideologien vollzieht. Dazu gehört, dass dieser Prozess auch thematisiert und öffentlich debattiert wird. So werden nicht nur Argumente offeriert, mit deren Hilfe dann auch auf den Sprachgebrauch anderer eingegangen und interveniert werden kann, wenn diese Wörter unreflektiert verwendet werden. Zudem werden auf diese Weise historische Prägungen, rassistische Strukturen und Machtkonstellationen der Gesellschaft zur Sprache gebracht, was eine prinzipielle Sensibilisierung für Sprechen und andere rassistische Begriffe, auch künftig entstehende, zur Folge haben kann.

Es ist nicht sinnvoll, auf bestimmte Wörter einfach nur zu verzichten und sie durch andere zu ersetzen. Erst eine genaue und kritische Auseinandersetzung der problematischen Konnotationen eines Wortes garantiert eine sprachliche Weiterentwicklung, die dann auch verhindert, dass man/frau alternativ auf Begriffe zurückgreift, die sich erst einmal besser anhören, die aber eigentlich genau die selben Inhalte transportieren. → »Ethnie« ist dafür ein prägnantes Beispiel.

Wer heute → »Stamm« und → »Rasse« nicht verwenden will, weil er/sie um den rassistischen Gehalt dieser Wörter weiß, spricht von »Ethnie«. Wenn diese begriffliche Substitution aber nicht mit einer kritischen Reflexion der Inhalte von »Stamm« und »Rasse« einhergeht, wird man/frau kaum bemerken, dass »Ethnie« zwar der rassistischen Begriffsgeschichte von »Stamm« und »Rasse« entbehrt, aber letztlich analoge Inhalte transportiert. Dazu zählt etwa, dass im Allgemeinen nur »Nicht-Weiße« Kulturen als »Ethnien« bezeichnet werden. Zudem sind die Kriterien, auf denen sich Zuordnungen zu »Ethnie« vollziehen, ungenau. So wird einer Homogenisierung Vorschub geleistet. Aber gerade weil »Ethnie« gemeinhin als »neutrale« Ersetzung gilt, können eben diese rassistischen Denk- und Konzeptualisierungsmuster fort- und festgeschrieben werden – und zwar potenziert dadurch, dass sich das bei »Ethnie« unsichtbar, das heißt getarnt durch eine allgemeine Akzeptanz, vollzieht. Letztlich bietet das Verwenden von »Ethnie« als Strategie einer bloßen »Ersetzung« die Möglichkeit, an diesem Punkt nicht weiter über Rassismus nachdenken zu müssen und dringend notwendige öffentliche Debatten zu vermeiden.

Effektive Mittel, um gesellschaftliches Nachdenken und Debattieren anzuregen, sind – das zeigt das Beispiel der Großschreibung des Begriffes »Schwarz« in adjektivischer Stellung – sprachliche Irritationen, die Normen und Konventionen in Frage stellen. Barbro Krüger-Baffoe schreibt dazu:

> »Sprachliche Irritationen zwingen mich und andere dazu, nachzudenken, vielleicht sogar zu handeln, sie enthalten die Möglichkeit, das Bewusstsein zu schärfen, sie geben mir die Chance zu signalisieren, dass ich den Verletzungen anderer Beachtung schenken will und dass die Geschichte des Rassismus nicht spurlos an mir vorbei gegangen ist.«[105]

Wenn beispielsweise konsequent von »Schwarzen Deutschen« oder »Schokoküssen« gesprochen wird, werden andere zum Nachdenken darüber angeregt, warum nicht der allgemein geläufige Begriff verwendet wurde. Aber auch das Markieren von Distanz durch das Verwenden von Anführungszeichen und/oder die Beschränkung auf den Anfangsbuchstaben (etwa »N-Wort«) – wenn der Gebrauch rassistischer Formulierungen und Wörter, etwa zur kritischen Reflexion, unumgänglich ist – sind solche sprachlichen Irritationen.

Schließlich können sie auch dadurch bewirkt werden, dass das eigene Weiß-Sein explizit benannt wird und damit daraus erwachsende Privilegien, Verantwortlichkeiten und Denkmuster markiert werden, wodurch eben diese auch der unsichtbaren Normalität enthoben werden können. Es kann markiert werden, dass eine Problematik aus rein Weißer Perspektive diskutiert wird. Zudem können gleich Perspektiven von Schwarzen berücksichtigt werden. Ein Beispiel dafür ist, dass in einem Artikel über Karrierechancen in Deutschland die Situation Schwarzer deutscher Frauen explizit mitgedacht wird.

Zentral in diesem Zusammenhang ist aber auch ein reflektierterer und kontextsensibler Umgang mit Wörtern wie »Hütte«, »schwarz fahren« und »traditionell«, die in der Übertragung auf den afrikanischen Kontext bzw. aufgrund ihrer zum Teil auch kolonialistischen Begriffsgeschichte bzw. -ausrichtung homogenisierend, alterisierend und abwertend wirken. Zudem ist eine offensive Auseinandersetzung mit Stereotypen, Schlagwörtern und Redewendungen, die kolonialistisch geprägte Inhalte transportieren, sowie Wörterbüchern vonnöten, die den rassistischen Diskurs in der deutschen Sprache maßgeblich mittragen. Das bedeutet nicht nur, individuell eine kritischere Haltung zur Autorität von Wörterbüchern und Lexika zu gewinnen und diese in einen entsprechenden kritischen Umgang mit diesen Nachschlagewerken umzusetzen. Eine solche Auseinandersetzung schließt auch mit ein, Verlage wie etwa Duden und Brockhaus auf ihren unreflektierten Umgang mit rassistischen Begriffen hinzuweisen.

Dass dies ein komplizierter und aufwendiger Prozess ist, illustriert die oben zitierte Reaktion der Duden-Redaktion auf die Anfrage der Elterngruppe Schwarzer Kinder, warum in dem damals neuesten *Duden Rechtschreibung* die rassistische Verwendung des Begriffes »Neger« nicht verzeichnet ist.[106] Zwar negierte die Sprachberatungsstelle der Duden-Redaktion in ihrem Antwortschreiben die Autorität von Wörterbüchern, die Macht von Sprache und die individuelle Verantwortung Einzelner. Doch letztlich waren es eben solche Briefe wie die der Elterngruppe Schwarzer

Kinder, denen zu verdanken ist, dass in den jüngeren Ausgaben immerhin schon formuliert wird, dass das Wort häufig als abwertend empfunden wird. Zwar ist dies nur ein kleiner Schritt im Kampf gegen Rassismus und rassistische Sprache, aber doch ein wichtiger Schritt bei der emanzipativen Infragestellung des gesellschaftlichen Rassismus.

9. Aufbau des Nachschlagewerkes

Aus der Vielzahl von im rassistischen Diskurs verankerten Wörtern, die sich auf Menschen und Kulturen in Afrika beziehen, haben wir 32 ausgewählt. Die Auswahl war maßgeblich von der Präsenz dieser Begriffe im aktuellen Sprachgebrauch und der Relevanz für dominierende Konzeptualisierungen von Afrika geprägt. Weitere wichtige Begriffe wären »Aberglaube«, »Berber«, »Bimbo«, »Kral«, »Medizinmann«, »negrid/Negride«, »Riten«, »Stammesfehde«, »Sudanneger« und »Wilde«.

Gerade weil die Auseinandersetzung mit rassistischen Prägungen der deutschen Afrikaterminologie noch kaum begonnen hat, war es im Rahmen der Arbeit an diesem Buch vor allem vonnöten, den Gebrauch und die Erklärung dieser Wörter in Lexika, Enzyklopädien und ethnologischen Studien kritisch zu hinterfragen und aufzubrechen. Bei dieser Reflexionsarbeit waren Publikationen von Schwarzen deutschen Frauen ein wichtiger Meilenstein.[107] Aber auch Erkenntnisse der feministischen Sprachwissenschaft waren wichtige Inspirationen zu Fragen sprachlicher Diskriminierung.[108] In letzter Konsequenz orientieren sich die Argumentationen, auf denen die einzelnen Einträge basieren, entlang der auf S. 30-33 genannten Kriterien zur Identifikation rassistischer Begriffe. Zusammenfassend seien sie hier noch mal erwähnt:

1. Zitate zur Illustration der historischen und aktuellen Verwendung des betreffenden Begriffes in gängigen Wörterbüchern, die u.a. die Kontinuität von (diskriminierenden) Erklärungsmustern demonstrieren können
2. Verwendungsgeschichte des Wortes
3. Aktuelle Konnotationen des Wortes (Begriffsinhalt)
4. Interpretation von Wortzusammensetzungen und Redewendungen zur Bewusstmachung von Konnotationen des Begriffes

sowie zur Illustration, wie rassistische Begriffe in Komposita und Redewendungen breite Verwendung finden

5. Assoziationen der Sprachbenutzenden

6. Analogietest: Wäre Übertragung auf den deutschen/europäischen Kontext bzw. Weiße möglich?

7. (A)Symmetrie der Begriffsverwendungen

8. Derzeit mögliche und nach Kontexten differenzierte Alternativvorschläge

Wenn die folgenden Einträge Irritationen im Sprachgebrauch bewirken, eigene Zweifel bestätigen, diese argumentativ untermauern und gesteigerte Sensibilitäten für andere sprachliche Manifestationen von Rassismus bewirken, dann ist ein wichtiges Ziel dieses Nachschlagewerkes erreicht. Kritiken, Ergänzungen und Aktualisierungen zu den Argumentationen und Alternativvorschlägen – unverzichtbare Glieder einer öffentlichen Debatte – können auf der von uns eingerichteten Mailing-Liste (zu erreichen unter: spracheafrika@yahoo.de) formuliert werden.

Anmerkungen

[1] Klemperer, Victor. *LTI. Notizen eines Philologen.* Leipzig 1987 (Erstveröffentlichung 1946): 21.

[2] Wir danken Inger Theuerkauf für ihre wichtigen Vorarbeiten zu dieser Einleitung sowie Marlene Bauer, Andriana Boussoulas, Katharine Machnik und Kathrin Petrow für wertvolle Kommentare und Kritiken, die die Entstehung dieser Einleitung begleitet haben.

[3] Sobald sich »Weiß« und »Schwarz« auf soziopolitische Konstruktionen beziehen, werden sie auch in adjektivischer Bedeutung groß geschrieben. Ausführlicher dazu siehe S. 13-14

[4] Vgl.: Memmi, Albert. *Rassismus.* Frankfurt/M. 1987 (Erstveröffentlichung auf Französisch 1982): 164-178.

[5] Vgl. dazu.: Geiss, Imanuel. »Rassismus.« in: Fischer, Gero; Maria Wölfingseder (Hrsg.). *Biologismus, Rassismus, Nationalsozialismus. Rechte Ideologien im Vormarsch.* Wien 1995: 91-107.

[6] Der Filmemacher Martin Baer hat die Geschichte von Mkwawa aufgearbeitet, der in Deutsch-Ostafrika den Aufstand der Wahehe gegen die deutsche Kolonialmacht anführte. Nach seinem Tod 1898 wurde sein Schädel als Trophäe nach Deutschland gebracht. Erst 1954 ist er unter internationalem Druck zurückgebracht und dort beerdigt worden. [vgl.: den Film »Eine Kopfjagd. Auf der Suche nach dem Schädel des Sultan Mkwawa«

Deutschland 2001; Baer, Martin; Olaf Schröter. *Eine Kopfjagd. Deutsche in Ostafrika. Spuren kolonialer Herrschaft.* Berlin 2001.] Dieser Fall wirft die Frage auf, wie mit diesen Relikten des deutschen Kolonialismus und Rassismus politisch verantwortungsvoll und historisch symbolträchtig umgegangen werden kann.

[7] vgl.: Cavalli-Sforza, Lucio; Francesco Cavalli-Sforza. *Verschieden und doch gleich. Ein Genetiker entzieht dem Rassismus die Grundlage.* München 1994 (Erstveröffentlichung auf Italienisch 1993); Olson, Steve. *Herkunft und Geschichte des Menschen. Was die Gene über unsere Vergangenheit verraten.* Berlin 2002 (Erstveröffentlichung auf Englisch 2002).

[8] So steht etwa auch in Bezug auf die Frage, was Geschlecht sei und ausmache, immer wieder zur Debatte, ob es relevant und legitim sei, Unterschiede genetisch belegen zu wollen. Vgl. z.B.: Fausto-Sterling, Anne. *Myth of Gender: Biological Theories About Women and Men.* New York 1992; Dies. *Sexing the Body. Gender, Politics and the Construction of Sexuality.* New York 2000.

[9] Vgl. dazu: Wachendorfer, Ursula. »Weiß-Sein in Deutschland. Zur Unsichtbarkeit einer herrschenden Normalität.« in: Arndt, Susan (Hrsg.). *AfrikaBilder. Studien zu Rassismus in Deutschland.* Münster 2001: 87-102; siehe S. 55-59.

[10] Vgl.: Roediger, David R. *Black on White. Black Writers on What it Means to be White.* New York 1998.

[11] *First Nations People of America* gilt ausgehend von politischen Debatten in den USA als alternative Bezeichnung für den auf einem historischen Irrtum beruhenden und homogenisierenden Begriff »Indianer«.

[12] Siehe S. 47-49.

[13] Der Begriff Rassismus entstand in den 1930er Jahren und zwar als Protest gegen Theorie und Praxis des deutschen Nationalsozialismus, der sich positiv auf seine »Rassenlehre« berief. (vgl.: Geiss. »Rassismus« 91).

[14] Dabei wird »Integration« implizit als Wert und anstrebenswertes Ziel gesetzt und suggeriert, dass die deutsche Kultur homogen sei. Auf dieser Grundlage können Forderungen nach »Integration« Ein- und Ausschlüsse von Menschen und kulturellen Prägungen definieren und hegemonierend »normieren«. Das Wesen einer multikulturellen Gesellschaft besteht aber gerade darin, dass sie nicht auf Integration insistiert, sondern den Eingewanderten das Recht eingeräumt wird, ihre eigene Kultur zu bewahren.

[15] Im Kontext geistes- und sozialwissenschaftlicher Forschungen ist dazu übergegangen worden, »Geschlecht« als Begriff durch »Gender« zu ersetzen. Letzterer trägt nicht die Konnotationen einer vermeintlich natürlichen Einteilung, sondern weist als Terminus auf die soziale Konstruiertheit der Kategorie hin. Auf diese Weise kann begrifflich zwischen Sex (als biologischem Konstrukt sowie biologischer Kategorie) und Gender (als sozialem Konstrukt sowie sozialer Kategorie) unterschieden werden.

[16] Analog zur Unterscheidung von Sex und Gender wird hier zwischen der biologistischen Konstruktion und Kategorie »Rasse« sowie der sozialen und politischen Konstruktion und Kategorie »Race« unterschieden. Die

Anführungszeichen dienen der zusätzlichen Markierung, dass Menschen nicht nach »Rassen« unterteilt werden können. Siehe dazu »Rasse«.

[17] Vgl.: Fanon, Frantz. *Die Verdammten dieser Erde.* Frankfurt/M. 1981: 35 (Erstveröffentlichung auf Französisch 1961); siehe dazu Zitat S. 182.

[18] Siehe dazu den Eintrag »Bastard«.

[19] Für diese Dichotomie von Afrika/Natur versus Europa/Kultur siehe auch S. 48:

[20] Siehe dazu S. 60-66.

[21] Für ein umfassendes Lexikon mit Quellenangaben zu nationalsozialistischen Begrifflichkeiten vgl. Schmitz-Berning, Cornelia. *Vokabular des Nationalsozialismus.* Berlin, New York 2000 (Erstveröffentlichung 1998); Sternberger, Dolf; Gerhard Storz; W.E. Süsskind. *Aus dem Wörterbuch des Unmenschen.* Hamburg 1957. Für eine Begriffsgeschichte nationalsozialistischer Terminologie nach 1945, vgl. vor allem: Stötzel, Georg. »Nazi-Verbrechen und öffentliche Sprachsensibilität. Ein Kapitel deutscher Sprachgeschichte nach 1945.« in: Haider, H.; P.V. Polenz; O. Reichmann; R. Hildebrandt (Hrsg.). *Deutscher Wortschatz. Lexikologische Studien. Festschrift zum 80. Geburtstag von Ludwig Erich Schmitt von seinen Marburger Schülern.* Berlin, New York 1988: 417-442. Für eine Aufsatzsammlung zur Behandlung kontroverser Begriffe in der deutschen Sprache, vgl. vor allem: Stötzel, Georg; Martin Wengeler; u.a. (Hrsg.). *Kontroverse Begriffe. Geschichte des öffentlichen Sprachgebrauchs in der Bundesrepublik Deutschland.* Berlin, New York 1995.

[22] Vgl. Kaminski, Andrzej J. *Konzentrationslager 1896 bis heute. Geschichte, Funktion, Typologie.* München, Zürich 1990: 34.

[23] Vgl. Kotek, Joel; Pierre Rigoulot. *Das Jahrhundert der Lager. Gefangenschaft, Zwangsarbeit, Vernichtung.* Berlin, München 2001: 57-73.

[24] Vgl.: Krüger, Gesine. *Kriegsbewältigung und Geschichtsbewusstsein. Realität, Deutung und Verarbeitung des deutschen Kolonialkrieges in Namibia 1904 bis 1907.* Göttingen 1999: 53, Fn. 95.

[25] Vgl.: Dischereit, Esther. »Kein Ausgang aus diesem Judentum. Vom Verschwinden der Worte.« in: Dies. *Übungen, jüdisch zu sein.* Frankfurt/M. 1998: 16-53.

[26] Siehe dazu S. 18-22.

[27] Vgl. auch Sternberger; Storz; Süsskind. *Aus dem Wörterbuch des Unmenschen.*

[28] Vgl. dazu die empirischen Befunde in der Studie von: Silbermann, Alfons; Manfred Stoffers. *Auschwitz: Nie davon gehört? Erinnern und Vergessen in Deutschland.* Berlin 2000.

[29] Vgl. dazu: Moreitz, Michael. »Judenfeindschaft in der deutschen Geschichte. Über den Antisemitismus im deutschen Nationalbewusstsein.« in: Arndt, Susan (Hrsg.). *AfrikaBilder. Studien zu Rassismus in Deutschland.* Münster 2001: 205-229; Mosse, George L. *Die Geschichte des Rassismus in Europa.* Frankfurt/M. 1990 (Erstveröffentlichung auf Englisch 1978).

[30] Vgl.: Klemperer. *LTI* 21; siehe S. 7.

[31] Für eine Ideensammlung zur Bildungsarbeit mit diskriminierenden Argumentationsstrukturen, siehe: Hufer, Klaus-Peter. *Argumentationstraining gegen Stammtischparolen. Materialien und Anleitungen für Bildungsarbeit und Selbstlernen.* Schwalbach 2001.

[32] Für eine kritische Hinterfragung dieser Auffassung und eine Auseinandersetzung mit Handlung in Sprache und Sprachgebrauch vgl. z.B.: Mey, Jacob. *Ethnicity, Identity and Language.* Odense 1997; Ders. *Pragmatics. An Introduction.* Malden 2001; Verschueren, Jef (Hrsg.). *Handbook of Pragmatics.* Amsterdam 2002.

[33] Eine Kopie des Briefes liegt uns vor. Wir danken der Elterngruppe Schwarzer Kinder in Berlin für die Bereitstellung des Briefwechsels.

[34] Wie Anm. 33.

[35] Für eine kritische Auseinandersetzung mit dem Umgang von deutschen Wörterbüchern mit kolonialistisch geprägten Begriffen siehe S. 33-43.

[36] Zum Gebrauch des Wortes »N.« in deutschen Wörterbüchern siehe S. 36-33.

[37] Vgl. auch: Strauß, Gerhard; Ulrike Hass; Gisela Harras. *Brisante Wörter von Agitation bis Zeitgeist. Ein Lexikon zum öffentlichen Sprachgebrauch.* Berlin 1989.

[38] Für eine entsprechende Diskussion zum englischen Begriff »gay«, vgl.: McConnell-Ginet, Sally. »›Queering‹ Semantics: Definitional Struggles.« in: Campbell-Kibler, Kathryn; Robert J. Podesva; Sarah J. Roberts; Andrew Wong (Hrsg.). *Language and Sexuality. Contesting Meaning in Theory and Practice.* Stanford, CA 2002: 137-160.

[39] Auch feministische Diskussionen haben zu einer Umdeutung von vormals gesamtgesellschaftlich negativ belegten Benennungen für Frauen geführt, wenn zum Beispiel »Weib« als Teil von Komposita in Benennungen von weiblichen Musikgruppen, Projekten, Veröffentlichungen (z.B. eine Unternehmensgruppe »Weiberwirtschaft«, ein Verlag »Weiberdivan«, ein Laden »Weiberkram«) etc. verwendet wird. Die Akzeptanz dieser Umdeutungen in einem breiteren gesellschaftlichen Kontext ist jedoch auch hier von der sozialen Macht der Benennenden und den moralischen Wertvorstellungen der Gesellschaft abhängig.

[40] Siehe S. 30-33.

[41] Vgl. Rassismusdefinition in: Memmi. *Rassismus* 164-178.

[42] Vgl.: Fanon. *Die Verdammten dieser Erde* 35-36; siehe dazu auch S. 182.

[43] Dieses wird zum Beispiel in dem Vorwort zum *Duden. Deutsches Universalwörterbuch.* Leipzig, Mannheim, Wien, Zürich 2001 deutlich. Hier ist zu lesen: » ... [D]ie aktuelle, umfassende, objektive und zuverlässige Darstellung der deutschen Sprache an der Jahrtausendwende ...«, welche durch das Nachschlagewerk geleistet werde, sei »... ein wesentlicher Beitrag zum Selbstverständnis des Deutschen in einer sich zunehmend globalisierenden sprachlichen Umwelt«. (ohne Seitenangabe).

[44] Luise Pusch zeigt eindrücklich, wie auch durch die Beispiele in Bedeutungswörterbüchern bestimmte konventionalisierte Vorstellungen reproduziert und weiter verfestigt werden. Sie behandelt dies am Beispiel der

Darstellung von Frauen und Männern in Wörterbucheinträgen (vgl. Pusch, Luise F. »›Sie sah zu ihm auf wie zu einem Gott‹. Das Duden-Bedeutungswörterbuch als Trivialroman.« in: Dies. *Das Deutsche als Männersprache.* Frankfurt/M. 1984: 135-144).

[45] *Duden. Deutsches Universalwörterbuch.* Leipzig, Mannheim, Wien, Zürich 2001, Vorwort, ohne Seitenangabe

[46] *Duden. Die deutsche Rechtschreibung.* Leipzig, Mannheim, Wien, Zürich 2001: 307.

[47] Ebenda: 355.

[48] Vgl. *Brockhaus. Die Enzyklopädie. Deutsches Wörterbuch I-III.* Bd. 28-30. Leipzig, Mannheim 1999 »Eingeborene« (Bd. 28: 949), »Häuptling« (Bd. 29: 1692), »Kannibalismus« (Bd. 29: 2048), »Naturreligion« (Bd. 29: 2709), »Stamm« (Bd. 30: 3695).

[49] Vgl.: Ebenda: »Primitive« (Bd. 29: 3007).

[50] *Duden. Die deutsche Rechtschreibung.* Leipzig, Mannheim, Wien, Zürich 2001: 180, 685 (Hervorhebung der Autorinnen).

[51] Ebenda: 685.

[52] Ebenda: 207; *Brockhaus. Die Enzyklopädie. Deutsches Wörterbuch.* Bd. 28. Leipzig, Mannheim 1999: 464.

[53] Ebenda Bd. 29. Leipzig, Mannheim 1999: 1692.

[54] Ebenda, Bd. 30: 3574.

[55] Ebenda, Bd. 29: 1692.

[56] *Duden. Die deutsche Rechtschreibung.* Leipzig, Mannheim, Wien, Zürich 2001: 768.

[57] Noch in der vorangegangenen Ausgabe des Dudens fehlt selbst dieser Hinweis, vgl.: *Duden. Die deutsche Rechtschreibung.* Leipzig, Mannheim, Wien, Zürich 1996: 586.

[58] *Duden. Die deutsche Rechtschreibung.* Leipzig, Mannheim, Wien, Zürich 2001: 768.

[59] Im aktuellen *Brockhaus. Die Enzyklopädie. Deutsches Wörterbuch.* Leipzig, Mannheim 1999 findet sich das Adjektiv »p.« zudem als Erklärung von Begriffen wie »Animismus« (ebenda Bd. 28: 222) und »Naturvölker«: »Naturvolk ... Volk, Volksstamm, der (abseits von der Zivilisation) auf einer primitiven Kulturstufe lebt.« (ebenda Bd. 29: 2710).

[60] Nur wenn sich eine solche Übertragung, wie etwa im Fall von »Sippe« für die eigene (Groß-)Familie oder »Medizinmann« für einen Arzt im Prozess einer ironisierenden Selbstbenennung, vollzieht, findet sie seitens von Weißen partielle Akzeptanz.

[61] Die meisten der im Folgenden diskutierten Einträge sind dem Eintrag »Neger« (in Auszügen) vorangestellt, siehe S. 184-185.

[62] *Meyers Konversations-Lexikon.* Bd. 12. Leipzig, Wien 1897: 826.

[63] *dtv-Wörterbuch der deutschen Sprache.* München 1978: 562.

[64] *Wahrig. Deutsches Wörterbuch.* Leipzig, Mannheim, Wien, Zürich 1986: 930.

[65] *Duden. Die sinn- und sachverwandten Wörter.* Mannheim, Wien, Zürich 1986: 478.

66 *Duden. Die deutsche Rechtschreibung.* Leipzig, Mannheim, Wien, Zürich 1996: 51.

67 *Der große Duden.* Leipzig 1986: 329.

68 Duden. *Die deutsche Rechtschreibung.* Leipzig, Mannheim, Wien, Zürich 2001: 685.

69 *Der große Duden.* Leipzig 1986: 329.

70 *Synonymwörterbuch. Sinnverwandte Ausdrücke der deutschen Sprache.* Leipzig 1986: 404. Diese Unentschlossenheit kommt innerhalb des Duden Eintrages selbst zum Ausdruck: Dadurch, dass der Kommentar in Klammern geschrieben wird, wird die bereits durch die Formulierung »oft als diskriminierend empfunden« implizierte Distanzierung von dieser Bewertung zusätzlich potenziert. Zudem wird der Terminus im alten biologistischen Duktus erklärt.

71 *Brockhaus. Die Enzyklopädie.* Bd. 15. Mannheim 1991: 414.

72 Ebenda, Bd. 29: 2717.

73 Ebenda.

74 Ebenda.

75 Vgl.: Ebenda.

76 Ebenda: 164. Vgl. auch: Ebenda. Bd. 29: 2652.

77 Dazu passt dann auch, dass mit »Schwarzafrikaner« ein Begriff als Alternative zu »N.« angeboten wird, der ebenfalls auf der Annahme der Existenz von »Rassen« aufbaut (→»Schwarzafrika«), sowie die Formulierung lautet: »N. ist heute durch Schwarze ... ersetzt«. Die Wortwahl beinhaltet das Verfahren, das rassistische Wort ohne kritische Reflexion durch ein anderes zu ersetzen, es auszutauschen – ein Fundament für das Fortschreiben tradierter rassistischer Muster unabhängig vom Gebrauch des Begriffes.

78 Ebenda, Bd. 15: 415. Im *Brockhaus. Die Enzyklopädie. Deutsches Wörterbuch.* Leipzig, Mannheim 1999 steht: »*negrid* [zu span. negro, →Neger] (Anthrop.): zum Menschentypus der Negriden gehörend: ein -es Volk. *Negride* (Anthrop.): Angehörige[r] des auf dem afrikanischen Kontinent beheimateten Menschentypus, dessen hauptsächliche Kennzeichen eine dunkelbraune bis schwarze Hautfarbe u. krauses schwarzes Haar sind.« (ebenda, Bd. 29: 2718).

79 Für eine Diskussion der Verwendung des Begriffes »nigger« im US-amerikanischen Kontext und dem Umgang von Lexika und Wörterbüchern mit diesem, vgl. Tirrell, Lynne. »Derogatory Terms. Racism, Sexism, and the Inferential Role Theory of Meaning.« in: Hendricks, Christina; Kelly, Oliver (Hrsg.). *Language and Liberation. Feminism, Philosophy, and Language.* Albany 1999: 41-78.

80 Paul, Hermann. *Deutsches Wörterbuch.* Tübingen 2002: 697.

81 Ebenda.

82 Ebenda.

83 Vgl. z.B.: »Negerkuss [alte Schreibung ...kuß] so viel wie Schokokuss.« (*Duden. Die deutsche Rechtschreibung.* Leipzig, Mannheim, Wien, Zürich 2001: 685), Ebenda: 920.

84 Siehe S. 224-251.

85 Siehe S. 18;33.

86 Vgl.: Mabe, Jacob E. (Hrsg.). *Das Afrika-Lexikon. Ein Kontinent in 1000 Stichwörtern.* Stuttgart, Weimar, Wuppertal 2001: 574.

87 Vgl.: Gilman, Sander L. »The Image of the Black in the Aesthetic Theory of the Eigteenth Century.« in: Ders. *On Blackness Without Blacks: Essays on the Image of the Black in Germany.* Boston 1982: 19-34.

88 Vgl. dazu: Arndt, Susan. »Impressionen. Rassismus und der deutsche Afrikadiskurs.« in: Dies. (Hrsg.). *AfrikaBilder. Studien zu Rassismus in Deutschland.* Münster 2001: 11-68.

89 Für eine genauere Diskussion der Erstellung von entsprechenden Statistiken und der Faktoren, nach denen entschieden wird, wer überhaupt einen Asylantrag stellen darf, vgl.: www.bafl.de/template/publikationen/asylpraxis_pdf/asylpraxis_band_2_teil_05.pdf; sowie http://www.bafl.de/template/index_asylstatistik.htm.

90 Presseerklärung des BMI vom 4.1.2001.

91 http://www.integrationsbeauftragte.de/daten/tab15.pdf.

92 Vgl.: Sozialgesetzbuch Teil III § 285 I Nr. 2.

93 Für diese Wechselwirkung von Exotik und Erotik siehe auch → »Naturvölker«, S. 180-183.

94 Allerdings ist Weiß als Farbe, auch in seiner christlich-mythologischen Deutung, ein wichtiges ästhetisierendes Mittel.

95 Siehe S. 46:

96 Vgl.: Butler, Judith. *Excitable Speech. A Politics of the Performative.* New York, London 1997.

97 *Duden-Kalender 2003 Allgemeinbildung:* 13. März 2003.

98 Vgl.: Wachendorfer. »Weiß-Sein in Deutschland« 88; hooks, bell. »Representations of Whiteness.« in: Dies. *Black Looks. Race and Representation.* Boston 1992: 165-178; Frankenberg, Ruth. *White Woman. Race Matters.* Minneapolis 1993.

99 Vgl.: Roediger, David R. *Towards the Abolition of Whiteness.* New York 1994: 12.

100 Vgl.: Stowe, David. »Uncolored People. The Rise of Whiteness Studies.« in: *Lingua Franca* (September/Oktober 1996): 68-77, hier: 68.

101 Vgl.: Jäger, Siegfried. *BrandSätze. Rassismus im Alltag.* Duisburg 1996.

102 Vgl.: Geiss, Imanuel. »Afrika auf dem Weg zur Selbstbestimmung.« in: *Meyers Enzyklopädisches Lexikon.* Bd. 1. Mannheim, Wien, Zürich 1971: 411.

103 Vgl.: Hall, Stuart. *Rassismus und kulturelle Identität. Ausgewählte Schriften 2.* Hamburg 1994: 183.

104 Vgl.: Pauwels, Anne. »Spreading the Feminist Word: The Case of the New Courtesy title Ms in Australian English.« in: Hellinger, Marlies; Hadumond Bußmann (Hrsg.). Gender Across *Languages. The Linguistic Representation of Women and Men.* Amsterdam, Philadelphia 2001: 137-152: Hier wird die Diskussion zu den verschiedenen Varianten des Englischen und ihrer Verwendung der Benennung »Ms.« zusammengefasst.

105 Krüger-Baffoe, Barbro. »Was kann denn ein Neger dafür, daß er ein Schwarzer ist.« in: *iaf- Informationen* 4 (1991): 6-7. Der Titel ist allerdings

73

ein Beispiel dafür, dass vermieden werden sollte, rassistische Muster mittels sprachlicher Irritationen zu reproduzieren.

[106] Siehe Seite 27.

[107] Vgl. z.B.: Opitz, May; Katharina Oguntoye; Dagmar Schulz. *Farbe bekennen. Afro-deutsche Frauen auf den Spuren ihrer Geschichte*. Frankfurt/M. 1997 (Erstveröffentlichung 1986); El-Tayeb, Fatima. *Schwarze Deutsche. Der Diskurs um »Rasse« und nationale Identität 1890-1933*. Frankfurt/M., New York 2001.

[108] Vgl. z.B.: Pusch, Luise F. *Das Deutsche als Männersprache*. Frankfurt/M. 1984; Goddard, Angela; Lindsey Meân, Patterson. *Language and Gender*. London, New York 2000; Mills, Sara. *Feminist Stylistics*. London, New York 1995; Christie, Christine. Gender and Language. Towards a Feminist Pragmatics. Edinburgh 2000.

III. Begriffe

»Animismus«

»**Animismus** ... wird ... die Weltanschauung der niederen Naturvölker genannt, nach welcher alle Dinge und selbst Naturerscheinungen, wie der Wind, für beseelt gelten, wobei also alles Wirken und Geschehen in der Natur von innewohnenden Elementargeistern und Dämonen abgeleitet wird.«[1]

»**Animismus** [aus lat. anima ›Seele‹], der Glaube an die Beseeltheit der Natur und Naturkräfte, die Meinung, dass eine oder mehrere Seelen als bewegende Kraft das Verhalten und Handeln der Wesen, Tiere, Pflanzen, kosmischen Erscheinungen usw. bestimmen. Diese Seelen werden in verschiedener Form vorgestellt, z.B. als Schmetterlinge, Vögel, als Hauch, Atem, Schatten, Blut usw. ...«[2]

»**Animismus** ... Vorstellung von der Beseeltheit [un]belebter Naturgegenstände (bei Völkern früherer gesellschaftlicher Entwicklungsstufen); Glaube an eine vom Körper unabhängige, ihn belebende Seele (eine der Quellen des philosoph. Idealismus) [...]«[3]

»**Animismus** ... 1. Glaube an anthropomorph gedachte seelische Mächte, Geister (Völkerk.); 2. die Lehre von der unsterblichen Seele als oberstem Prinzip des lebenden Organismus (Med.); 3. Theorie innerhalb des Okkultismus, die mediumistische Erscheinungen auf ungewöhnliche Fähigkeiten lebender Personen zurückführt; Ggs. Spiritismus; 4. Anschauung, die die Seele als Lebensprinzip betrachtet (Philos.)«[4]

»**Animismus** ... (Lehre von der Beseeltheit aller Dinge)«[5]

»**Animismus** ... [zu lat. anima = Seele]: 1. (Völkerk.) *Glaube, dass die Dinge der Natur beseelt od. Wohnsitz von Geistern sind:* primitiver A.; Die einen sind .... Muselmanen, die anderen wurden zu diversen christlichen Konfessionen bekehrt, soweit sie nicht im A. verharren (Scholl-Latour, Frankreich 500). 2. (Parapsych.) *Theorie innerhalb des Okkultismus, die parapsychologische Erscheinungen auf die Einwirkung lebender Personen zurückführt.* 3. *Lehre von der unsterblichen Seele als oberstem Prinzip des Organismus.*«[6]

»A.« ist eine Neubildung des 17. Jahrhunderts zu lateinisch *animal* »Tier«, welches mit seiner früheren Bedeutung »beseeltes Geschöpf« auf lateinisch *animus* »Lebenshauch, Seele« zurückgeht. Mit »A.« werden sehr pauschal fast alle Religionen ehemaliger Kolonien zum »Anderen« stilisiert. Ausnahmen bilden hier Buddhismus, Konfuzianismus und Hinduismus. »A.« bezeichnet also heute summarisch alle Religionen, die nicht zu den großen, regional übergreifenden Religionen (Buddhismus, Hinduismus, Judentum, Christentum und Islam) gezählt werden. Für den afrikanischen Kontext wurden bis auf den Islam alle Religionen als »animistisch« erklärt.

Die Bezeichnung »A.« geht einher mit der Zuschreibung stereotyper Merkmale. Dazu zählt der Glaube, dass Dinge mit einer Seele behaftet sind. In diesem Prozess wird die Weiße westliche Auffassung von Religion implizit zur Norm erhoben und unterstellt, dass alle »anderen« Religionen keine »wirklichen« seien, sondern lediglich → »primitive« Glaubensvorstellungen, die in den obigen Lexikoneinträgen auf einzelne Rituale reduziert werden. Der Begriff wirkt damit stark verkürzend, vereinfachend und homogenisierend. Durch die undifferenzierte Stereotypisierung der Vorstellung dazu, was »A.« charakterisiert, ist die Abgrenzung zu den »eigentlichen« und damit als »zivilisiert« und höherstehend hergestellten Religionen leicht. Hier manifestiert sich deutlich der Einfluss globaler Macht- und Herrschaftskonstellationen auf diese Klassifikation sowie die Abwertung, die dem Begriff »A.« immanent ist.

Diese zeigt sich exemplarisch auch darin, dass der Begriff »A.« oftmals synonym mit dem ebenfalls abwertenden Begriff → »Naturreligion« verwendet wird. Semantisches Kernkonzept des Begriffes ist »Primitivität« und »Irrationalität«. Diese mit der Verwendung des Begriffs hergestellten Assoziationen und Abwertungen bildeten eine wichtige Grundlage dafür, dass die unter »A.« subsumierten Religionen Afrikas im Kontext von Kolonialismus unterdrückt und der Zerstörung ausgesetzt wurden.

Mit dem Begriff »A.« wird eine Homogenität der so subsumierten Religionen suggeriert und deren Unterschiedlichkeit negiert. Indem komplexe Denk-, Glaubens- und Lebensweisen auf einen gemeinsamen Nenner gebracht werden, verhindert der Begriff jede Ausdifferenzierung in der Wahrnehmung. Die Vielschichtigkeit und Komplexität der unterschiedlichen Religionen wird damit negiert. Das gleiche Problem stellt sich beim Gebrauch des Begriffes »ethnische Religionen« (→ »Ethnie«).

Es empfiehlt sich, analog zur Bezeichnung anderer Religionen, auch für den afrikanischen Kontext die betreffende(n) Religion(en) konkret beim Namen zu nennen. Dabei kann frau/man etwa von

der Religion der Yoruba sprechen oder besser noch auf die Eigenbezeichnungen (Ifa) zurückgreifen. Will frau/man sich auf mehrere
Religionen beziehen, so ist es wichtig, genau zu reflektieren, warum
hier verallgemeinert werden soll. Gegebenenfalls können dann die
entsprechenden Kriterien benannt werden.

Sabine Ayeh, Marlene Bauer, Kathrin Petrow

Anmerkungen

[1] *Meyers Konversations-Lexikon.* Bd.1. Leipzig, Wien 1897: 624.
[2] *Der Große Brockhaus.* Bd. 1. Leipzig 1930: 479.
[3] *Großes Fremdwörterbuch.* Leipzig 1977: 55.
[4] *Duden. Das Fremdwörterbuch.* Mannheim, Wien, Zürich 1990: 97.
[5] *Duden. Die deutsche Rechtschreibung.* Leipzig, Mannheim, Wien, Zürich
     1996: 164.
[6] *Brockhaus. Die Enzyklopädie. Deutsches Wörterbuch* I-III (Bd. 28-30). Bd.
     28. Mannheim 1999: 222.

»Asylant/Asylantin«

»**Asyl** (griech.), Freistätte, Zufluchtsort für Verfolgte. ... Neuerdings spricht man von Asylrecht vorzugsweise in dem Sinne, dass man darunter die Nichtauslieferung von Verbrechern, namentlich von politischen Verbrechern, von dem einen Staat an den andern versteht ... «[1]

»**Asylant** ... jmd., der sich aus polit. Gründen (in einem Staat) um Asyl beworben hat«[2]

»**Asyl** ›Zufluchtsstätte; Heim für Obdachlose‹: Das Wort wurde im 18. Jh. aus *lat.* asylum › griech. asylon ›Freistätte, Zufluchtsort‹ (eigtl. ›Unverletzliches‹) entlehnt. Es gehört zu *griech.* a- ›un-‹ ... und *griech.* asylon ›Plünderung; Raub, Beute‹. Dazu: Asylant ›Bewerber um politisches Asyl‹ (2. Hälfte des 20. Jh.s.)«[3]

Asylant ... gelegentlich als diskriminierend empfunden, Bewerber um Asylrecht«[4]

Der Begriff »A.« setzt sich aus dem Griechischen stammenden *Asyl*, was dort im Sinne von »Freistätte« bzw. »Zufluchtsort« gebraucht wurde, und dem Suffix »-ant/in« zusammen. Vom Wortbildungsmuster her könnte »A.« also eine Person bezeichnen, die sich im Zustand des Asyls befindet, also im geschützten (Rechts-)Raum. In aktuellen Verwendungsweisen wird der Begriff »A.« jedoch auch für Personen verwendet, die Asyl beantragt haben und/oder denen dieses genehmigt wurde, das heißt der Rechtsstatus der so benannten Personen ist nicht klar bei einer Verwendung des Begriffs. Der Begriff wurde und wird in diesem Sinne weitergehend gebraucht, um Flüchtlinge und Migrant/inn/en im deutschsprachigen Raum zu bezeichnen.

Die genaue Herkunft des Begriffes »A.« ist unklar. In Deutschland taucht er seit 1978 regelmäßig sowohl in den Medien als auch in der Politik auf, zum Beispiel in den Ausführungen von SPD und CDU bei Bundestagsdebatten, und konkurrierte zunehmend mit dem bis dato gebräuchlichen Begriff des Flüchtlings. Gerade im Hinblick auf die Debatte um den Artikel 16 des Deutschen Grundgesetzes Anfang der 1990er Jahre und um die de facto Abschaffung des Asylrechts 1992 kam der Anwendung des Begriffes »A.« eine besondere Bedeutung zu. Er entwickelte sich zu einer Art »Kampfbegriff«, der von vielen Menschen, insbesondere auch von Journalist/inn/en und Politiker/inne/n, mit einer negativen Benennungsintention verwendet wurde. Heute gilt der Gebrauch des Begriffes »A.« im öffentlichen, insbesondere medialen Diskurs klar als abwertend und wird daher dort in der Regel nicht mehr oft angewandt.[5]

Der Begriff »A.« kann, im Gegensatz zur Konkurrenzbezeichnung Flüchtling, dazu dienen, den Rechtsstatus einer Person zu kennzeichnen, die den dauerhaften Verbleib auf bestimmten, zumeist den deutschsprachigen, Staatsgebieten anstrebt. Durch ihn wird eine Prozesshaftigkeit zum Ausdruck gebracht, da über den Verbleib der so benannten Person noch nicht endgültig entschieden worden ist. Er ist damit eine Bezeichnung, die das Leben des/der Betroffenen in der Schwebe euphemistisch charakterisiert. Gleichzeitig stellt er die angesprochene Person als im Zentrum eines Verwaltungsakts stehend dar. Mögliche Migrationsgründe werden in der Benennung nicht explizit gemacht bzw. ausgeblendet. Zudem ist zum einen darauf zu verweisen, dass die Zuschreibung, bei gleichen rechtlichen Voraussetzungen, nur auf bestimmte Personenkreise angewandt wird. Nur wenige würden eine/n Deutsche/n oder eine/n andere/n EU-Angehörige/n, die/der sich beispielsweise in den USA um eine Arbeitserlaubnis oder eine Green Card bewirbt, als »A.« bezeichnen. Zum anderen fungiert der Begriff in seiner weiteren Verwendung oft als Synonym für Personen aus ehemals kolonisierten und anderen sozialökonomisch nicht-privilegierten Ländern.

Einige Linguist/inn/en und Kulturwissenschaftler/innen haben den Begriff aufgrund des Suffixes »-ant« per se als negativ konnotiert eingestuft. In der Tat finden sich mehrheitlich viele Wortkonstruktionen mit dem Suffix »-ant/in«, die negative Bedeutungen zum Ausdruck bringen. Dazu zählen etwa »Simulant/in«, »Querulant/in« oder »Spekulant/in«. Eine behauptete generelle negative Wirkung dieses Suffixes kann aber nicht eindeutig belegt werden, gibt es doch auch einige Zusammensetzungen mit neutralerem Inhalt wie etwa »Lieferant/in«.

Eine negative und rassistische Konnotation des Begriffes »A.« ergibt sich aber aus der Gegenüberstellung mit anderen Begriffen wie zum Beispiel »Flüchtling« oder »Aussiedler/in«, der Kopplung des Begriffes mit innerdeutschen Problemen von Armut,

Arbeitslosigkeit und Kriminalität sowie der Behauptung einer angeblich nicht mit der Kultur des Aufnahmelandes zu vereinbarenden Kultur und Lebensweise der »A.en«.

Oft wird unterschieden zwischen Personen, die sich »berechtigterweise« nach Deutschland begeben haben, sei es nun, weil sie entfernte deutsche Verwandte oder aber als »legitim« definierte Gründe wie Bürgerkriege haben, und »A.en«, deren Aufenthaltsberechtigung in Deutschland per se angezweifelt wird. Es muss in diesem Zusammenhang erwähnt werden, dass die Bezeichnung »Flüchtling« zumeist auf Personen angewandt wird, die akuten Gefahrensituationen entflohen sind, von denen aber erwartet wird, nach Wiederherstellung einer »normalen« Lage in ihrem Ursprungsgebiet dorthin zurückzukehren. Bei »Aussiedler/inne/n« hingegen wird mit einer Art biologistischer Begründung argumentiert, um ihren dauerhaften Verbleib zu rechtfertigen.

Es gibt also so genannte »gute zugangsberechtigte Flüchtlinge« die nach einer bestimmten Zeit das Land wieder verlassen werden, »Aussiedler/innen«, die, da sie ja über »deutsches Blut« verfügen, »von Natur aus« zum dauerhaften Verbleib berechtigt sind, und »schlechte«, weil nicht zugangsberechtigte »A.en«. Im Bewusstsein der Öffentlichkeit und der Wahrnehmung durch diese spielt diese Unterscheidung jedoch oftmals nur eine untergeordnete Rolle.

Weiterhin erhielt der Begriff »A.« als Deutungsmuster für innerdeutsche Probleme eine negative Konnotation. So wurde, insbesondere Anfang der 1990er Jahre, eine vermehrte Einwanderung als Auslöser für die massiven Probleme der Arbeitslosigkeit und Armut benutzt. Sehr oft wurden in den Medien und durch Politiker/innen mit Behauptungen operiert, in denen »A.« Sozialbetrug sowie eine zu starke Belastung der Sozialsysteme durch »A.« unterstellt wird. Gleichzeitig wurde immer wieder ein Bezug zwischen Massenarbeitslosigkeit und Einwanderung konstruiert. Dieser Logik entsprechend und als Folge der Gegenüberstellung mit den »echten Flüchtlingen« wurden »A.en« als Personen bezeichnet, die ihrem Land nur aus ökonomischen Motiven den Rücken kehrten, um in Deutschland ein besseres Leben zu leben. Als gängige Bezeichnung fand sich in dieser Zeit auch der Begriff »Wirtschaftsflüchtling«.

Aber es sind nicht nur innerdeutsche Probleme der Arbeitslosigkeit und die Angst vor dem sozialen Abstieg gewesen, die in Verbindung mit der Einwanderung von »A.en« gebracht wurden. Ein weiterer Punkt der Stigmatisierung ist, ein angebliches Ansteigen der Kriminalität mit einer vermehrten Einwanderung zusammenzudenken; bei Berichten über von Einwanderer/inne/n begangenen Verbrechen wurde oftmals nicht nur der Name, sondern auch der Rechtsstatus »A.« angegeben, und in extremen Fällen eine von der deutschen verschiedene Kultur als vermeintliches Tatmotiv konstruiert.

Eine derart behauptete Unverträglichkeit der Kulturen ist stereotypisierend und wenig differenziert, da über die Kulturen der betroffenen Personen größtenteils Unwissenheit vorherrscht. Eine Beurteilung erfolgt oftmals auf Grundlage eines vorherrschenden hegemonialen und zum Teil kolonialen Vorwissens mit allen bekannten Stereotypen und Vereinfachungen. Darauf aufbauend wurde eine euro- und ethnozentristische Betrachtungsweise eines assoziierten Idealtyps »A.« entwickelt. So gelten etwa nicht Menschen aus sozialökonomisch stärkeren Ländern Osteuropas, wie etwa Polen oder Tschechien, wohl aber Menschen aus sozialökonomisch nicht-privilegierten Kulturräumen, etwa Roma oder Malawier/innen, als »A.en«. Diese Unterscheidung wird oft mit einem Scheinkonstrukt von kultureller Nähe bzw. kultureller Divergenz verschleiert. Denen, die als »A.en« deklariert werden, werden kollektiv kulturelle Lebensgewohnheiten unterstellt, die im markanten Gegensatz zu einer imaginierten deutschen Lebensgewohnheit stehen, die auf diese Art und Weise als homogenisierendes Konstrukt erst entsteht.

Einen besonders fatalen Effekt hatte die genannte Koppelung von innerdeutschen Problemen und einer behaupteten kulturellen Andersartigkeit mit der Einwanderung, als diese im Zusammenhang mit Kollektivsymbolen dargestellt wurde. Als Beispiele seien hierfür exemplarisch einige Titelüberschriften der großen Boulevardzeitung *BILD* angeführt: »Die Flut steigt – Wann sinkt das Boot? Fast jede Minute ein neuer Asylant.« (02.04.1992); »Asylanten jetzt auf Schulhöfen. Neue Welle! und bis Weihnachten kommen noch 400.000« (01.09.1992); »Neue Asylantenschwemme: Kommen zwei Millionen Russen?« (01.10.1992). Diese Metaphorik ermöglichte es, nicht nur die Einzelschicksale der Betroffenen zu entpersonalisieren, sondern aus diesen Ressentiments ein Bedrohungsszenario zu entwickeln. Es ist besonders die Verwendung von Kollektivsymbolen und Metaphern aus dem Bereich der Naturgewalten, die, wenn man deren Logik folgt, ein Handeln nicht nur rechtfertigt, sondern geradezu einfordert.

Bilder von bedrohenden Fluten und Wellen stellen starke Bedrohungsszenarien her. Viele Deutsche (re)agierten, indem sie teilweise mit Worten, zum Beispiel in Bürgerinitiativen, teilweise aber auch tätlich gegen die vermeintliche Bedrohung von außen eingriffen – Einwanderer und Einwanderinnen nicht nur ausgrenz(t)en, sondern auch pogromartig angriffen. Politiker/innen prägten diese Bilder, indem sie gegen »A.en« polemisierten und mit breiter Mehrheit 1992 das Grundrecht auf Asyl drastisch einschränkten.

Nur eine Folge der zahlreichen Morde und Übergriffe von Mölln, Lübeck, Rostock, Hoyerswerda oder Solingen und der Verschärfung des Asylrechts war eine einsetzende Sprachkritik an »A.« und damit auch eine fortschreitende Zurückdrängung des Wortes.

Als Alternativbezeichnungen setzten sich andere Begriffe wie »Asylbewerber/in« oder auch – je nach Kontext – »Flüchtling« oder Migrant/in durch. Damit einher ging eine verstärkte Sensibilisierung im Bereich der Medien und der Politik bei der Darstellung von Einwanderern/Einwanderinnen und Einwanderung. So wurden in der Folge Kollektivmetaphern, zumindest jenseits der Boulevardpresse, weitgehend vermieden.

Spätestens die Debatte um die »Doppelte Staatsbürgerschaft« und der CDU-Wahlkampf bei der Landtagswahl 1999 in Hessen haben jedoch gezeigt, dass die rassistische Sprachpraxis unabhängig von »Kampfbegriffen« wie »A.« fortbesteht. Die in diesem Zusammenhang vorgetragene Forderung nach der Anpassung von Migrant/inn/en an die »deutsche Leitkultur« ist als eine Übernahme der dem Begriff »A.« zugrundeliegenden rassistischen Denkstruktur zu verstehen. Es entspricht einer tiefverwurzelten rassistischen und ethnozentristischen Denkweise, Einwanderung mit Problemen wie Arbeitslosigkeit und drohender Armut zu verbinden. Daher besteht die Gefahr, dass sich in Begriffe, die momentan als Alternative zu »A.« gelten, in Zukunft ähnlich negative Konnotationen integrieren. So ist etwa der Begriff »Asylbewerber/in« schon jetzt mit Vorsicht zu handhaben, u.a. auch weil die hier beinhaltete Metaphorik des *Bewerbens* eine euphemistische Variante des eigentlichen Vorgangs darstellt.

Stefan Göttel

Anmerkungen

[1]   *Meyers Konversations-Lexikon.* Bd. 2. Leipzig, Wien 1897: 48.
[2]   *Wahrig. Deutsches Wörterbuch.* Mannheim, Wien, Zürich 1991 (Auflage von 1986): 191.
[3]   *Duden. Das Herkunftswörterbuch.* Leipzig, Mannheim, Wien, Zürich 1997: 49.
[4]   *Duden. Die deutsche Rechtschreibung.* Mannheim, Leipzig, Wien, Zürich 2000: 180.
[5]   Vgl. auch: Strauß, Gerhard; Ulrike Hass; Gisela Harras. *Brisante Wörter von Agitation bis Zeitgeist. Ein Lexikon zum öffentlichen Sprachgebrauch.* Berlin 1989: 86-90.

Quelle: Bundeszentrale für politische Bildung (Hrsg.): Menschen auf der Flucht. – Bonn 1996 (= Zeitlupe, H. 32).

»Das Boot ist voll« – eine verbreitete, häufig gebrauchte und unreflektierte Parole, um innere soziale Missstände und soziale Ungerechtigkeiten »zu erklären«. Dahinter verbirgt sich ein politisches Konzept, das rassistische Ressentiments bedient.

»Bananenrepublik«

»Banane ... Unter einer *Bananenrepublik* versteht man einen Staat mit unsicheren politischen Zuständen (nach südamerikanischen Staaten, die ständig von Putschen bedroht werden und bei denen andererseits Bananen einen Hauptwirtschaftszweig ausmachen; Lehnübersetzung vom am.-e. *banana republic*).«[1]

»Bananenrepublik (abwertend)«[2]

»Bananenrepublik ... (oft abwertend): kleines Land in den tropischen Gebieten Amerikas, das besonders vom Export von Bananen lebt (u. von fremdem, meist US-amerikanischem Kapital abhängig ist): *Unter dem Titel Kultur werden in dieser Stadt Hobbys auf eine Art gefördert, die nur in einer B. möglich ist* (NZZ 29.8. 86, 33); Ü *Wo aber bleibt da die geistig-moralische Wende? Es geht wohl eher in Richtung B.* (Saabr. Zeitung 12.12. 96, 1)«[3]

Das Wort setzt sich zusammen aus »Banane« und »Republik«. »Banane« wurde von dem portugiesischen *banana* und dieses aus einer in den etymologischen Quellen nicht näher bestimmten Sprache Guineas entlehnt.[4] »Republik« stammt aus dem Lateinischen und benennt eine Staatsform, in der das Volk (Demokratie) oder ein Teil desselben (z.B. Aristokratie, Oligarchie) die souveräne Macht besitzt und deren oberstes Staatsorgan nur auf bestimmte Zeit bestellt bzw. gewählt wird.[5] Für sich genommen haben die Komponenten keine abwertende Konnotation. Doch in der Zusammenführung beider Begriffe zu einem Kompositum kommt es, wie in den oben zitierten lexikalischen Einträgen deutlich wird, zu einer Abwertung der so bezeichneten Länder. Der Begriff »B.« folgt zwei Grundprinzipien der kolonialen Benennungspraxis.[6] Zum einen wird asymmetrisch benannt. »B.« steht in Opposition zu »Republik« und nicht zum Beispiel zu »Kartoffelrepublik«. Damit ist »Republik« nicht einfach ein Oberbegriff, sondern wird impliziert, dass es »Republiken« (im westlichen Sinn) gibt, die die Norm darstellen, und davon abweichende »B.en«.

Zum anderen wird dadurch, dass der politische, der Kultur zugeordnete Begriff »Republik« durch einen botanischen, der »Natur« zugeordneten, Begriff spezifiziert wird, der kolonialistischen Benennungspraxis gefolgt, eine Dichotomie von »Natur« und »Kultur« herzustellen. Dabei wird das zum Anderen konstruierte in die Nähe von »Natur« gestellt und als der »Kultur« unterlegen konstruiert.

Als botanischer Begriff steht Banane in dem Kompositum für »Natur«. Durch die Bedeutungsebene von »B.« als »Ort an dem Bananen wachsen«, wird eine Verbindung zu Tropen (→ »Dschungel«) hergestellt. »Tropen« bzw. »Dschungel« wird im westlichen Denken gemeinhin mit »Undurchsichtigkeit« und »Chaos« assoziiert. Zudem steht Banane hier auch stellvertretend und bildlich für Agrargesellschaft, die im Weißen westlichen Denken als »minderwertig« und weniger »zivilisiert« (→ »Zivilisation«) konzeptualisiert wird. So findet sich »B.« in Opposition zu »Industrienation«. Dabei wird dieses Pendant in der Regel nicht explizit benannt, sondern fungiert als der unbenannte, als normal und höherwertig konstruierte Gegenpol.

Bei »Republik«, dem Begriff, der im Kompositum für Kultur steht, handelt es sich hingegen um ein westliches Konzept. Im Gegensatz zu den »tropischen Bananen« wird mit dem Begriff »Republik« im westlichen Diskurs gemeinhin »Rechtstaatlichkeit«, und »Ordnung« verbunden. Durch die Verknüpfung von »Republik« mit Banane erfährt das Konzept »Republik« eine Modifizierung, wobei sich die Aussage über die Staatsform in ihr Gegenteil verkehrt.

Durch diese Konstruktion wird eine Dichotomie zwischen den »B.en« und den vermeintlich »zivilisierten/entwickelten« Ländern geschaffen. Dabei werden die Kriterien für eine solche Bewertung aber nicht explizit gemacht, wodurch sie auch unangreifbarer werden und nur schwer hinterfragbar sind. Damit manifestiert sich im Begriff »B.« die Machthierarchie, durch die sich Weiße westliche Länder implizit als Norm setzen. Die unter dieser Bezeichnung subsumierten Länder werden zum Anderen gegenüber der Weißen westlichen Welt konstruiert. Zudem wird eine unzulässige Homogenisierung von Ländern mit unterschiedlicher Geschichte, politischer Kultur, Sprache etc. unter einem fadenscheinigen Kriterium vollzogen, das jeglicher Grundlage entbehrt.

Zu Beginn der Nutzung dieses Begriffs wurden Länder Südamerikas in dem Machtverhältnis zu den USA und aus der Perspektive der USA so bezeichnet. Ausschlaggebende Begründung für diese Bezeichnung war, dass diese Länder vom Export von Südfrüchten, vornehmlich von Bananen (also Monokulturen) und dadurch auch von fremdem, vor allem US-amerikanischem Kapital ökonomisch abhängig waren. Heute werden damit Länder bezeichnet, die nicht dem europäischen/westlichen »politischen Standard« bzw. der westlichen »Lebensweise« entsprechen. Vor allem aber wird diesen Ländern unterstellt, dass sie korrupt, diktatorisch und politisch »unreif« seien. Eine solche pauschale Bewertung trägt keinem bzw. kaum einem Land Rechnung. Hinzu kommt, dass damit einerseits die politische Kultur sowie die Lebensweise westlicher Länder zur Norm gesetzt wird und andererseits ausgeblendet bleibt, welche Verantwortung dieselben für die Situation in den jeweiligen Ländern haben. Der Verwendung des Begriffs ist damit also jeweils die westliche kolonialistische Perspektive zu eigen.

Das globale und lokale Auseinanderklaffen der Schere zwischen »arm« und »reich« bleibt im Begriff »B.« ausgeblendet. Gerade die Beiläufigkeit, mit der dies geschieht, verhindert so eine angemessene Reflexion über die Ursachen der Hierarchien.

Westliche Länder werden in der Regel nicht als »B.« bezeichnet, auch wenn der Politik Korruption und Inkompetenz nachzuweisen sind. Maximal finden sich zynische Schlagzeilen wie etwa »Deutschland – eine B.?«, um zum Beispiel ein »Horrorszenario« zu entwerfen und eine zugespitzte Kritik an den rechtsstaatlichen oder sozialen Standards der westlichen Demokratien zu üben. Die Konzeptualisierung von »Chaos« und »Unordnung« wird hier also in einzelnen Fällen auf den westlichen Kontext übertragen. Durch die polemische Ironisierung wird dabei deutlich gemacht, dass dies aber an sich keine westlichen Charakteristika seien. Letztendlich wird auch hier der Denkansatz weiter verfestigt, dass »Chaos« und »Unordnung« ursprüngliche und natürliche Kennzeichen tropischer und subtropischer Länder seien.

Der Begriff wird in jedem Fall pejorativ genutzt. Die einzige Motivation, das Wort zu verwenden, liegt offenbar darin, die vermeintliche Überlegenheit der westlichen/europäischen/deutschen Rechtstaatlichkeit bzw. Lebensart gegenüber Ländern ehemaliger Kolonien zu betonen und diese Denkweise durch die Beiläufigkeit im öffentlichen Diskurs zu zementieren. Dabei werden ökonomische und politische Machtverhältnisse und Hierarchien verschleiert.

Die Inhalte, die mit diesem Begriff vermittelt werden, speisen sich aus dem rassistischen Diskurs und befördern diesen. Deswegen ist auf den Begriff gänzlich zu verzichten. Vielmehr ist der Begriff, je nach Kontext, durch Staat oder Gesellschaft zu ersetzen. Geht es darum, von vielen Ländern gleichzeitig zu sprechen, muss frau/man sich fragen, nach welchen Kriterien man hier verschiedene Länder unter einem Begriff subsumieren möchte. Hält dieses einer kritischen Reflexion stand, so muss man dieses Auswahlkriterium klar benennen.

Andriana Boussoulas

Anmerkungen

[1] Kluge, Friedrich. *Etymologisches Wörterbuch der deutschen Sprache*. Berlin, New York 1995: 77.

[2] *Duden. Die deutsche Rechtschreibung*. Leipzig, Mannheim, Wien, Zürich 2001: 203.

[3] *Brockhaus. Die Enzyklopädie. Deutsches Wörterbuch* I-III (Bd. 28-30) Bd. 28. Leipzig, Mannheim 1999: 451f.

[4] In vielen Wörterbüchern ist in diesem Zusammenhang nicht von Sprache, sondern von »Mundart« die Rede. Hier manifestiert sich der prinzipielle Gestus, Sprachen Afrikas herabzusetzen, indem sie nicht als eigenständige Sprachen wahrgenommen werden. Zudem widersprechen sich Wörterbücher und Lexika hinsichtlich der regionalen Herkunft des Begriffs »Banane«. So werden Bantusprachen bzw. eine »Mundart« im Kongo oder Guinea als Herkunft dieses Begriffes genannt (vgl. z.B.: Kluge: *Etymologisches Wörterbuch der deutschen Sprache* 77). Die fehlende Genauigkeit der etymologischen Forschung konnte im Kontext der vorliegenden Publikation nicht nachgeholt werden.

[5] Vgl. *Meyers Taschenlexikon in 12 Bänden*. Bd. 9. Mannheim, Leipzig, Wien, Zürich 1996: 2842.

[6] Siehe dazu Einleitung S. 11-22.

»Bastard/Bastardin«

»**Bastard** ... uneheliches Kind; von Pflanzen und Thieren: Mischart, Abart«[1]

»**Bastard** (mittelhochdeutsch Basthart und Bastart , neulat. bastardus, franz.bâtard, ital. bastardo, engl. bastard), Mischling, ein aus nicht ebenbürtiger oder in wilder Ehe erzeugtes Kind, soviel wie natürlicher Sohn oder natürliche Tochter... In der Zoologie heißt B. (species hybrida, Hybride) ein von zwei verschiedenen Arten (die meist, aber nicht immer derselben Gattung angehören) erzeugtes Tier, wie z.B. Maultier und Maulesel. Ein von zwei verschiedenen Rassen abstammendes Tier wird Blendling genannt.«[2]

»**Bastard** [altfrz. von bast ›Packsattel‹], 1) der von verschiedenen Rassenangehörigen Abstammende, in der Erblichkeitsforschung der Nachkomme der Kreuzung zweier ›reinen‹ Rassen, genauer bezeichnet als B. ersten Grades (in der Erblichkeitsforschung F_1 d.h. Filialgeneration), wohingegen ein B. zweiten Grades (F_2) als der Nachkomme zweier B. ersten Grades anzusehen ist. Die Zählung nach ½ 0; ¾ usw. ›Blut‹ ist veraltet.

I. Beim M e n s c h e n wird als Bastardierung nur die Kreuzung echter Rassen angesehen. Dabei zeigen in der Kreuzung alle Rassenmerkmale den ›mendelnden‹ Erbgang (Mendelsche Erblehre), so z.B. Kraushaar gegen schlichtes, dunkle Hautfarbe gegen helle, hoher Wuchs gegen niederen usw ...

Alle Menschenrassen kreuzen sich fruchtbar; auch alle B. sind unter sich und mit den Stammrassen wieder fruchtbar ... [D]ie Behauptung, dass ›Wilde‹ oder Juden gegen eine andere Rasse ›durchschlagen‹, ist wissenschaftlich nicht haltbar, lediglich eine ›Dominanz‹ einzelner Merkmale (Mendelsche Erblehre) kommt in Frage... II. In der Tier- und Pflanzenwelt bezeichnet B. (Mischling, Hybrid) das Ergebnis geschlechtlicher Mischung zweier Tier- oder Pflanzentypen (reine Linie, Rasse, Art, Gattung, Familie).«[3]

»**Bastard** ... unehel. Kind; Mischling (Blendling; ›Hybride‹).«[4]

»**Bastard** ... ›uneheliches Kind, Mischling‹ (> 13. Jh.) ... Guiraud ... argumentiert (im Anschluss an andere) ansprechend, daß Mischlinge von Menschen parallel bezeichnet werden zu Mischlingen von Tieren (besonders Maultier, Maulesel), und dass diese nach ihren Funktionen bezeichnet werden. Möglicherweise könnte *bastard* ursprünglich ›Lasttier‹ sein, zu afrz. *bast* ›Packsattel‹ ... Gemeint wäre hier aber ... das Maultier – und ein Mischling wie dieses wäre der *Bastard*. Eine solche Bezeichnung wäre aber wohl abwertend, was zu dem ursprünglich wertfreien Gebrauch ... nicht recht paßt.«[5]

»**Bastard** [in mhd. Zeit aus altfrz. bastard ›rechtmäßig anerkannter außerehel. Sohn eines Adligen‹ ...] 1) *allg.*: Mischling; früher: unehl. Kind eines hochgestellten Vaters und einer nicht standesgemäßen Frau; später abwertend: nichtehel. Kind; heute noch als Schimpfwort gebraucht: minderwertiger Mensch. 2) *Anthropologie*: beim Menschen Nachkomme aus der Kreuzung von Angehörigen versch. Rassenkreise (europid/negrid, europid/mongolid u.a.). Manche B. haben bes. Benennungen, z.B. Mulatten, Mestizen, Baster (Mischling). An den B. konnte die Annahme widerlegt werden, daß die Rasse sich als Ganzes vererbe. 3) *Biologie*: Hybride, aus Kreuzungen genetisch unterschiedl. Elternformen hervorgegangenes Individuum ... Bastardisierung zw. versch. Arten (oder Gattungen) gelingt sehr selten...., die entstehenden Art- oder Gattung-B. sind meist unfruchtbar (z.B. Maulesel, Maultier).«[6]

»**Bastard** ... (*Biol.* Pflanze od. Tier als Ergebnis von Kreuzungen; *veraltet für* uneheliches Kind)«[7]

»**Bastard** 1a (früher) *uneheliches Kind eines Adligen u. einer nicht standgemäßen Frau.* b) (Schimpfwort) *als minderwertig empfundener Mensch* ...«[8]

»B.« geht zurück auf das mittelhochdeutsche *bastart* und dieses wiederum auf das altfranzösische *bastard*, italienisch *bastardo*. Die weitere Herkunft ist nicht gesichert. Es ist möglich, dass »B.« von mittellateinisch *bastum* = »Saumsattel« abgeleitet wurde und im Sinne von »der/die auf dem Sattel erzeugte« (der Saumsattel diente Spanier/innen häufig als Bett) verwendet wurde. Von anderen wird als semantisch wahrscheinlich angesehen, dass sich »B.« aus einer Zusammensetzung des neuirischen *bais* (Unzucht, Wollust) und des keltischen *tarddr* (Sprössling) ergibt. »B.« würde dann soviel bedeuten wie »Sohn der Unzucht«.[9] Beiden Erklärungsmustern nach ist »B.« eng an den Gedanken einer konventionell als »unnormal« eingestuften bzw. »unzüchtigen« Zeugung gebunden. Eine andere erwogene Variante besteht darin, dass der Begriff auf eine (Selbst-)Bezeichnung für den in einer außerehelichen Beziehung gezeugten Normannenherzog Wilhelm der Eroberer zurückgeht. Er nannte sich *bastardus*, wobei dieser Name auf *bas* (*bassus*, ›niedrig‹) und damit auf ein Wort zurückgeführt wird, dass die Konnotation von »auf einer unteren Stufe der Hierarchie« stehend in sich trägt. Auch hier wäre also der abwertende Gebrauch des Wortes von Anfang an angelegt, sowie auch die Konnotation »außerehelich«.

Tatsächlich bezeichnete das französische Wort zunächst außereheliche Kinder eines Adligen mit einer nicht-adligen Frau. Auch wenn diese Kinder rechtlich anerkannt wurden, war ihre Existenz an Konzeptualisierungen wie »nicht-standesgemäß« und »illegitim« gebunden. Zudem enthält der Begriff die Konnotation des »Mischens«, die er auch in Bezug auf »B.« als botanischem Begriff besitzt: Im Tier- und Pflanzenreich wird mit »B.« ein von zwei verschiedenen Arten (die meist, aber nicht immer derselben Gattung angehören) erzeugtes Tier, wie zum Beispiel Maultier und Maulesel, bezeichnet bzw. eine durch Artenkreuzung entstandene Pflanze.

Vor diesem Hintergrund entwickelte sich der Gebrauch des Begriffs, auch in der deutschen Sprache, zu einer abwertenden Bezeichnung für uneheliche Kinder im allgemeinen. Dabei behielt der Begriff die Konnotationen »illegitim«, »nicht-standesgemäß« und »nicht der gesellschaftlichen Norm entsprechend« bei.

In der Kolonialzeit wurde »B.« zur Bezeichnung von Kindern aus Beziehungen zwischen Schwarzen und Weißen verwendet. Dabei wurde die ursprüngliche abwertende und diffamierende Konnotation des Begriffes verstärkt. Zum einen wurde die Konnotation »mischen« aufgegriffen, die sich nunmehr aber (in enger Anlehnung an die botanische Bedeutungsebene des Begriffes) auf die Konstruktion menschlicher »Rassen« bezog. »B.« benutzte aber nicht nur die These, dass Menschen in → »Rassen« unterteilt werden können. Zudem wurde der Mythos aufgegriffen, wonach Kinder aus Beziehungen von Schwarzen und Weißen reproduktionsunfähig seien. Dabei wurde – wie auch im Begriff → »Mulatte« – die Erkenntnis, dass Hybride in der Tier- und Pflanzenwelt meist unfruchtbar sind, auf Menschen übertragen.[10] Hier manifestiert sich exemplarisch die kolonialistische Praxis, Afrikaner/innen über assoziative Verbindungen zum Tierreich zu bezeichnen.[11]

Zum anderen wurden mit »B.« als Bezeichnung für Kinder aus Beziehungen von Schwarzen und Weißen Konnotationen wie »wider der Norm«, aber auch »illegitim« und »unehelich« transportiert. Realhistorisch sind diese Kinder in Deutschland, aufgrund der politischen und gesellschaftlichen Verhältnisse, bis zum Ende des Nationalsozialismus häufig unehelich geboren worden.

Während es zur gängigen Kolonialpraxis gehörte, dass Weiße Männer Schwarze Frauen vergewaltigten und auch Konkubinate üblich waren – sexuelle Kontakte zwischen einer Weißen Frau und einem Schwarzen gab es nicht häufig –, kam es nur sehr selten zu Eheschließungen. Dafür waren nicht allein Vorschriften verantwortlich, sondern vor allem das von den Deutschen erzeugte gesellschaftliche Klima in »ihren Kolonien« und in Deutschland selbst. Bis 1908 gab es ungefähr 20 solcher Ehen.[12] Vor allem wurde eine »Verkafferung« (→ »Kaffer«) der deutschen Bevölkerung befürchtet. Von den einen wurde es als bedrohlich empfunden, dass die Ehefrauen und in diesen Ehen geborene Kinder die deutsche Staatsangehörigkeit des Mannes erhielten. Andere fürchteten, dass Weiße Männer, die mit einer Schwarzen Frau zusammen lebten, »barbarisieren« könnten. Auch wurde es als problematisch angesehen, dass auf diese Weise Schwarze Frauen den Weißen gleichgestellt wurden.

Diese Hysterie führte schließlich dazu, dass es die Gouverneure von Südwestafrika und Ostafrika 1905 bzw. 1906 Standesbeamten untersagten, »Mischehen« zu schließen. Dabei hofften sie aber auf eine prinzipielle gesetzliche Regelung durch den deutschen Staat. Das erste offizielle Verbot von Ehen zwischen Weißen und Schwarzen ist erst 1912 erlassen worden und bezog sich nur auf Samoa. Unter Umgehung des Reichstages hatte der Staatssekretär des Reichskolonialamtes Wilhelm Solms auf dem Verordnungswege Ehen zwischen Weißen und den Kolonisierten verboten. Seiner Meinung nach könnte der deutsche Staat es nicht länger »dulden, dass unsere Rasse verbastardiert werde«.[13] Dieses Verbot löste heftige Debatten im Reichstag und in der Presse aus. Letztlich blieb diese Frage bis zum Ende der deutschen Kolonialzeit ungeregelt, bestehende »Mischehenverbote« wurden allerdings nicht wieder aufgehoben.[14]

Auch nach dem Ende der deutschen Kolonialherrschaft wurden Kinder mit einem Weißen und einem Schwarzen Elternteil diffamiert. Nachdem Deutschland seine Kolonien verloren hatte und der Erste Weltkrieg beendet war, besetzten französische, belgische, britische und US-amerikanische Truppen das Rheinland. Die Besatzungsmächte verfügten über Schwarze Soldaten, die aus deren Kolonien kamen, in ihren Reihen, so dass bei der Besetzung auch Schwarze Soldaten einmarschierten. Darin sah Deutschland, das glaubte zum Herrschen über Schwarze prädestiniert zu sein, eine große Erniedrigung. In Reaktion auf dieses Gefühl kam es zu einer aggressiven Propaganda. Eine breitangelegte Kampagne, die als »Schwarze Schmach«-Propaganda in die Geschichte einging, unterstellte den Schwarzen Soldaten Vergewaltigungen sowie Triebmorde und reduzierte die Beziehungen zwischen Schwarzen Männern und Weißen Frauen auf den Kontext der Vergewaltigung. Diese Propaganda manifestierte sich auch darin, dass die deutschen Kinder, deren Väter Schwarze Soldaten waren, abwertend als »Rheinlandb.e« bezeichnet wurden.

Im Nationalsozialismus galten Beziehungen zwischen Schwarzen und Weißen als »Rassenschande«.[15] Unter Rückgriff auf bereits in der Weimarer Republik geführte Debatten kam es zu Zwangssterilisierungen von Kindern aus diesen Beziehungen.[16]

Im Nachkriegsdeutschland wurde mit dieser Praxis gebrochen. Dennoch blieben Kinder aus Beziehungen von Weißen und Schwarzen noch immer Diffamierungen und struktureller Diskriminierung ausgesetzt, wobei der Begriff »B.« weiter vielfältige Verwendung fand.[17]

Heute setzt sich zunehmend die Erkenntnis vom Gehalt des Wortes »B.« durch. Viele aktuelle Wörterbücher – die oben zitierten Einträge aus dem *Duden. Die deutsche Rechtschreibung* (2001) und dem *Deutschen Wörterbuch* der jüngsten Brockhaus-Enzyklopädie (1999) belegen dies exemplarisch – haben darauf so reagiert, dass sie unter dem Eintrag »B.« gar keinen Bezug zu Kindern mit einem Schwarzen und weißen Elternteil mehr herstellen.[18] Diese Lösung ist problematisch, weil durch dieses Verfahren Geschichte ignoriert statt thematisiert wird. Angebrachter – insbesondere da der Begriff in seinem Bezug auf Schwarze Deutsche nicht aus dem deutschen Sprachgebrauch verschwunden ist – wäre eine kritische Auseinandersetzung mit diesem Begriff in den Wörterbüchern. Dazu zählt ein Verweis darauf, dass er Resultat und Reproduzent der rassistischen Diskriminierung ist, mit der speziell Partnerschaften zwischen Schwarzen und Weißen sowie deren Kindern belegt werden; dass er in Opposition zu einer nicht explizit gemachten Normalität kindlicher Herkunft aus »rein« Weißen institutionalisierten Paarbeziehungen steht und dass die längst widerlegte Theorie reproduziert wird, dass

Menschen in »Rassen« unterteilt werden können. Davon ausgehend könnten alternative Begriffe angeboten werden. Dazu zählen etwa Afrodeutsche/r, Deutsch-Nigerianer/in, Mensch (Frau/Mann) binationaler/ multikultureller Herkunft, Schwarze/r Deutsche/r. Als Kollektivbezeichnung kann auch auf *People of Color* (POC) zurückgegriffen werden, um zwischen Personen mit einem afrikanischen Hintergrund und anderen rassistisch Diskriminierten zu unterscheiden. Durch diese Begriffe ist es möglich, auf rassistische Konstruktionen und Begriffe wie »B.« zu verzichten, gleichzeitig aber zu markieren, dass der Rassismus, der sich im Begriff »B.« präsentiert, bis heute Hierarchien, Wahrnehmungen von Weißen, Erfahrungen von Schwarzen sowie Weiße und Schwarze Verhaltensmuster prägt.

Susan Arndt

Anmerkungen

[1]   *Gedrängtes, aber vollständiges Fremdwörterbuch zur Erklärung und Verdeutschung aller in der Schrift- und Umgangssprache, in den Zeitungen, sowie in den verschiedensten bürgerlichen und geschäftlichen Verhältnissen vorkommenden fremden Wörter und Redensarten.* Leipzig 1860: 53.

[2]   *Meyers Konversationslexikon.* Bd. 2. Leipzig, Wien 1897: 537.

[3]   *Der Große Brockhaus.* Bd. 2. Leipzig 1929: 359-360.

[4]   Mackensen, Lutz. *Deutsches Wörterbuch.* Laupheim 1955: 97.

[5]   Kluge, Friedrich. *Etymologisches Wörterbuch der deutschen Sprache.* Berlin, New York 1999: 84.

[6]   *Brockhaus Enzyklopädie in 24 Bänden.* Bd. 2. Mannheim 1987: 623.

[7]   *Duden. Die deutsche Rechtschreibung.* Leipzig, Mannheim, Wien, Zürich 2001: 207.

[8]   *Brockhaus. Die Enzyklopädie. Deutsches Wörterbuch I-III (Bd. 28-30).* Bd. 28. Leipzig, Mannheim 1999: 464.

[9]   Vgl. z.B.: *Meyers Konversations-Lexikon.* Bd. 2. Leipzig, Wien 1897: 537; Kluge. *Etymologisches Wörterbuch:* 84.

[10] Für eine kritische Reflektion vgl.: Geiss, Imanuel. *Geschichte des Rassismus.* Frankfurt/M. 1988: 45.

[11] Siehe S. 182.

[12] Vgl.: Roller, Kathrin. »›Wir sind Deutsche, wir sind Weiße und wollen Weiße bleiben‹ – Reichstagsdebatten über koloniale ›Rassenmischung‹.« in: Heyden, Ulrich van der; Joachim Zeller (Hrsg.). *Kolonialmetropole Berlin. Eine Spurensuche.* Berlin 2002: 73-79, hier: 74.

[13] Zit. in: Ebenda.

[14] Vgl.: Ebenda: 73-79.

[15] Vgl.: El-Tayeb, Fatima. *Schwarze Deutsche. Der Diskurs um »Rasse« und nationale Identität 1890-1933*. Frankfurt/M., New York 2001.

[16] Zur Zwangssterilisation von Schwarzen im nationalsozialistischen Deutschland vgl. z.B.: Ebenda.

[17] Vgl. Hügel-Marshall, Ika. *Daheim unterwegs. Ein deutsches Leben*. Berlin 1998.

[18] Vgl.: *Duden. Die deutsche Rechtschreibung*. Leipzig, Mannheim, Wien, Zürich 2001: 207; *Brockhaus. Die Enzyklopädie. Deutsches Wörterbuch I-III* (Bd. 28-30). Bd. 28. Leipzig, Mannheim 1999: 464.

Unreflektiertes Wortspiel der Monatszeitschrift „GEO".
Quelle: Werbeplakat von GEO

»**Busch** ... Ein besonders ausgebreiteter, aus sehr vielen kleinen Stämmen bestehender, dicht verzweigter und dicht mit Blättern, bewachsener *Strauch,* der für das Auge ganz undurchdringlich ist, heißt *Busch* (mit mlat. *buscus* oder *boscus,* ital. *bosco,* frz. *bois,* verwandt; doch ist das Wort wohl deutschen Ursprungs und geht vielleicht, wie *Baum,* auf *bauen,* oder auch auf *binden* zurück.«[1]

»**Busch** ... a) kleiner Wald ... b) Urwald: der afrikanische B.; Nicht einmal Vater wäre bereit gewesen, mir ... Geld für eine Entdeckungsreise in den Busch zu geben (Schomburgk *Afrika)*«[2]

»**Busch** ... Strauch; *dichter trop. Wald; Büschel, Bündel* (Feder ~); bei jmdm. auf den ~ klopfen ›fig.; umg.‹ *ihn auszuhorchen versuchen;* hinter dem ~ halten mit seinen Absichten, Plänen u. ä. ›fig.; umg.‹ *sie verheimlichen, nicht preisgeben;* der afrikanische ~; sich seitwärts in die Büsche schlagen ›fig.; umg.‹ *heimlich verschwinden* ...«[3]

»**Buschneger** ... in Mittelamerika im Busch lebender Neger, entlaufener Negersklave«[4]

»**Busch** ... 2.2 ›Geogr.‹ *Dorn- u. Trockenvegetation in tropischen Savannen u. subtropischen Steppen;* diese Pflanzen stammen aus dem afrikanischen ~ 2.3 ›umg.‹ *Urwald...*«[5]

»**Busch** 1. *dicht gewachsener Strauch:* ein dichter B.; der Bach ist von Büschen gesäumt; R es ist etwas im Busch[e] (ugs.; *im Verborgenen bahnt sich etwas an);* *[bei jmdm.] auf den B. klopfen (ugs.; *bei jmdm. auf etw. anspielen, um etw. Bestimmtes zu erfahren;* aus der Jägerspr., eigtl., um festzustellen, ob sich im Gebüsch Wild verbirgt); mit etw. hinterm B. halten (ugs.; ↑²Berg 1); sich [seitwärts] in die Büsche schlagen (ugs.; *[heimlich] verschwinden).* 2. a) (Geogr.) *Dickicht aus Sträuchern in tropischen Ländern:* im afrikanischen B.; b) (landsch.) *kleiner Wald:* in den B. gehen [um Pilze zu sammeln]...«[6]

»**Busch**, 2a (Geogr.) *Dickicht aus Sträuchern in tropischen Ländern:* diese Tiere leben im afrikanischen B.; du kommst wohl aus dem B.? (ugs.; *weißt du nicht, was in der Welt vorgeht?)*«[7]

»B.« ist ursprünglich eine Sammelbezeichnung sowohl für verschiedene Pflanzen, deren Gemeinsamkeit ein im Vergleich zum Begriff Baum geringerer Wuchs ist, als auch für eine größere Menge von Pflanzen, wobei diese nicht weiter differenziert wird (analog zu den Begriffen »Wald« oder »Gestrüpp«).

Im kolonialen Kontext wurde der Begriff auf Natur- und Kulturräume in Afrika übertragen. Dieses Verfahren ist auf die niederländischen Kolonisator/inn/en zurückzuführen. Im 16. Jahrhundert
bezeichneten sie die von ihnen besetzten Gebiete des südlichen
Afrika jenseits der Küstenregion als »B.« und davon ausgehend dann auch die Bevölkerung dieser Gebiete als *Bosjemans*
(→»Buschmänner«). Später wurde der Begriff auch in anderen
europäischen Sprachen mit analogen Bedeutungsinhalten aufgegriffen und auf verschiedene Natur- und Kulturräume in Afrika
angewendet. Der Begriff »B.« wurde so zu einem wichtigen
Konzept der kolonialen Erfindung von Afrika – vor allem in seiner
Konstruktion als das »homogene Andere«.

Wichtig in diesem Zusammenhang ist, dass der Begriff die
koloniale Konstruktion von Afrika als Natur – als Gegenpol zu
Europa, dem Kultur und →»Zivilisation« zugeschrieben wird –
begrifflich manifestiert. Dabei ist bedeutsam, dass »B.« sowohl
in Bezug auf die Natur- als auch Kulturräume verallgemeinernd
und vereinfachend wirkt. Oft wird bis heute, wie etwa auch in
einigen oben zitierten Lexikoneinträgen, behauptet, dass »B.« ein
geografischer Begriff ist, der vornehmlich eine Savannenformation
kennzeichne. Letztlich werden aber vollkommen unterschiedliche
Vegetationsformen in unterschiedlichen Klimazonen subsumiert.
Eine genaue Unterscheidung verschiedener Vegetationszonen
und Pflanzen wird dadurch behindert. Dies allein widerspricht
dem Gebrauch von »B.« als wissenschaftlichem Begriff. Nur
folgerichtig wirkt er auch bei der Konstruktion von Lebens- und
Kulturräumen der ehemaligen Kolonien homogenisierend. Völlig
undifferenziert wird er bis heute ganz pauschal auf afrikanische
Kulturen und Menschen angewendet. Dies wird in Formulierungen
wie etwa »der kommt aus dem B.« deutlich, die ganz pauschal
für Afrikaner/innen angewendet wird.

Zudem eröffnete die Sammelbezeichnung »B.« den Europä-
er/inne/n auch die Möglichkeit, durch die Verwendung von »B.«
bei der Beschreibung der afrikanischen Vegetation stereotype
Vorstellungen von Undurchdringlichkeit und Undurchschaubarkeit
aufzurufen und zu reproduzieren. Diese Eigenschaften waren
inhärente Strukturen des »ursprünglich europäischen« Begriffs
»B.«, von denen im aktuellen Sprachgebrauch noch Redewendungen wie »auf den B. klopfen« oder »es ist etwas im B.« zeu-

gen. Diese verweisen sowohl auf die im Verborgenen lebenden Tiere, als auch auf eine (unheilvolle) Entwicklung, in dem für die menschlichen Sinne nicht erfassbaren Undurchdringlichen. Über diese Konzeptualisierung konnte dem afrikanischen Kontinent u.a. Gefährlichkeit zugeschrieben werden.

Die Bezeichnung »B.« muss daher, im Zusammenhang mit einer metaphorischen Übertragung und analog zu Begriffen wie →»Dschungel« und dem nichtkolonialen Begriff Wald (wie er z.B. in Märchen verwendet wird), als mögliches Objekt einer Projektion, zum Beispiel für bestimmte unbewusste Angstdispositionen, verstanden werden. »B.« konnte, (nicht nur) im kolonialen afrikanischen Kontext, als etwas Nicht-Durchschaubares und Unbekanntes, gegen das sich so eine Gegnerschaft begründen lässt, hergestellt werden. Die Bezeichnung »B.« ließ sich demzufolge als ein Sinnbild für die nicht unterworfene, ungeordnete Natur ansehen, als Natur- und Lebensraum, der sich der menschlichen »geistigen« Ordnung (noch) widersetzte und der über ein erhebliches Bedrohungspotential verfügte.

Auch heute ist eine solche Bedeutung in leicht abgewandelter Form noch aktuell. Das Bild der ungeordneten chaotischen Natur und der damit verbundenen Gefahren für Menschen (Weiße) bleibt durchaus bestehen. Es generiert sich aus der Identifikation der Regionen, die mit dieser Bezeichnung verbunden sind, mit giftigen und gefährlichen Tieren sowie Krankheiten und Epidemien. Die Undurchschaubarkeit des »B.es« sowie die damit verbundenen Gefahren werden dabei u.a. auf kleinere, nicht direkt sichtbare und als natürlich vorgestellte Ebenen von zum Beispiel Bakterien und Viren als Krankheitserregern verlagert. Ebola, prominent medial in Szene gesetzt in dem Kinoschlager *Outbreak* (1995) mit Dustin Hoffman, ist dafür ein Beispiel. So heißt es in einer Rezension unter Amazon.de zu dem Film *Outbreak*: »Es verbreitet sich über die Luft. Es tötet in wenigen Stunden. Und es gibt kein Heilmittel. Niemand weiß, wie das tödliche Virus aus Afrika nach Kalifornien kam und wie sein todbringender Vormarsch zu stoppen ist. Es beginnt ein gnadenloser Wettlauf gegen die Zeit und die brutalen Pläne des Militärs.«[8] Um die unberechenbare Bedrohung, die dem »B.« als Hort von Ebola zugeschrieben werden, dreht es sich auch in dem Film »Humboldts Erben – Der Jäger des Killervirus«, der aus einer Kooperation der Deutschen Forschungsgemeinschaft mit dem ZDF entstanden ist. In einer Kurzbesprechung des Films heißt es: »In den Regenwäldern Zentralafrikas lauert einer der gefährlichsten Feinde der Menschheit: Ebola. Etwa alle zwei bis drei Jahre sorgt das Todesvirus für grauenerregende Epidemien, um kurz darauf wieder spurlos im Busch zu verschwinden. Bis heute rätseln Virenforscher, in welchem Tier sich Ebola verbirgt, bevor es erneut auf einen Menschen überspringt. Der Arzt und Epidemiologe Matthias Borchert hat die Spur des Killervirus aufgenommen.«[9]

Auch im Zusammenhang mit der Konstruktion von »B.« als undurchdringlichem Gefahrenherd ist die Bedeutungsübertragung von Natur auf die Lebensform der Menschen bedeutsam. So wie »B.« als nicht beherrscht und ungeordnet konzipiert wurde, so wird dies durch die Übertragung bis heute auch Gesellschaften in Afrika zugeschrieben. Durch eine unterstellte Verschmelzung mit der Natur wurden und werden den Gesellschaften, die als im »B.« lebend konstruiert wurden, »Kulturlosigkeit«, → »Primitivität« und »Animalität« zugeschrieben. Diese Stereotype sind Zeugnis gängiger ethnozentristisch-rassistischer Konstruktionen und Einstufungen.

Heute wird der Begriff auch mit Bezug auf Landschaften in Mittel- und Südamerika, in Australien, in Asien und Ozeanien verwendet. Der Grund für diese Ausweitung lag und liegt in der Konnotation des Begriffs »B.« im kolonialen afrikanischen Kontext mit den erwähnten Stereotypen wie Undurchschaubarkeit, Undurchdringlichkeit und einer behaupteten »Primitivität« und »Kulturlosigkeit« der Bevölkerung. Die Zuschreibung »B.« wird nicht nur in diesen Zusammenhängen oft analog zum Begriff »Dschungel« gebraucht.

Der Begriff »B.« ist in vielen Zusammenhängen und Zusammensetzungen als immer noch aktuell anzusehen. Davon zeugt zum Beispiel die Übertragung des Begriffs als Metapher auf den deutschen Kontext im Kompositum »B.zulage«. Mit dieser Bezeichnung wurden die finanziellen Sonderaufwendungen für Beamtinnen und Beamte sowie Angestellte aus den so genannten alten Bundesländern bezeichnet, die ihren Dienst in den so genannten neuen Bundesländern antraten. Dieser Begriff reproduziert und verfestigt die an obiger Stelle beschriebenen Vorstellungen der »Zurückgebliebenheit« und »Primitivität« der durch den Begriff »B.« beschriebenen Gebiete. Gleichzeitig demonstriert diese

Bezeichnung die starke und aktuelle Verankerung des Begriffes »B.« als abwertende Bezeichnung von Kultur- und Lebensräumen. Das kolonial geprägte, abwertende Konzept von »B.« wird so auf andere Bereiche übertragen und verfestigt so gleichzeitig diese kolonialistisch geprägten Vorstellungen weiter.

Wie oben gezeigt, ist eine Verwendung des Begriffs in Kontexten der Beschreibung von sowohl Vegetationszonen als auch Kulturräumen nicht nur fragwürdig, da sie verallgemeinernd und vereinfacht. Für den Kontext von Kulturräumen wirkt sie zudem diskriminierend.

Eine sinnvolle Methode der Benennung von Vegetationszonen ist eine Bezugnahme auf die Kategorien der botanischen Wissenschaften, wie z.B. Savannenformationen, die keine kolonialen Konnotationen aufweisen und zudem viel genauer ausdifferenzieren. Vor allem ist es abzulehnen, diesen Begriff zur Bezeichnung von Kulturräumen zu verwenden.

Stefan Göttel

Anmerkungen

[1] Eberhard, Johann August. *Synonymisches Handwörterbuch der deutschen Sprache*. Leipzig 1896: 743.

[2] *Wörterbuch der deutschen Gegenwartssprache*. Bd.1. Berlin 1977: 706.

[3] *Wahrig. Deutsches Wörterbuch*. Mannheim, Wien, Zürich 1991 (Auflage von 1986): 309.

[4] Ebenda.

[5] *Brockhaus-Wahrig. Deutsches Wörterbuch*. Bd. 2. 1981: 60.

[6] *Duden. Deutsches Universalwörterbuch*. Leipzig, Mannheim, Wien, Zürich 2001: 327.

[7] *Brockhaus. Die Enzyklopädie. Deutsches Wörterbuch* I-III (Bd. 28-30). Bd. 29. Mannheim 1999: 3690.

[8] Vgl.: http://www.amazon.de

[9] Vgl.: http://www.zdf.de

»Buschmänner«

»**Buschmänner**, Volk im südwestlichen Afrika ... wahrscheinlich die Urbewohner des Landes, Saan (Sân) oder Sagua (Singular Maskulinum Sap, Femininum Sas), die sich selbst die ›Sesshaften‹ nennen ... Der Name B. (Bosjemans, ›Waldmenschen‹) ward ihnen von den ersten holländischen Kolonisten des Kaplandes gegeben ... [Sie] wohnen ... überall nur horden- und stammweise in den traurigsten und ödesten Landstrichen ... Sie sind hager und klein (Maximum 144 cm), dabei von großer Häßlichkeit der Gesichtszüge, sonst aber wohlgebildet, äußerst gewandt und der unglaublichsten Anstrengung fähig. Ihre Farbe wechselt zwischen Hellgelb und Dunkelbraun. Sie haben kurzes Wollhaar, dessen einzelne Kräusel sich in zolllange Löckchen verlängern, welche herabhängen und bei vielen Stämmen mit Sorgfalt gepflegt werden. Sie sind träge, roh, grausam, rauf- und raubsüchtig; doch zeichnen sich die Frauen durch Keuschheit aus ... Sie gehen ganz nackt, tragen nur auf dem Rücken ein kleines Fell, leben in Höhlen, Felsspalten, an der Bergwand, in einem ausgehöhlten Ameisenhaufen etc. oder in zerbrechlichen Hütten aus Matten und bauen höchstens etwas wilden Hanf zum Rauchen: Sonst sind ihnen Ackerbau wie Viehzucht fremd. Haben sie kein Wild, so nähren sie sich von Ameiseneiern, Heuschrecken, wilden Honig und den kleinen Zwiebeln der zahlreichen Irisarten ihres Gebietes. Wilde Tiere fangen sie in Gruben, durch giftiges Wasser etc. ... Früher waren sie der Schrecken der Grenzdistrikte, und noch in neuerer Zeit fürchteten Kolonisten wie Hottentoten trotz ihrer Feuergewehre die Raubanfälle der B. Alle Bemühungen, die B. zu zivilisieren, sind an ihrem unüberwindlichen Hang zum vagabundierenden Leben gescheitert. Nur jung gefangen, sind einzelne treue und nützliche Hirten der Bauern geworden und haben sich für gute Behandlung dankbar gezeigt. Sie haben eine unbestimmte Vorstellung von einem höchsten Wesen und eine noch unbestimmtere von Mein und Dein ... Gegenwärtig hat sich ihre Zahl infolge der Vernichtungskriege holländischer und englischer Kolonisten gegen sie sehr verringert, und die fortschreitende Kultur in Südafrika arbeitet emsig an ihrem gänzlichen Untergang.«[1]

»**Buschmann**, m. im Busch, Gehölz lebender Mann, übertragen nach holländ. bosjeman, auf wilde Stämme Südafrikas, Plur. Buschmänner. Auch der Orangutang wird so genannt – Buschwerk, n. Gebüsch.«[2]

»**Buschmänner** [niederländ. bosjemans], eigener Name Masarwa, ein ehemals ganz Südafrika bis zu den Flüssen Sambesi und Kunene bewohnendes kleinwüchsiges Eingeborenenvolk ... Wichtigste Stämme: Aikwe, Aukwe, Heikum und Kham, Kung, Nu; verwandte Stämme z.B. Abatua ...

Die B. zeigen folgende besonderen R a s s e n m e r k m a l e ... Kleiner Wuchs (durchschnittliche Größe der Männer 1,50 m, der Frauen 1,45 m), magerer Körper mit schwachen Muskulatur und vorgetriebenem Leib, großer Kopf, breite Stirn, eingesunkener Nasenrücken, stark gekennzeichnete Jochbogen, große Ohren ohne Läppchen ... Bei den Weibern ist → Steatophgie deutlich ausgebildet ... Als Kleidung dienen Gesäß- und Schamschürze ..., der Oberkörper ist mit einem Lederfetzen bedeckt; die Füße sind mit Sandalen bekleidet, deren Spitze nach unten gebogen ist, und das Vorwärtskommen auf sandigem Boden zu erleichtern ...

Die Religion ist stark mit Zauberglauben durchsetzt. Ahnenkult fehlt fast völlig.

Die voneinander stark abweichenden Sprachen der einzelnen Buschmannstämme sind im wesentlichen isolierend und unterscheiden sich dadurch von den Hottentottensprachen. Lautlich zeichnen sie sich durch sieben verschiedene Schnalzlaute aus.«[3]

»**Buschmann** ... –männer / *Urbewohner Südafrikas*«[4]

»**Buschmänner**, khoisanides Volk in Botswana, Namibia und Angola, wohl nur noch 30-50000 Personen, zur Hälfte in Botswana, etwa 145 cm groß, fahle Haut mit starker Runzelung, kurzes Kraushaar, breite Nase, ursprünglich Wildbeuter (Jagd und Sammeln von Wurzeln und Kleintieren); wohnen hinter Windschirmen aus Zweigen in Lokalgruppen zusammen (keine Häuptlinge). Die meisten B. leben heute als völlig abhängige Diener und Viehhüter innerhalb von Bantustämmen und bilden ein verachtetes Proletariat.«[5]

»**Buschmann** ... *Angehöriger eines südwestafrikan. Urvolkes*«[6]

»**Buschmänner**, kleinwüchsiges Volk in Namibia, Botswana und Angola; Wildbeuter; kein Häuptlingstum; leben in Rückzugsgebieten, heute noch rd. 55000 Menschen.«[7]

»**Buschmann** ... (Angehöriger eines in Südwestafrika lebenden Volkes); **Buschmannfrau**«[8]

»**Buschmänner** ... eigtl. = Leute, die hinter den Büschen (= hinter zusammen geflochtenen Zweigen die als Windschutz dienen) wohnen ...; Angehöriger eines in Namibia, Botswana u. Angola lebenden Volkes.«[9]

Wie aus den Lexikoneinträgen deutlich wird, werden biologistische Merkmale, Lebensweise und geografische Kriterien als Klassifikationskriterien für »B.« angeführt. Weder diese noch andere Kriterien würden aber eine Identifizierung von »B.« als einer »Gesellschaft« legitimieren. »B.« sind eine kolonialistische Erfindung, der nicht zuletzt durch den Begriff abwertende Konnotationen eingeschrieben wurden. Die verschiedenen etymologischen Erklärungsansätze können dies exemplarisch belegen.

Allgemein wird davon ausgegangen, dass »B.« auf die niederländische Bezeichnung *Bosjemans* zurückgeht, was soviel wie »Leute, die im Busch leben« bedeutet (Sparrmann 1784: *Bosjes* = »Busch«). Andere, wie z.B. Fritsch (1872) behaupten, der Begriff basiere auf »Waldmensch«, wobei die so bezeichneten Menschen auf eine Stufe zwischen Mensch und Affe gestellt werden. Wieder andere, wie z.B. Immenroth (1933), führten/führen den Begriff darauf zurück, dass die so bezeichneten Menschen »hinter zusammen geflochtenen Zweigen wohnten«.[10]

Gemeinsam ist diesen angenommenen etymologischen Herkünften des Begriffes, dass sie die so bezeichneten Menschen ausgehend von einem stereotypisierend konzeptualisierten Wohnraum bezeichnen. Dabei wird mit der kolonialistischen Konzeptualisierung des Naturraumes »Busch« als »Kulturraum« durch den Begriff »B.« suggeriert, dass die so bezeichneten Menschen im »Busch« leben. Im Tenor der kolonialen Mentalität wird Afrika damit als »Natur« (in Opposition zu Europa als »Kultur«) konstruiert. In assoziativer Verbindung mit Natur im Allgemeinen und auch »Busch« im Besonderen haften dem Begriff »B.« so Charakteristika wie »naturverbunden« und »ursprünglich«, sowie auch »wild«, → »primitiv« und »bedrohlich« an. Dabei werden rassistische Grundmuster der Erfindung von Afrika, die Einträge aus Meyers Konversationslexikon von 1897 und dem Brockhaus Lexikon von 1929 zeigen dies exemplarisch, in Bezug auf »B.« potenziert. Dies mag sich damit erklären lassen, dass es den Weißen besonders schwer fiel, die regional mobilen Gesellschaften jenseits der Küstengebiete zu beherrschen – eine Annahme, die auch in folgendem Satz anklingt: »Alle Bemühungen, die »B.« zu zivilisieren, sind an ihrem unüberwindlichen Hang zum vagabundierenden Leben gescheitert.«[11]

Diese begriffliche Konzeptualisierung von »B.« war ein wichtiges Mittel, das Vordringen europäischer Okkupator/inn/en zu legitimieren. Hinzu kommt, dass durch die Bezeichnung »Buschmänner« »Mann« als generischer Begriff für Menschen verwendet wird. Diese sexistische Sprachkonstruktion führt zu komplizierten Sprachverrenkungen wie etwa der in der aktuellen Ausgabe des *Duden. Die deutsche Rechtschreibung* zu findenden Formulierung

»Buschmannfrau«[12], was auch durch den neuerdings verwendeten Begriff »Buschmannleute« nicht besser wird.

Im Kontext der Apartheid fand diese kolonialistische Konstruktion ideologische Anwendung. Die als »B.« konstruierten Gesellschaften standen ganz unten in der Apartheidshierarchie. Durch die mehr als 100jährige Geschichte des Konstruktes hat es sich auf gesellschaftliche Wirklichkeiten, auf Macht- und Herrschaftsverhältnisse, ausgewirkt. Das macht es unmöglich, die Kategorie »B.« einfach ad acta zu legen. Heute steht frau/man vor der Notwendigkeit, dieses historisch gewachsene und politisch relevante Konstrukt zu benennen. Dazu wird zunehmend auf den Begriff »San« zurückgegriffen. »San« wurde vermutlich ursprünglich von »Sonqua« oder »Soaqua« abgeleitet, ein Name, den die »Khoi-Khoi« (oder Khoekhoen) (→ »Hottentotten«), die im 16./17. Jahrhundert lebten, ihnen gaben. »Sonqua«, ein Wort aus den »Khoikhoi-Sprachen«, bedeutet soviel wie »Leute, die anders als wir sind« und kann auch »Leute ohne Vieh« oder »Leute, die Vieh stehlen« oder »Herumtreiber/innen« assoziieren. Hier zeigt sich, dass »San« – als Synonym für »B.« – nicht nur den gleichen nicht-fundierten Konstruktionskriterien folgt, sondern zudem auch eine abwertende Bedeutung enthält. In logischer Konsequenz ist auch »Khoisan«, der als generischer Begriff für »San« und »Khoikhoi« (-Sprachen) benutzt wird, ein Konstrukt. Als Kriterium gilt, dass die hier subsumierten Sprachen Clicks enthalten. Aber zum einen legitimiert dies nicht die Konstituierung einer Sprachfamilie, zum anderen gibt es auch Sprachen, die Clicks enthalten, nicht aber unter diesen Begriff fallen.

Da es sich bei »San« ursprünglich nicht um eine Eigenbezeichnung handelt, sondern um eine Fremdkonstruktion, die den europäischen Okkupator/inn/en zu Machtlegitimierung dient, werden heute, wenn möglich, die einzelnen Namen der verschiedenen Gesellschaften, d.h. die Selbstbezeichnungen wie Hai||om, !Kung, Ju|'hoansi, Naro etc., gebraucht. Bestimmte historische und soziale Kontexte machen es jedoch notwendig, mit dem Konstrukt »B.« zu operieren. Dann wird vorzugsweise auf »San« zurückgegriffen. Durch Anführungszeichen wird dabei die dem Begriff »San« immanente Problematik markiert.

Andriana Boussoulas

Anmerkungen

[1]   *Meyers Konversations-Lexikon.* Bd. 3. Leipzig, Wien 1897: 739-740.
[2]   Heyne, Moriz *Deutsches Wörterbuch.* Bd. 1. Leipzig 1905: 522.
[3]   *Der Große Brockhaus. Handbuch des Wissens in zwanzig Bänden.* Bd. 3. Leipzig 1929: 552-553.
[4]   *Wörterbuch der deutschen Gegenwartssprache* Bd. 1. Berlin 1977: 706.
[5]   *Meyers Großes Universallexikon in 15 Bänden.* Bd. 3. Mannheim, Wien, Zürich 1981: 96f.
[6]   Wahrig, Gerhard. *Deutsches Wörterbuch.* München 1986: 309.
[7]   *Meyers Taschenlexikon in 12 Bänden.* Bd. 2. Mannheim, Leipzig, Wien, Zürich 1996: 552.
[8]   Duden. *Die deutsche Rechtschreibung.* Leipzig, Mannheim, Wien, Zürich 2001: 253.
[9]   Brockhaus. *Die Enzyklopädie. Deutsches Wörterbuch* I-III (Bd. 28-30) Bd. 28. Mannheim, Leipzig 1999: 875.
[10] zit. in: Ernst, Michael *Die Khoisaniden. Anthropologische und physisch-antropologische Untersuchungen über die Buschmänner und Hottentotten,* Dissertation zur Erlangung des akademischen Grades eines Doktors der Philosophischen Fakultät der Universität des Saarlandes, 1988: 16. Diese Dissertation basiert auf »Rassentheorien« und ist an keinem Punkt kritisch. Vielmehr werden weitere biologistische »Beweise« gesucht, um die Theorie aufrecht zu erhalten, dass es sich bei dem Konstrukt »San« bzw. »B.« um eine »besondere« Spezie Mensch handelt. Sie wurde hier lediglich wegen der in ihr dargestellten Etymologie des Begriffs »B.« angeführt.
[11] *Meyers Konversations-Lexikon.* Bd. 3. Leipzig, Wien 1897: 739.
[12] Duden. *Die deutsche Rechtschreibung.* Mannheim, Leipzig, Wien, Zürich 2001: 253.

»Dritte Welt ... die Entwicklungsländer«[1]

»Dritte .... die **Dritte Welt** ... ‹bis Mitte der sechziger Jahre› *Gesamtheit der Länder, die weder dem Ostblock noch dem Block der atlantischen Staaten angehörten.* ... ‹ab Mitte der sechziger Jahre› *Gesamtheit der Entwicklungsländer.«*[2]

»Dritte Welt ... Sammelbezeichnung für Staaten Afrikas, Asiens und Lateinamerikas mit den charakterist. Merkmalen: hoher Grad an wirtschaftlicher und sozialer Unterentwicklung (Armut), hoher Anteil von Analphabeten an der Gesamtbevölkerung«[3]

»Dritte Welt ... Sammelbezeichnung für jene Länder, die weder der Ersten Welt noch der Zweiten Welt angehören und wirtschaftlich unterentwickelt sind.«[4]

»Dritte-Welt-Laden (Laden, in dem Erzeugnisse der Entwicklungsländer verkauft werden)«[5]

Der Begriff »D. W.« geht ursprünglich auf das Konzept »Dritter Weg« zurück. Anfang der 1950er Jahre wurde für die Länder, die einen alternativen Weg der Blockfreiheit zwischen den kapitalistischen und sozialistischen Ländern gehen wollten, der »Dritte Weg« als Begriff geprägt. Dieses Konzept wies den eurozentristischen Anspruch für die Länder des »Dritten Weges« zurück und entsprach dem ideologischen Selbstverständnis der Länder, die einen ökonomisch und politisch alternativen Weg bestreiten wollten. Das erste Mal trafen im Jahr 1955 auf der Konferenz in Bandung in Indonesien 29 unabhängige afrikanische und asiatische Staaten zusammen. Als Ziele der gemeinsamen Arbeit wurden das Ende des Kolonialismus und der kolonialen Wirtschaft sowie die Verstärkung des weltpolitischen Gewichtes der blockfreien Staaten formuliert.

Seit den 1960er Jahren verschob sich der ursprünglich bündnispolitische Sinn immer mehr zu einer entwicklungspolitischen Bedeutung und seitdem werden unter dem Begriff »D.W.« die Länder Asiens, Afrikas sowie Süd- und Mittelamerikas als eine Gruppe zusammengefasst, wobei nunmehr auch Länder subsumiert wurden, die im Sinne der »Nichtzugehörigkeit zu den zwei Militärblöcken« nicht zur »D.W.« gezählt hatten. Im Zuge dieses

Bedeutungswandels erhielt das Wort »D.W.« auch eine auf die veränderte Bedeutung bezogene, abwertende Konnotationen.

Mit dem Ende des Kalten Krieges ist die Vorstellung einer Unterteilung in »Erste« und »Zweite Welt«, die in dem oben zitierten Bertelsmann Lexikon-Eintrag von 1992 noch zu finden ist, irrelevant geworden. Länder, die als »Zweite Welt« kategorisiert worden waren, wurden entweder der »Ersten« oder der »Dritten Welt« zugeordnet. Durch den Wegfall der vermeintlichen »Zweiten Welt« wurde der konstruierte hierarchisierende Abstand der »D.W.« zum »Rest der Welt« noch vergrößert. Die Vorstellung eines gleichzeitig räumlich pauschal als Nord-Süd konzeptualisierten Gegenpols wurde zusätzlich verstärkt.

Mit »D.W.« wird heute pauschal eine Gruppe von Ländern bezeichnet, denen aus westlicher Perspektive »Unterentwicklung« unterstellt wird. Zunächst einmal ist die Kategorisierung und Bezeichnung als »D.W.« insofern problematisch, als durch den Begriff eine Homogenität einer großen und sehr unterschiedlichen Ländergruppe suggeriert wird. Bei den so zusammengefassten Ländern handelt es sich um weit mehr als 100 Länder, die unterschiedliche Staatsformen, Strukturmerkmale, Sprachen, Kulturen, Religionen und Interessen haben. Es existieren Unterschiede zwischen und sogar innerhalb dieser Länder, selbst in Bezug auf die Kriterien, auf deren Grundlage diese Zuordnung erfolgt. Die sozialökonomisch nicht privilegierten Länder werden im Westen gemeinhin, u.a. geprägt durch eine eurozentristische Wahrnehmung und auch bedingt durch ein defizitäres Wissen über sie, als eine Einheit angesehen, die so begrifflich zum Ausdruck kommt und sich weiter verfestigt.

Zudem sind die Kriterien, auf deren Grundlage darüber entschieden wird, ob ein Land zu der Gruppe der so genannten »D.W.« gezählt wird, als problematisch zu bewerten. Diese beziehen sich vor allem auf ökonomische Konvenienz. So werden beispielsweise das Pro-Kopf-Einkommen oder auch das Brutto-Inlandsprodukt, sowie auch die Lebenserwartung, die Alphabetisierungsrate, die Kalorienversorgung pro Kopf oder der Stromverbrauch als Kriterien zu Grunde gelegt.[6] Bei diesen Faktoren handelt es sich durchgängig um Indikatoren, die durch westliche Werte und Maßstäbe geschaffen worden sind. Ihnen ist damit die westliche Weiße Perspektive als vorgeblich

»neutrale« und »vorbildliche« eingeschrieben. Dabei können aber die Legitimität und der Sinn der Übertragung in Frage gestellt werden. So ist beispielsweise in vielen Ländern Afrikas der informelle Sektor sehr hoch, oder die Menschen leben in Subsistenzwirtschaft. Beide Faktoren werden aber nicht erfasst und somit kann auch das Pro-Kopf-Einkommen und das Bruttoinlandsprodukt nicht genau bestimmt werden. Auch sind Indikatoren wie beispielsweise der Stromverbrauch sehr fragwürdig, denn die Setzung dieses Merkmals impliziert, dass ein hoher Stromverbrauch erstrebenswert sei. Zugleich wird dabei u.a. vernachlässigt, dass der hohe Stromverbrauch in den Ländern Westeuropas und Nordamerikas nur dadurch überhaupt möglich ist, dass er in anderen Ländern niedrig ist. Oder andersherum gesagt: ein Stromverbrauch für alle Menschen auf der ganzen Welt, wie zum Beispiel die USA ihn praktizieren, ist mit der globalen Energiepolitik nicht realisierbar.

Heute fließen zunehmend auch andere Assoziationen in die Verwendung des Begriffs »D.W.« ein. Im Alltagsverständnis wird »D.W.« u.a. auch mit Hunger, Armut und Katastrophenszenarien wie Überbevölkerung und Massenelend, aber auch mit »organisiertem Drogenhandel« assoziiert. Auch hier wird gewertet, verallgemeinert und verabsolutiert. Das kann zu diskriminierenden Gedankenketten führen. Der Erziehungswissenschaftler Wulf Schmidt-Wulfen hat in seiner Analyse des Afrikabildes bei deutschen Schülerinnen und Schülern herausgefunden, dass Ghana etwa mit Hungerkatastrophen sowie »organisierter Kriminalität« und »organisiertem Drogenhandel« in Zusammenhang gebracht wird. Diese Einschätzung entbehrt jeder realen Grundlage und lässt sich nur daraus erklären, dass Ghana auch über die Kategorie »D.W.« wahrgenommen wird.[7]

Die Bezeichnung »D.W.« impliziert eine Opposition zu einer imaginären »Ersten«, bei der die so genannte »D.W.« eine klare Abwertung erfährt und die Länder der so genannten »Ersten« automatisch aufgewertet werden. So wird die implizit als Opposition zu »D.W.« gesetzte »Erste Welt« allgemein mit zum Beispiel Industrialisierung, Fortschritt, Wohlstand, Demokratie und → »Zivilisation« assoziiert – was sich auch darin niederschlägt, dass als Analogiekonstrukt nicht der Begriff »Erste Welt«, sondern »Industrienationen« fungiert. »D.W.« wird hingegen häufig synonym mit dem ebenfalls problematischen Ausdruck → »Entwicklungsland« verwendet.

Mit dieser Hierarchisierung werden die Privilegien, ökonomischen Werte und Auffassungen der westlichen Länder als Norm gesetzt und gerechtfertigt. Die Verwendung des Begriffs »D.W.« impliziert zugleich auch, dass der Status der als »D.W.« konstruierten Länder sich unabhängig von den so genannten »Industrieländern« vollzieht. Damit wird unsichtbar gemacht, dass sich der Wohlstand der sozialökonomisch privilegierten Länder vor allem aus einer Ausbeutung der ehemals kolonialisierten Länder finanziert. Zudem bleibt durch die Kategorisierung in »Erste« und »D.W.« ausgeblendet, dass auch in den westlichen Ländern kein homogener sozialökonomischer Status für alle Bürger/innen besteht, sondern es ein sozialökonomisches Gefälle gibt. Letztlich gibt es keine drei Welten, sondern nur eine Welt.

Der alternative Begriff »Eine Welt« geht von den Verflechtungen aus, die sich aus der Einheit unseres Planeten ergeben und global die entsprechenden sozialen und ökonomischen Folgen zeitigt. Zudem impliziert er auch historische Verantwortlichkeiten, die insbesondere die ehemaligen Kolonialländer gegenüber ihren früheren Kolonien noch heute tragen. Darüber hinaus beinhaltet »Eine Welt« auch die Tatsache, dass der Wohlstand der einen auf dieser Welt zu Lasten von sozial-politischer und ökonomischer Armut der anderen zustande gekommen ist und sich bis in die Gegenwart permanent auf dieser Grundlage reproduziert.

Aus den angeführten Gründen sollte auf eine Verwendung des Begriffs »D.W.« völlig verzichtet werden. Als alternativer Sprachgebrauch wird eine ausdifferenzierte Benennung der einzelnen Länder, Regionen und Städte vorgeschlagen, um Verallgemeinerungen und Hierarchisierungen, deren Grundlagen unsichtbar bleiben, zu vermeiden. Es sollte in jedem Fall konkret beschrieben werden, um welche Aspekte es geht, wenn mehrere Länder begriffsmäßig zu einer Gruppe zusammengefasst werden. Die dieser begrifflichen Zusammenführung zu Grunde liegenden Normen und Wertvorstellungen sollten reflektiert und explizit gemacht werden.

Katharine Machnik

ohne Titel, Moise Ngolwa, 2003

Moise Ngolwa ironisiert auf sarkastische Weise in seinem Kunstwerk, wie die »Dritte Welt«
als Ausbeutungsobjekt für die »Erste Welt« lebensnotwendig ist.

Anmerkungen

1. *Der kleine Wahrig. Wörterbuch der deutschen Sprache.* Mannheim 1978: 243.
2. *Brockhaus-Wahrig. Deutsches Wörterbuch in sechs Bänden.* Bd. 2. Wiesbaden, Stuttgart 1981: 294.
3. *Meyers Grosses Universallexikon in 15 Bänden.* Mannheim, Wien, Zürich 1981: 91.
4. *Bertelsmann Lexikon.* Bd. 4. Gütersloh 1992: 105.
5. *Duden. Die deutsche Rechtschreibung.* Leipzig, Mannheim, Wien, Zürich 2001: 307.
6. Vgl.: BMZ (Hrsg.). *Medienhandbuch. Entwicklungspolitik.* Berlin 2000: 292-296.
7. Vgl.: Schmidt-Wulffen, Wulf: »Jugendliche und ›Dritte Welt‹ - Bewusstsein, Wissen und Interessen.« in: *GW-Unterricht* (Wien) Nr. 66/1997: 11-20, hier: 15.

»Dschungel«

»**Dschangel** (Dschungel, engl. Jungle, Jangle), in Indien aus dem Persischen übernommene Bezeichnung für sumpfige, mit Niederwald, Gesträuch, Bambus- und Schilfdickicht, baumartigen Schling- und Kletterpflanzen bewachsene Stellen, wie sie in vielen Teilen des Landes an dem Fuß der Gebirge vorkommen ..., in dessen feuchter Schwüle Tiger, Elefanten, Rhinozerosse, Büffel, Hirsche, Wildschweine und giftige Schlangen hausen ... «[1]

»**Dschungel**, Dschangel, engl. Jungle [neuind. dschangal], w, ursprünglich der lichte, gras- und schilfreiche Buschwald des subtrop. Indiens, bes. des Gangesdeltas und des wildreichen Tarai (Hügelvorland des Himalaja), in erweitertem Begriff auch der hochwüchsige subtrop. Urwald Vorder- und Hinterindiens«[2]

»**Dschungel** ... *undurchdringlicher, sumpfiger, schilf- und bambusreicher Buschwald in den (sub)tropischen Tiefländern Indiens*: ein undurchdringlicher, dichter D.; auf Jagd in den D. gehen; in den Dschungeln Indiens; /bildl./ Folglich gibt es heute nur ein einziges Recht, nämlich ... das Gesetz des Dschungels (*den rücksichtslosen Kampf des Stärkeren gegen den Schwächeren*) WERFEL Veruntreuter Himmel 243; /übertr./ sie tauchten aus dem Dschungel des angrenzenden Großstadtviertels auf I. Seidel Lennacker 612; sich im D. der Bürokratie, Verordnungen verirren, nicht zurechtfinden.«[3]

»**Dschungel** ... Ausdruck für ›undurchdringlicher tropischer Sumpfwald‹ wurde im 19. Jh. aus gleichbed. *engl.* jungle entlehnt, das aus *Hindi* jangal ›Wildnis‹ (< *aind.* jangala-h) stammt.«[4]

»**Dschungel** ... undurchdringlicher tropischer Sumpfwald«[5]

»**Dschungel** ... (undurchdringlicher tropischer Sumpfwald; *auch übertr. für* Dickicht, dichtes undurchschaubares Geflecht) Dschungelkrieg; Dschungelpfad«[6]

Mit »D.« werden allgemein verschiedene Orte und Vegetationszonen benannt, die gemeinsame Merkmale wie tropisches Klima und vor allem eine starke Vegetation aufweisen. Gerade diese auf ein Charakteristikum zugespitzte Konzeptualisierung der Vegetation ist einer der Gründe für eine gleichzeitige Assoziation mit Undurchdringlichkeit und Undurchschaubarkeit. Die Zuschreibung »D.« ist aber keine genaue Kategorie im Sinne der geologischen oder botanischen Wissenschaften, da diese nach anderen Prinzipien kategorisieren und so beispielsweise eher die Zuschreibung »tropischer Regenwald« benutzen. Vielmehr beinhaltet sie eine unzulässige Homogenisierung von ganz verschiedenen (Regen-)Wäldern. Der Gebrauch ist vor allem deswegen problematisch, weil ihm bis heute koloniale Konnotationen innewohnen und stereotype rassistische Konzeptualisierungen so manifestiert werden.

Der Begriff »D.« kam im 19. Jahrhundert als Entlehnung aus dem Englischen in die deutsche Sprache, stammt ursprünglich aus dem Hindi, wo es wüster, unbebauter Boden bedeutet, und ist damit eine Zuschreibung englischer Kolonisator/inn/en.

Dabei folgte man/frau einer prinzipiellen Tendenz, für Wahrnehmungen zu den kolonialisierten Gebieten keine in Europa bereits gängigen Begriffe zu verwenden. Damit wurde der Unterschied zwischen den Kolonialmächten und den kolonialisierten Gebieten, sowie eine vermeintliche Homogenität dieser nicht-europäischen Regionen begrifflich hergestellt. Der so benannte Unterschied wurde zugleich auch gewertet. Deswegen griff man/frau für den kolonialen Kontext nicht auf den bekannten und gebräuchlichen Begriff »Wald«, sondern auf »D.« als Bezeichnung zurück. Jedoch beinhaltete der Begriff »D.« von Anfang an abwertende Konnotationen. Diese speisten sich u.a. auch aus Komponenten des auch in der deutschen Sprache enthaltenen Mythos »Wald«, der sich zum Beispiel in vielen Märchen spiegelt, etwa in »Hänsel und Gretel«. Besonders eine Angstdisposition spielte so bei der inhaltlichen Besetzung des Begriffes eine Rolle. So kann »D.«, analog zum »Mythos Wald« in Volksmärchen, als Kulisse für das imaginierte, sich im Verborgenen abspielende Geheimnisvolle und Unheimliche dienen. In einer psychoanalytischen Betrachtung wird davon ausgegangen, dass es sich hierbei um eine Projektion des Unbewussten handelt.

Die schon angesprochene Undurchdringlichkeit und Undurchschaubarkeit in Verbindung mit einer Angstdisposition lassen auch die oft verwendete Metapher von den »Augen und Ohren« des »D.s« verständlich werden. Unbekanntheit, Undurchschaubarkeit und heimliche Angstdispositionen können eine ablehnende Einstellung zum Begriff »D.« entwickeln oder mit ihm transportieren.

Daneben wurden »D.« andere koloniale Konnotationen zugeschrieben. So werden mit dem Begriff im allgemeinen Chaos und → »Primitivität« assoziiert.

Diese Bedeutungsinhalte von »D.« wurden von Anfang an auch auf die Menschen und Kulturen dieser Regionen, also auf die Bewohner/innen der so eigentlich beschriebenen Vegetationszonen, ausgeweitet. Diese Bedeutungsübertragung von Natur auf menschliche Lebensräume realisiert sich über die Darstellung des »D.s« als »vorkultureller Antipol« zur »kultivierten Welt« der (ehemaligen) Kolonisator/inn/en. Diese Darstellung baut auf einer eurozentristischen Unwissenheit sowie einer Weißen westlichen Normsetzung auf und stellt ein Grundparadigma des Rassismus dar. In einem metonymischen Übertragungsverfahren wurden Menschen und Kulturen in den Kolonien auf dieser Grundlage Konnotationen wie etwa eine angeborene »Primitivität«, die mit Dummheit einhergeht, ein mangelndes Empfinden für Kultur und Gesetz, Wildheit, Animalität sowie Naturverbundenheit, die sie zum Bindeglied zwischen Tier und Mensch stilisiert, unterstellt.

Das zeigt sich exemplarisch auch in Edgar Burroughs *Tarzan* (1914) sowie in *Das Dschungelbuch*, dessen Autor Rudyard Kipling (1893) ein Kolonialpropagandist war. Überhaupt haben Darstellungen in der Literatur wie auch im Film (z.B. *King Kong*, *Apocalypse Now*, *Platoon*) wesentliche Bedeutungsinhalte des Begriffes »D.« durchgesetzt. In Joseph Conrads *Heart of Darkness* (1902) als auch in anderen nicht afrikabezogenen filmischen und literarischen Darstellungen werden der »D.« und seine Bewohner/innen als das Gefährliche, das bekämpft und unterworfen werden müsse, präsentiert. So wird zum Beispiel in vielen Filmen über den Vietnamkrieg nicht nur die militärische Gegnerschaft betont, sondern zusätzlich auch die Feindseeligkeit des »D.s«.

Verschiedene Anzeichen sprechen dafür, dass sich die Angstdisposition gegenüber dem »D.« momentan verändert bzw. ergänzt wird. So tritt in verschiedenen Medien (z.B. Roland Emmerichs *Outbreak*) eine neue Identifikation des »D.s« als Ansteckungsherd für diverse tödliche Krankheiten in den Vordergrund, stellt damit eine »moderne« Version des Mythos des Unbekannten dar und erhält die psychologische Abwehrreaktion vor dem Unbekannten aufrecht. An dem Moment der Gegnerschaft und Abwehr bzw. der Existenz kolonialer diskriminierender Stereotype ändert dies nichts, sie bedienen sich nur anderer Angstimaginationen, die jedoch weiterhin auch mit einer Konzeptualisierung von »D.« konform gehen bzw. auf diese übertragen werden.[7]

Von dieser kolonialen und diskriminierenden Einstellung waren und sind jedoch nicht nur die Menschen, die in diesen Gebieten leben, betroffen. Alle Schwarzen Personen, auch Migrant/inn/en oder Tourist/inn/en, müssen in Deutschland oftmals rassistische Äußerungen über sich ergehen lassen, in denen ihnen unter Bezugnahme auf den Naturraum »D.« etwa »Primitivität« unterstellt wird. Auch Anspielungen auf eine »exotische« Sexualpraktik sind in diesem Zusammenhang nicht selten.

Eine aktuelle Anwendung des Begriffs »D.« findet somit in allen seinen Verwendungsweisen jenseits einer Beschreibung von Naturräumen statt. Die Benutzung des Begriffs als Metapher in vielen anderen Kontexten hat mit einer konzeptuellen Übertragung der Konnotationen Chaos und Unüberschaubarkeit zu tun. Es finden sich unzählige Beispiele, in denen komplexe Bereiche wie Städte, Verkehrsnetze, das Internet, Bibliotheken und Gefühlswelten etc. mit dem Begriff »D.« metaphorisch beschrieben und ergänzt werden.

Aus den obigen Ausführungen ergibt sich, dass »D.« nicht wertneutral verwendet werden kann. Oft wird → »Busch« als Synonym gebraucht. Dieser folgt jedoch einem ähnlichen Paradigma wie »D.« und bezieht sich abwertend auf Natur- sowie Kulturräume in den ehemaligen Kolonien. Als Alternativbegriff, dem diese koloniale Abwertung fehlt, gilt gemeinhin der Begriff Regenwald oder einfach Wald.

Stefan Göttel

Anmerkungen

[1] *Meyers Konversations-Lexikon.* Bd. 5. Leipzig, Wien 1897: 230.

[2] *Der Große Brockhaus.* Bd. 5. Leipzig 1930: 139.

[3] *Wörterbuch der deutschen Gegenwartssprache.* Bd. 2. Berlin 1977: 862.

[4] *Duden. Das Herkunftswörterbuch.* Mannheim, Wien, Zürich 1997: 138.

[5] *Brockhaus. Die Enzyklopädie. Deutsches Wörterbuch I-III* (Bd. 28-30). Bd. 28. Mannheim 1999: 875.

[6] *Duden. Die deutsche Rechtschreibung.* Leipzig, Mannheim, Wien, Zürich 2001: 309.

[7] Siehe dazu auch den Eintrag S. 97-101.

»Eingeborene/Eingeborener«

»Der **Eingeborne** muß in dem Lande, dessen *Eingeborner* er ist, geboren sein. Ein Ausländer kann ein *Einheimischer,* aber nie ein *Eingeborner* in einem Lande werden. Ein *Eingeborner,* sofern er die Rechte und Pflichten eines Staatsunterthanen hat, ist ein *Landeskind.*«[1]

»**eingeboren** .... in einem Lande oder Ort geboren: die E i n g e b o r e n e n , im Ggs. zu den Fremden, die Inländer, die Landeskinder...«[2]

»**eingeboren** .... als einziges Kind (~er Sohn); einheimisch,. ererbt; angeboren; *E.e* ... Ureinwohner, Einheimischer, Altbürger; *E. frage* ... Problem der Behandlung der Eingeborenenstämme; *E. sprache* .... Ursprache eines Landes, Sprache der Ureinwohner«[3]

»**Eingeborener** .... Ureinwohner, Ursasse, Landsmann ... Bewohner, Eingesessener, Einheimischer, Inländer ... Staatsangehöriger, Bürger, Einwohner ... Ausländer, Fremder.«[4]

»**eingeboren** ... 1. *in einem Lande, Ort geboren:* die e. Bevölkerung; die Eingeborenen betrachteten mißtrauisch die Auswärtigen ... Eingeborene .... *Ureinwohner(in):* ein Eingeborener des schwarzen Kontinents; die Eingeborenen wurden zurückgedrängt; bewaffnete, friedliche E.«[5]

»**Eingeborene,** Angehörige(r) eines Naturvolkes; ursprünglicher Bewohner bzw. Bewohnerin eines später von einem anderen Volk, einer anderen Rasse besiedelten Gebietes: die Eingeborenen Australiens. sinnv.: Bewohner, Einheimischer, Indianer, Neger, Urbevölkerung, Ureinwohner.«[6]

»**Eingeborene** (veraltend): *Angehörige[r] eines Naturvolkes; Ureinwohner[in]*«[7]

Im Kontext von transatlantischem Sklavenhandel und Kolonialismus wurde das Verb »eingeboren« in substantivierter Form zur Bezeichnung von Menschen in kolonisierten Gebieten herangezogen. Dabei wurden zum einen ganz verschiedene Kulturen subsumiert und so pauschal zum »Anderen« stilisiert. Zum anderen wurde mit den »E.n « im kolonialen Raum von Anfang an »Unzivilisiertheit«, »Barbarei«, »Heidentum« und → »Kannibalismus« assoziiert, wodurch Bilder wach gerufen wurden, die sich aus dem kolonial geprägten Afrikadiskurs, nicht aber gesellschaftlichen Realitäten ergaben. Zudem ist dem Begriff immanent, dass die Menschen, die im kolonisierten Gebiet leben, dort lediglich »geboren« worden sind, aber keine Rechtsansprüche auf das Land besitzen. Damit wurde die bis dahin gängige Semantik des Begriffes, die exemplarisch noch aus den ersten beiden Lexikoneinträgen zu ersehen ist, unterwandert, wonach »eingeboren« mit »in einem Land geboren« paraphrasiert und mit »Fremden« und »Ausländer/inne/n« kontrastiert werden kann. Dieser Ansatz korrespondiert mit der Praxis, dass die im Zeitalter von Kolonialismus in Afrika lebenden Europäer/innen als Afrikaner/innen bezeichnet wurden sowie der euphemistischen Formulierung von der »Entdeckung« der »Neuen Welt«, die nichts anderes als eine Eroberung war.

Verzeichnen die Wörterbücher der 1950er und 1970er Jahre eine Koexistenz der Konnotationen, als Synonym für »Ureinwohner« bzw. »Angehörige[r] eines Naturvolkes« einerseits sowie als Synonym für Einheimischer oder Inländer andererseits, werden heute – vermutlich auch infolge der Übertragung des Wortes auf den kolonialen Raum –, weder der Begriff »E.« noch Komposita wie etwa »E.sprache« auf Europa übertragen. Weiße sind nirgendwo »E.«. Heute wird der Begriff, das untermauern auch die aktuellen Wörterbücher, nur auf Schwarze in Afrika, Asien, Australien und Südamerika angewendet.

Der Begriff »E.« kann ersatzlos gestrichen werden. »Ureinwohner/in« ist kein überzeugender Ersatz, weil er auf einem ähnlichen Konzept wie »E.« aufbaut – mit dem Begriff »Ureinwohner/innen« werden nur Schwarze in ehemaligen Weißen Kolonien bezeichnet. Ihm haften abwertende Konnotationen wie etwa »fehlende Zivilisation« und → »Primitivität« an. Die Vorsilbe »ur« weckt Assoziationen einer längst vergangenen Zeit und damit einer Rückschrittlichkeit. Sie impliziert, ähnlich wie »E.«, dass das aus westlicher Sicht zum »Anderen« gemachte sich auf einer niedrigeren Entwicklungsstufe befindet als das »Eigene«. Indem sie darauf reduziert werden, im besten Fall Träger/innen einer »Kultur« (aus einer lange zurückliegenden Epoche) zu sein, werden sie auch in einem anderen Rechtsraum verortet als »Einwohner/innen«. Wenn den »Ureinwohner/inne/n« »Einwohner/innen« gegenüber stehen, nicht etwa »Späteinwohner/innen«, manifestiert sich ein asymmetrisches Verfahren, dass »Nicht-Ureinwohner/innen« zur Norm erhebt. Auch Einheimische/r ist kein adäquater Alternativbegriff, weil er für den Weißen westlichen Kontext ebenfalls kaum Verwendung findet, sondern höchstens mit Bezug auf Bewohner/innen eines regional begrenzten Raums, wie etwa einem Dorf.

Je nach Kontext kann man von Bewohner/inne/n oder der Bevölkerung eines Landes, von in einer bestimmten Gegend lebenden Menschen bzw. in einer bestimmten Region beheimateten Menschen, Kulturen oder Gesellschaften sprechen. Dabei ist es aber wichtig, historische Kontexte und Hierarchien nicht zu verwischen, also etwa durch Benennungen wie *First Nations People of America* Kolonialisierungsprozesse zu markieren. Ähnliches gilt für die Benennung der ersten in Australien beheimateten Gesellschaften, die »Aboriginies« genannt werden, was ebenfalls eine Fremdbezeichnung ist, in der »aboriginal« steckt, was übersetzt so viel heißt wie »I. ... 1. eingeboren ... II. ... 2. Ureinwohner .... 3. einheimisches Tier, einheimische Pflanze«.[8] Entsprechend der Benennung Europäer/in, Deutsche/r, Schwabe/Schwäbin ist beispielsweise auch von Afrikaner/inne/n, Nigerianer/inne/n oder Yoruba zu sprechen.

Susan Arndt

Anmerkungen

[1] Eberhard Johann August. *Synonymisches Handwörterbuch der deutschen Sprache.* Leipzig 1896: 620.

[2] Wesseln-Schmidt. *Deutscher Wortschatz. Handwörterbuch der deutschen Sprache auf grammatisch-stilistisch-orthographischer Grundlage nebst Fremdwörterbuch.* Berlin 1925: 244.

[3] Mackensen, Lutz. *Deutsches Wörterbuch.* Laupheim 1955: 219.

[4] Peltzer, Karl. *Das treffende Wort. Wörterbuch sinnverwandter Ausdrücke.* Thun, München 1970.

[5] *Wörterbuch der deutschen Gegenwartssprache.* Bd. 2. Berlin 1977: 947.

[6] *Duden. Bedeutungswörterbuch.* Mannheim, Wien, Zürich 1985: 204.

[7] *Brockhaus. Die Enzyklopädie. Deutsches Wörterbuch I-III (Bd. 28-30). Bd. 28.* Mannheim 1999: 949.

[8] *Langenscheidts Großwörterbuch. Der kleine Muret-Sanders. Englisch-Deutsch.* Berlin, München, Wien, Zürich, New York 1985: 32.

ohne Titel, Moise Ngolwa, 2003

Moise Ngolwa skizziert eindringlich, auf wessen Schultern die Globalisierung lastet und wer davon profitiert.

»Entwicklungsland«

»**Entwicklungsland** .... im Vergleich zu den europäischen Industrienationen wirtschaftlich unterentwickeltes Land.«[1]

»**Entwicklungsland** ... Neuprägung BRD *wirtschaftlich schwachentwikkeltes Land* ...«[2]

»**Entwicklungsländer,** Bez. für Länder mit vergleichsweise niedrigem wirtschaftl. Entwicklungsstand (u.a. geringes Pro-Kopf-Einkommen), heute oft gleichgesetzt mit Dritte Welt. Gemeinsame Hauptprobleme sind: mangelnde Industrialisierung; überwiegende, oft rückständige Landwirtschaft; häufig bei exportorientierter Monokultur; Importabhängigkeit bei Lebensmitteln und Ind.gütern; hohe Arbeitslosigkeit, geringe Arbeitsproduktivität; Unterernährung großer Bevölkerungsteile bei starkem Bevölkerungswachstum; mangelnde Infrastruktur; Verschuldung. Hinzu kommt in zahlreichen E., daß eine politisch maßgebliche Oberschicht notwendige Veränderungen verhindert ... Die UN führte 1970 für die E. die Bezeichnung Less developed countries ... ein. Kriterien für die Einordnung in die Gruppe der Least developed countries ... sind ein Bruttoinlandsprodukt (BIP) je E. unter 355 Dollar, ein Anteil der Ind.produktion am BIP von höchstens 10% und eine Rate des Analphabetismus von mehr als 80% der Bev. unter 15 Jahren ... (Nord-Süd-Konflikt).«[3]

»**Entwicklungsland** ... im Vergleich zu den Industrienationen wirtschaftlich unterentwickeltes Land.«[4]

Das Substantiv »E.« besteht aus einem substantivierten Verb, entwickeln, und dem Substantiv Land. Das Verb entwickeln bedeutet so viel wie »entstehen, (sich) entfalten, in einem Prozess voranschreiten«. Durch die Substantivierung wird dieser Prozess des Entwickelns zu einem Zustand gemacht. In Kombination mit Land wird so eine abgrenzbare Region als im Zustand der Entwicklung bezeichnet. Dieses Konzept setzt eine hierarchische Werteskala (von »nicht entwickelt« hin zu »voll bzw. fertig entwickelt«) voraus und bringt bestimmte Sachverhalte so in eine hierarchische »Ordnung«. Diese implizite Bewertung und die dahinter stehende Dynamik wird in dem Begriff »E.« ausgeblendet. »E.« wird so häufig dann auch als sich auf einer »Vorstufe« zur fertigen → »Zivilisation« befindend wahrgenommen, wobei diese als Norm und Wert konstruiert wird. Implizit wird »E.« als in Opposition zu Industrienationen (als zu erreichende Normalität) stehend hergestellt.

Als »E.« werden Länder bezeichnet, die, aus der Perspektive der so genannten »Industrieländer«, als »unterentwickelt« gelten. Hier manifestiert sich eine konzeptuelle Nähe zum Begriff →»Dritte Welt«, der häufig synonym zu »E.« verwendet wird. Implizit beinhaltet »E.« aber auch Konnotationen wie »nicht fertig oder voll entwickelt«, sich aber auf einem »Entwicklungsweg« befindend oder »entwicklungsfähig« seiend. Davon ausgehend werden Länder, welche als auf der Schwelle zur »Industrienation« konstruiert werden, als »Schwellenländer« bezeichnet. Vorrangig handelt es sich dabei um Länder mit Ölvorkommen, oder um für die Weiße westliche Welt geopolitisch/strategisch »wichtige« Regionen und Länder.

Konstituierend für den Begriff »E.« ist demnach, dass der Ist-Zustand der so bezeichneten Länder aus Weißer westlicher Sicht nicht »akzeptabel« oder »fertig« ist, sondern als veränderungsnotwendig und -bedürftig einzustufen ist. Konkret sind damit Länder gemeint, die einen niedrigeren ökonomischen bzw. industriellen Standard als die Weiße westliche Welt aufweisen. Sie werden also an Weißen westlichen Maßstäben gemessen (»Dritte Welt«). Bei den so bezeichneten Ländern handelt es sich mehrheitlich um ehemalige Kolonien. Dies lässt eine konzeptuelle Nähe zu kolonialistischer Mentalität vermuten. Zudem liegen dieser Klassifikation globale Machtverhältnisse zugrunde. Klar wird, dass diese Einschätzung sich am ökonomischen Entwicklungsstand westlicher Industrieländer orientiert und diesen als Norm setzt.

Während bis 1954 die Bezeichnung »unterentwickelte Gebiete« gebraucht wurde, griff frau/man in der Folgezeit immer mehr auf »E.« zurück, der gegenüber der Bezeichnung »unterentwickelt« euphemistisch ist. Obwohl schon in den frühen 1950er Jahren Kritik an Begriffen geübt wurde, die sich aus dem Verb »entwickeln« konstituieren (wie z.B. »unterentwickelte« Länder, wirtschaftlich »unterentwickelte« Länder, »entwicklungsfähige« Länder usw.), setzte sich schließlich »E.« im öffentlichen Sprachgebrauch durch.[5]

Die Klassifizierung eines Landes als »E.« baut, ähnlich wie »Dritte Welt«, auf ausgewählten Faktoren auf, die von der OECD und von der UN festgelegt werden, dennoch aber oftmals nur implizit fassbar sind.[6] Dazu zählen etwa Aspekte wie Pro-Kopf-Einkommen, Alphabetisierungsgrad, Unterernährung großer Bevölkerungsteile etc. Andere mögliche Faktoren bleiben dabei unberücksichtigt. Damit wird mit dem Begriff »E.« eine unzulässige Homogenisierung vollzogen. Staaten mit unterschiedlichen historischen, kulturellen und ökonomischen Hintergründen und Rahmenbedingungen werden so auf einen Begriff reduziert. Dabei werden historische Prozesse und Gründe für sozialökonomische Prozesse dieser Länder – wie etwa transatlantischer Sklavenhandel und Kolonialismus – völlig ausgeblendet. Stattdessen wird, wie in dem oben zitierten Beispiel aus Meyers Taschenlexikon, oftmals »eine politisch maßgebliche Oberschicht«, die »notwendige Veränderungen verhindert«, für den Zustand dieser Länder und ihrer Bevölkerung verantwortlich gemacht. Die Verantwortung wird also den »Herrschenden« aus den jeweiligen Ländern zugeschrieben, es wird eine Autonomie der Entwicklung eines Landes und seine Eigenständigkeit suggeriert.[7]

Im Umkehrschluss dazu wird die Verantwortung der Weißen/ westlichen Welt gerade noch in der »Güte« der »Entwicklungshilfe« impliziert. Was aber jeweils der »Entwicklungshilfe« zugerechnet wird, was sie in den einzelnen Ländern bewirkt und wie sie auch eingesetzt wird, um einzelne Länder für die eigenen Zwecke zu »benutzen«, das wird nicht hinterfragt. So wird in den so genannten »Industrieländern« bereits seit Jahrhunderten Handel mit z.B. afrikanischen Ländern betrieben, doch »entwickelt« im Sinne der Definitionen der Industrienationen haben sich nur die ersteren.[8]

Bereits in den frühen 1950er Jahren wurden solche euphemistischen Begriffe wie »Bundesministerium für wirtschaftliche Zusammenarbeit«, »Hilfe zur Selbsthilfe«, »Entwicklungspolitik«, kreiert, die von der eigentlichen Intention der staatlichen Subventionen ablenken. Denn letztendlich wird verschleiert, dass die »Entwicklungshilfegelder« aus dem Kalkül politischer und ökonomischer Eigeninteressen heraus verteilt und eingesetzt werden. Auch bedeuten die von den Industrienationen in Weltbank und Internationaler Währungsfond (IWF) festgelegten Strukturanpassungsprogramme (SAP) für die meisten Länder eine weitere Absenkung ihres Lebensstandards. Schließlich ist an der Konzeptualisierung von Ländern als »E.« problematisch, dass eben diese Zuschreibung für die globale Machtpolitik instrumentalisiert wird, etwa wenn argumentiert wird, dass »E.«, da sie »E.« sind, keine größeren Stimmrechte bei dem IWF bekommen könnten.[9] Um die aktuelle Situation einzelner Länder ergründen und adäquat mit ihr umgehen zu können, ist es unerlässlich, historische, ökonomische, soziale, politische und kulturelle Rahmenbedingungen in voller Komplexität zu berücksichtigen. Für westliche Länder ist eine solche ausdifferenzierte Betrachtungspraxis eine Selbstverständlichkeit. Getreu der kolonialistischen Mentalität wird für die ehemaligen Kolonien vorzugsweise mit Schlagworten wie »Dritte Welt«, →»Bananenrepublik« oder eben »E.« gearbeitet, die homogenisieren und historische und aktuelle Verantwortlichkeiten der westlichen Welt ausblenden bzw. eine Weiße westliche Perspektive als unhinterfragten »normalen« Ausgangspunkt haben.

Vor diesem Hintergrund kann der Begriff »E.« ersatzlos gestrichen werden. Vielmehr ist es wichtig, möglichst konkret zu benennen, welche Länder(gruppen) aufgrund welcher Kriterien gemeint sind.

Andriana Boussoulas

Anmerkungen

1   *Duden. Das große Wörterbuch der deutschen Sprache in sechs Bänden.* Bd. 2. Mannheim, Wien, Zürich 1976: 712.

2   *Wörterbuch der deutschen Gegenwartssprache.* Bd. 2. Berlin 1978: 1074.

3   *Meyers Taschenlexikon in 12 Bänden.* Bd. 3. Leipzig, Mannheim, Wien, Zürich 1996: 904.

4   Duden *Deutsches Universalwörterbuch.* Leipzig, Mannheim, Wien, Zürich 2001: 473.

5   Wengeler, Martin. »Von der Hilfe für unterentwickelte Gebiete über den Neokolonialismus bis zur Entwicklungszusammenarbeit.« in: Stötzel, Georg; Martin Wengeler u.a. (Hrsg.). *Kontroverse Begriffe. Geschichte des öffentlichen Sprachgebrauchs in der Bundesrepublik Deutschland.* Berlin, New York 1995: 679-710, hier: 680-84.

6   Vgl. *Meyers Taschenlexikon.* Bd. 3. Leipzig, Mannheim, Wien, Zürich 1996: 904.

7   Siehe auch die Textanalyse, S. 224-251.

8   Vgl.: Wengeler: »Von der Hilfe für unterentwickelte Gebiete über den Neokolonialismus bis zur Entwicklungszusammenarbeit«: 681.

9   Vgl.: Schneider, Ann-Kathrin. »Wer nimmt, muss bestimmen. Die Entwicklungsländer sind von den Entscheidungen der Weltbank und des IWF direkt betroffen – mitwirken können sie an ihnen kaum. Doch Reformen sind nicht in Sicht.« in: *taz* vom 12./13. April 2003: 11.

»**Ethnizismus** (griech.), Heidentum, Glaube an mehrere göttliche Wesen; Ethniker, Heide; ethnisch, heidnisch.«[1]

»**ethnisch** ... *einer sprachlich und kulturell einheitlichen Volksgruppe ange-
hörend*: die verschiedenen e. Gruppen innerhalb eines Volkes; die e. Herkunft eines Eingeborenenstammes erforschen; Kamerun wird bewohnt
von einer ethnisch uneinheitlichen Bevölkerung *Urania* 1960«[2]

»**ethnisch:** Volks..., das Volk [als genetische Gruppe mit kulturellen
Überbauerscheinungen] betreffend, volkseigentümlich ‹*griech*› * ethni-
sche Einheit: Menschengruppe gleicher Sprache u. Kultur, die sich ihrer
Zusammengehörigkeit meist bewußt ist (z. B. Lokalgruppe, Stamm, Grup-
pe von Stämmen), ohne dass eine Konsolidierung zu einem größeren
Volk u. einer Nation erfolgt ist«[3]

»**Ethnie** ... Völkerkunde: von W. E. Mühlmann eingeführter Begriff für
Menschengruppen, die kulturell, sozial, historisch und genetisch eine Einheit bilden und sonst auch als ›Stämme‹ oder ›Völker‹ bezeichnet werden.
Mühlmann definiert E. als ›die größte feststellbare souveräne Einheit, die
von den betreffenden Menschen selbst bewusst gewollt wird.‹«[4]

»**Ethnie** ... Menschengruppe (insbesondere Stamm od. Volk) mit einheitlicher Kultur«[5]

»**Ethnie** ... [zu griech. *éthnos* = Volk(sstamm), H.u.]; (Völkerk.:) *Menschengruppe (insbesondere Stamm od. Volk) mit einheitlicher Kultur.*«[6]

»**Ethnie** ... (*Völkerk.* Volk, Stamm); ethnisch (die [einheitliche] Kultur- u.
Lebensgemeinschaft einer Volksgruppe betreffend);«[7]

Der in den 1960er Jahren von dem Anthropologen W. E. Mühlmann
eingeführte Begriff »E.« ist aus griechisch *ethnikos* »zum fremden
Volke gehörig, volkstümlich« entlehnt.[8] Da er als begriffliche
Alternative zu →»Stamm« und →»Rasse« konzipiert wurde, um
die rassistischen Konnotationen dieser Termini zu vermeiden, wird
seine »Neutralität« in der Regel angenommen und der Begriff nicht
weiter hinterfragt. »E.« entbehrt zwar auf dem ersten Blick die politische Begriffsgeschichte von »Stamm« und »Rasse«, transportiert
aber sich inhaltlich überschneidende Konzepte.

Erstens ist »E.« eine alterisierende Bezeichnung. Analog zur seiner
etymologischen Herkunft und im Duktus der *colour-blindness* wird
auch »E.« in der Regel nur in Bezug auf nicht-westliche Gesell-

schaften bzw. »Nicht-Weiße Kulturräume« verwendet. Die herrschende gesellschaftliche Gruppe wird nicht als »E.« kategorisiert. Während Hausa und Swahili als »E.n« bezeichnet werden, wird dieser Begriff beispielsweise nicht in Bezug auf Deutsche oder Ir/inn/en angewendet.[9] Folglich wird auch mit dem Begriff »E.« eine Differenz (re-)produziert, die häufig besonders Afrika und Schwarze zum Anderen stilisiert und das Weiße als unsichtbare Norm bestätigt. Dabei bleibt aber in der Regel unreflektiert und unbenannt, dass »E.« zwar nicht für Weiße, westliche Kulturen, dafür aber ganz pauschal für ein breites Spektrum Nicht-Weißer Kulturen verwendet wird.

Zweitens wirkt »E.« homogenisierend. Da heutige afrikanische Staaten größtenteils auf Grenzverläufen ehemaliger Kolonien basieren und eine Vielzahl von Gesellschaften subsumieren, besteht die Notwendigkeit, zwischen beiden gesellschaftlichen Ebenen zu unterscheiden. Oftmals wird dafür, auch von Afrikaner/inne/n selbst, auf das Begriffspaar »Nation« versus »E.« zurückgegriffen. Dabei bleibt aber, wie schon beim Begriff »Stamm«, das Problem bestehen, dass damit ganz unterschiedliche Gesellschaftsformationen unter einem Begriff subsumiert werden und es so auch erst zu einer durch sprachliche Benennungen unterstützten »Erfindung« kultureller und gesellschaftlicher Einheiten kommt. Die kollektiven Kategorisierungen durch die Benennungen »Zulu« und »Igbo« sind Beispiele dafür.

Drittens ist »E.« inhaltlich ebenso unbestimmt wie »Stamm« und »Rasse«. Mit dem Begriff werden Menschen zu Einheiten zusammengefasst, ohne dass die Kriterien dieser Vereinheitlichung und Kategorisierung transparent und/oder über verschiedene Benennungspraktiken hinweg konstant wären. Es gibt keine klare und geschlossene Liste von Faktoren, die eine »E.« kennzeichnen würden.

Oft werden Kriterien wie etwa eine gemeinsame Kultur, Abstammung, Sprache, Geschichte und Religion genannt, die dadurch zugleich als eindeutig unterscheid- und benennbar hergestellt werden. Dabei handelt es sich um Kriterien, die auch zur Einteilung von »Stämmen« dienen.[10] Gelegentlich taucht, wie im obigen Zitat aus dem Brockhaus, sogar das biologistische Kriterium der Gene als Klassifikationskriterium auf, was »E.« zum Synonym für »Rasse« macht und zwar in ähnlich einschränkendem Maße wie oft auch »Rasse« gebraucht wird.

Exemplarisch zeigt sich am Begriff »E.«, wie wenig hilfreich es ist, wenn Termini als so genannte Alternativen etabliert werden, ohne dass mit ihnen eine inhaltliche Reflexion einhergeht, in denen die Prämissen der mit den Begriffen hergestellten Kategorisierungen zur Debatte stehen. Da die Zuschreibung der Kategorisierung durch »E.« in der Regel aus sozial konstruierten und essentialisierenden Abgrenzungen besteht, ist es notwendig, bei einer Verwendung des Begriffs darüber nachzudenken, welche Kriterien jeweils zu seiner Bestimmung herangezogen werden. Prinzipiell scheint es am naheliegendsten zu sein, auf »E.« ganz zu verzichten und stattdessen die Faktoren, die für eine Kategorisierung benutzt werden, wie zum Beispiel Religion, geografischer Raum usw. explizit zu benennen.

Will frau/man ganz pauschal kategorisieren, bietet es sich an, Bezeichnungspraktiken anzuwenden, die auch für den Kontext westlicher Gesellschaften gängig sind. So kann etwa auf den Begriff Gesellschaft zurück gegriffen werden. Bei der konkreten Klassifizierung und Bezeichnung von Gesellschaften in Afrika sind Selbstbenennungen zu gebrauchen, die auf Kategorisierungen kollektiver Identitäten basieren.

Susan Arndt, Antje Hornscheidt

Anmerkungen

[1]   *Meyers Konversationslexikon.* Bd. 6. Leipzig, Wien 1897: 3.
[2]   *Wörterbuch der deutschen Gegenwartssprache.* Bd. 2. Berlin 1977: 1163.
[3]   *Großes Fremdwörterbuch.* Leipzig 1977: 221.
[4]   *Brockhaus. Enzyklopädie.* Bd. 6. Mannheim 1991: 603.
[5]   *Brockhaus. Die Enzyklopädie. Deutsches Wörterbuch* I-III (Bd. 28-30). Bd. 28. Mannheim 1999: 1117.
[6]   *Duden. Universalwörterbuch.* Mannheim, Leipzig, Wien, Zürich 2001: 498.
[7]   *Duden. Die deutsche Rechtschreibung.* Mannheim 2001: 355.
[8]   Vgl.: Mühlmann, Wilhelm E., zit. in: *Brockhaus. Enzyklopädie.* Bd. 6. Mannheim 1991: 603.
[9]   Vgl.: *Lexikon der Geographie.* Heidelberg 2001.
[10] Vgl. auch: Mabe, Jacob E. (Hrsg.). *Das Afrika-Lexikon. Ein Kontinent in 1000 Stichwörtern.* Stuttgart, Weimar, Wuppertal 2001: 161.

When I am born, I am
When I grow up, I am
When I go in the sun, I am
When I am cold, I am
When I die, I am **black**

but you!

When you are born, you are **pink**
When you grow up, you are **white**
When you are sick, you are **green**
When you go in the sun, you are **red**
When you are cold, you are **blue**
When you die, you are **purple**

And you got the fucking nerve to call me

coloured

Plakat

Sarkastisches Gedicht, das Weiß-Sein ironisiert. Die Autor/innen/schaft ist unbekannt.

»Farbige/Farbiger«

»Farbige, im Gegensatz zu den ›Weißen‹, deren Haut nur vom durchscheinenden Blut gefärbt wird, alle Menschen, welche in ihrer Haut ein besonderes Pigment enthalten, also die schwarzen, gelben, braunen und kupferroten Völkerrassen (Neger, Malaien, Mongolen, Amerikaner etc.); dann auch solche Individuen, die als Sprösslinge aus der Vermischung dieser farbigen Menschenrassen untereinander hervorgehen und sich als F. durch ihre mehr oder weniger stark gefärbte Haut kenntlich machen. In Amerika versteht man unter Farbigen im allgemeinen die Indianer und Neger, speziell aber die Mischlinge … Die Farbigen genießen im allgemeinen geringe Achtung, da sie meist nur die Fehler ihrer farbigen Eltern geerbt haben (s. Menschenrassen).«[1]

»Farbige, in Amerika ganz allgemein und gelegentlich auch sonst gebräuchliche Bezeichnung für die Neger und vor allem für die Mischlinge der verschiedenen Grade (Coloured people), im europ. Sprachgebrauch allgemein für alle Nichtweißen (also auch Chinesen, Malaien, Indianer usw.). Die Bezeichnung bildet jedoch keinen exakten anthropologischen Begriff, da ein grundsätzlicher Unterschied oder Gegensatz zu den hellhäutigen Rassen nicht besteht, vielmehr bei der Kreuzung zweier Individuen die Hautfarbe stets dem Mendelschen Gesetz folgt. (Bastard.)«[2]

»farbig … b) *eine andere Farbe als schwarz oder weiß aufweisend* … c) *keine weiße Hautfarbe besitzend*: die f. Bevölkerung Amerikas; f. Einwanderer, Soldaten … Farbige … *jmd., der keine weiße Hautfarbe hat*: der Terror gegen die Farbigen; die Unterdrückung, Ausbeutung der Farbigen.«[3]

»Farbiger … Nicht-Weiße(r), *bes. Neger* oder *Mulatte* «[4]

»Farbige … Angehöriger einer nichtweißen Rasse«[5]

»Farbiger … Angehörige[r] einer nichtweißen Bevölkerungsgruppe«[6]

»Farbiger … jemand, der farbig ist.«[7]

»farbig … eine braune oder schwarze (od. rote od. gelbe) Hautfarbe habend: ein -er Amerikaner; die Bevölkerung ist überwiegend farbig.«[8]

»Farbig« kommt aus dem älteren Neuhochdeutschen *farbicht* (16.Jahrhundert) und wird seit der Mitte des 19. Jahrhunderts in Anlehnung an Englisch *coloured* auch auf Menschen übertragen. Der Begriff fand besonders in den 1950er/1960er Jahren Verwendung, als sich insbesondere in der ehemaligen Bundesrepublik die Erkenntnis vom rassistischen Gehalt des Wortes → »Neger«

zunehmend durchsetzte und man/frau nach begrifflichen Alternativen suchte. Dabei wurde dieser Ersetzungsprozess aber nicht von einer kritischen Auseinandersetzung mit dem »N-Wort« begleitet. Ebenso wenig wurde reflektiert, dass »F.« analoge Bedeutungsinhalte transportiert.

Ausgehend von der Annahme, dass Menschen nach →»Rassen« unterteilt werden könnten, liegt dem Begriff »F.« die Konstruktion einer Dichotomie von »F.« und Weißen zugrunde. Damit reduziert er »Nicht-Weiße« auf ein einziges Kriterium, nämlich ihre Hautfarbe. Dabei wird nicht nur der Konstruktion einer Dichotomie von Menschen mit »weißer« versus »schwarzer«, sowie auch »gelber« bzw. »roter« Haut gefolgt. Zudem wird ein breites Spektrum von Haut-Farben in einem alterisierenden und homogenisierenden Verfahren auf eine einzige Kategorie reduziert. Auch wenn vordergründig nur ein visuell sichtbares Kriterium in pauschalisierender Art und Weise benannt wird, werden in dem Prozess der Verwendung des Begriffs zugeschriebene körperliche mit geistig-kulturellen Eigenschaften verbunden. Dabei wird durch das Konzept »F.« ein »Anderssein« unterstellt: Wenn ein Mensch als »farbig« bezeichnet wird, dann wird im Umkehrschluss suggeriert, dass Weiße eben nicht farbig seien. Dabei wird die so gleichzeitig hergestellte »weiße Hautfarbe« implizit als Norm gesetzt. Bemerkenswert ist in diesem Zusammenhang auch das deutsche Wort »hautfarben«, das sich nur auf die Haut von Weißen bezieht und diese so zur neutralen Norm macht.

Das Gedicht *Coloured*, das anonym bekannt wurde, hinterfragt in ironisch-sarkastischer Weise diese dem Begriff innewohnende Ignoranz, wonach Weiße nicht-farbig seien. Es folgt dem Ansatz, die Hautfarbe zum Kriterium dafür zu machen, ob ein Mensch »farbig« ist oder nicht. Der ursprüngliche Impetus des Wortes wird hier jedoch ins Gegenteil verkehrt, wenn plötzlich Weißen Menschen ein »Farbigsein« zugeschrieben wird. Dabei spielt das Gedicht damit, dass »farbig« oftmals auch als Synonym für »bunt« verwendet wird. Der Euphemismus, den die Benennung »F.« zum Ausdruck bringt, wird hier explizit gemacht, indem er der ausdifferenzierten Wahrnehmung Weißer von Weißen gegenüber gestellt wird und deutlich macht, dass die Weiße Wahrnehmung »F.« gar nicht »farbig«, sondern im Gegenteil einfarbig ist.

Neben dieser impliziten Normsetzung des Weiß-Seins ist bedeutsam, dass »F.«, das Zitat aus Meyers Konversationslexikon zeigt dies exemplarisch, semantisch die Abwertung des Anderen beinhaltet.

In Gesellschaften des südlichen Afrika hat der Analogiebegriff *Coloured* eine andere Konnotation. In Südafrika galten (und gelten) *Couloureds* als eigene »Rasse«. Tatsächlich handelt es sich um ein kulturell sehr heterogenes Konstrukt. Dazu zählen etwa Kinder aus Beziehungen von Schwarzen und Weißen, Menschen aus asiatischen (vor allem indischen) Migrant/inn/enfamilien und auch bestimmte afrikanische Gesellschaften wie z.B. die Nama (→ »Hottentotten«). Ihnen wurde ein Zwischenplatz zwischen Weißen und Schwarzen im Apartheidsregime zugewiesen. Doch obwohl diese Bezeichnung bis heute partiell auch unter Schwarzen noch gebräuchlich ist und damit die rassistische Konnotation der Apartheid weitergetragen wird, sehen und bezeichnen sich viele der ehemals zu *Coloureds* Konstruierten im Kontext internationaler Debatten und Termini heute als Schwarze. Andere folgen nicht dem von Steve Biko vertretenen Modell des *Black Consciousness*, sondern nutzen das aus dem US-amerikanischen Raum stammende Prinzip, zwischen Schwarzen und *People of Color* (POC) zu unterscheiden. Dabei wird davon ausgegangen, dass Schwarz nur mit Bezug auf Personen mit einem afrikanischen Hintergrund verwendet wird. Durch den Begriff *People of Color* erfährt die Bezeichnung *Coloureds* eine Umdeutung durch Aneignung. Distanz zur rassistischen Terminologie wird durch den Zusatz von »Menschen« (*People*) sowie durch die Großschreibung, die die politische und soziale Konstruktion sichtbar macht, ausgedrückt. POC wird somit zu einer politischen Selbstbezeichnung.

Für den deutschen Kontext fungieren als Alternativen »Schwarz«, »afrodeutsch« bzw. *People of Color* (POC), wobei letzteres nur als Kollektivbezeichnung existiert. Weltweit hat sich *Black* als eigenbestimmte Bezeichnung durchgesetzt. Damit wollte frau/man vor allem auch der »Teile-und-Herrsche«-Politik Weißer Gesellschaften entgegenwirken, die bei Schwarzen gern Helligkeitsnuancen konstatieren (→ »Schwarzafrika«). Im Deutschen stehen außerdem die wertneutralen Begriffe Afrikaner/in, Afro-Amerikaner/in oder konkreter nach dem jeweiligen Herkunftsland z.B. Nigerianer/in, Sudanese/Sudanesin oder Kubaner/in zur Auswahl.

Marlene Bauer, Kathrin Petrow

Anmerkungen

[1] *Meyers Konversations-Lexikon.* Bd. 9. Leipzig, Wien 1897: 195.
[2] *Der Große Brockhaus. Handbuch des Wissens in zwanzig Bänden.* Bd. 6. Leipzig 1930: 68.
[3] *Wörterbuch der deutschen Gegenwartssprache.* Bd. 2. Berlin 1977: 1222.
[4] *Wahrig. Deutsches Wörterbuch.* Gütersloh, München 1986 : 457.
[5] *Duden. Die deutsche Rechtschreibung.* Mannheim, Leipzig, Wien, Zürich 1996: 273.
[6] *Duden. Die deutsche Rechtschreibung.* Mannheim, Leipzig, Wien, Zurich 2001: 367.
[7] *Duden. Deutsches Universalwörterbuch.* Leipzig, Mannheim, Wien, Zürich 2001: 521.
[8] Ebenda.

»Fetisch«

»**Fetischismus**, Verehrung eines Fetisches. Das Wort Fetisch, durch Guineafahrer mitgebracht ... stammt von dem portugiesischen *fetiço* (›Zauber‹) her, vom lateinischen *facitius* (›künstlich gemacht‹) abzuleiten, womit die Portugiesen die Götzen der Neger am Senegal bezeichneten, indem sie dieselben sehr treffend mit Amuletten verglichen. Seit dem Erscheinen von de Brosses *Culte des dieux fétiches* (Par. 1760) aber nannte man alle in den Naturreligionen vergötterten, sinnlich anschaulichen Gegenstände Fetische und versteht demnach unter F. diejenige Form der Religion, welche annimmt, dass Gottheiten in gewissen materiellen Gegenständen eingekörpert leben können. Der F. ist daher die roheste Form des Anismismus ... [Es] gibt ... eine ganz unbestimmte Menge von Fetischen, und mancher Wilde besitzt deren Scharen ... Wir haben hier somit eine Art niederster Religion vor uns ... Daß sich auch in die monotheistischen Religionen, selbst in das Christentum, F. als Rest oder Rückfall eingeschlichen hat, mag hier nur angedeutet bleiben.«[1]

»**Fetisch**, Gegenstand religiöser Verehrung ... Fetischismus ... 1) die Verehrung von leblosen Gegenständen, den Fetischen, eine Vorstufe des Animismus und des Dämonenglaubens (Dämonen), besonders verbreitet in Westafrika und Nordasien ... Diese Fetische wurden auch von den Primitiven ursprünglich nicht als beseelt, sondern nur als kraftbegabt angesehen ...«[2]

»**Fetisch** ... (*Völkerk*.): heiliger Gegenstand, dem magische Kräfte zugeschrieben werden; Götzenbild ... Fetischismus ... 1. (*Völkerk*.) Glaube an die magischen Kräfte eines Fetischs. Verehrung eines Fetischs. 2. (*Psych*.) sexuelle Fehlhaltung, bei der Gegenstände, die dem vom Fetischisten verehrten od. begehrten Menschen gehören, als einzige od. bevorzugte Objekte sexueller Erregung od. Befriedigung dienen ...«[3]

»**Fetisch** ... 1 ‹*Völkerk*.› Gegenstand religiöser Verehrung, dem übernatürliche Kräfte zugeschrieben werden; ... 2 ‹bildungsspr.› (Konsum)-gegenstand od. Begriff, dem eine über seinen eigentlichen (Gebrauchs)wert hinausgehende irrationale Bedeutung beigemessen wird; ... Fetischismus ... 1 ‹Völkerk.› Festischkult, Verehrung von Fetischen(1) 2 ‹bildungsspr.› Erhebung eines Gegenstandes, eines Begriffes o.ä. zum Fetisch(2) 2.1 ‹im Marxismus› die unter den Bedingungen kapitalistischer Warenproduktion verstärkt auftretende Versachlichung der Produktionsverhältnisse ... 3 ‹Psych.› abnormes Sexualverhalten, bei dem durch libidinöse Fixierung auf Teile des Körpers wie Busen, Gesäß, Haar od. auf

Kleidungsstücke od. Gegenstände, die der vom Fetischisten verehrten Person gehören, sexuelle Erregungen u. Befriedigung erreicht wird«[4]

»**Fetisch** ... ›bei den Naturvölkern‹ Gegenstand religiöser Verehrung, dem übernatürl. Kräfte zugeschrieben werden [frz. *fétiche* feitiço ›Träger magischer Kraft bei afrik. u. westind. Negern, Zauber‹ ... Fetischismus ... Fetischkult, Verehrung von Fetischen, geschlechtl. Erregung durch einen Gegenstand, der einer Person des anderen Geschlechts gehört, z.B. Kleidungsstück«[5]

»**Fetisch** ... magischer Gegenstand, Götzenbild ... Fetischismus ... Übertragen des Geschlechtstriebs auf Gegenstände ...«[6]

»**Fetisch** ... (Völkerk.): [heiliger] Gegenstand, dem magische Kräfte zugeschrieben werden, subjektiv besondere Bedeutung beigemessen wird: Götzenbild ... Fetischismus 1. (Völkerk.) Glaube an die magischen Kräfte, die Ausstrahlung eines Fetischs; Verehrung eines Fetischs.«[7]

Der Begriff leitet sich aus lat. *facticius* »nachgemacht, künstlich« ab, was im Portugiesischen ab dem 15. Jahrhundert zu *feitiço* »Zaubermittel« (ursprüngliche Bedeutung »Nachgemachtes, Künstliches«) und von dort zu frz. *fétiche* wurde. Im 18. Jahrhundert wurde »F.«, ebenso wie die damit verbundene Praxis des »F.ismus«, als Entlehnung aus dem Frz. in den deutschen Sprachgebrauch aufgenommen. Nach Charles de Brosses entwickelte der französische Philosoph Auguste Comte im 18. Jahrhundert die Theorie hierarchischer Religionsformen, wobei er den »Fetischismus« als niedrigste Stufe geistiger Entwicklung und »ursprüngliche Religionsform« betrachtete, gefolgt von Polytheismus und Monotheismus.[8]

Der Begriff wird heute im Deutschen im religiösen und im psychologischen Kontext in einem abwertenden Sinn verwendet. Im religiösen Kontext werden mit »F.en« Gegenstände bezeichnet, die in anderen Religionen als dem Christentum, Judentum, Islam, Buddhismus und Konfuzianismus (→ »Naturreligion«) als Heiligtum verehrt werden bzw. die deren Nutzer/inne/n Schutz und Kraft liefern sollen, wobei ihnen in der Regel magische Kräfte zugeschrieben werden. Aus einer eurozentristischen Sicht wird dies als »Irrglaube« angesehen. Mit dem Begriff verbindet sich zum Beispiel die Vorstellung von speziell gefertigten Puppen und Amuletten, die übersinnliche Wesen beheimaten (→ »Animismus«). Zu dem Konzept des »F.s« gehört also ein materielles Objekt und eine geistige Kraft, die von diesem Besitz ergreift.[9] »F.e« werden häufig gleichgesetzt mit Götzenbildern[10] und damit ebenfalls abgewertet und als »Irrglaube« konzeptualisiert. Häufig werden »F.e« als mit »negativer« Macht ausgestattet angesehen, so dass sie gleichzeitig mit Angst und Gefahr assoziiert werden.

Reliquien von Religionen, auf die Europäer/innen während der Kolonisation stießen und die ihnen nicht bekannt waren, pauschalisierend als »F.e« zu bezeichnen und dabei die Bedeutung »nachgemacht«, »künstlich« zu implizieren, fügt sich in den kolonialen Duktus der abwertenden Konstruktion des »Anderen« ein. Obwohl die so bezeichneten Gegenstände ähnliche Funktionen wie Reliquien in den genannten regional übergreifenden Religionen erfüllen, wurden sie mit dem Begriff »Zaubermittel« als →»primitive« Nachahmung abgewertet. Zudem wurden unterschiedliche Religionen hierdurch homogenisiert.

Auf den Weißen Kontext wird der Begriff »F.« im religiösen Sinn nicht übertragen. Rosenkranz, Marienstatuen oder Torarollen werden nicht mit dem Konzept des »F.s« in Zusammenhang gebracht. Auch Glücksbringer und andere Gegenstände, denen die Träger/innen besondere Kräfte zuschreiben, werden in der westlichen Welt nie als »F.«, sondern eher positiv besetzt als Talisman bezeichnet.

Ende des 19. Jahrhunderts wurde der Begriff »F.ismus« zum ersten Mal von Ärzt/inn/en und Psychiatern/Psychiaterinnen auf den medizinischen bzw. psychologischen Bereich angewendet.[11] Damit war entweder allgemein die Verehrung eines »F.s« gemeint oder spezifischer die Fixierung auf Körperteile, Eigenschaften oder Dinge, zum Beispiel Wäschestücke, Schuhe, Haare, zwecks sexueller Erregung und/oder Befriedigung. »F.ismus« galt und gilt als sexuelle Abnormität/Störung und ist damit pathologisiert. Ähnlich wie bei →»Kannibalismus« wird der Begriff also von seiner Bedeutung für die Religionen ehemaliger Kolonien abgelöst und erhält bei der Anwendung auf den Weißen Kontext eine andere Bedeutung.

Im psychologischen Kontext handelt es sich bei »F.en« um ein individuelles Phänomen, das Einzelnen pathologisierend zugeschrieben wird, wobei eine Normziehung zwischen »normal« und »Abweichung von der Norm« zwischen Individuen erfolgt. Im religiösen Kontext beschreibt der Begriff ein kollektives Phänomen ganzer Gesellschaften – wobei es hier nicht zufällig auf (ehemalige) Kolonien europäischer Großmächte angewendet wird. Das hängt eng damit zusammen, dass Kolonien per se zum »Anderen« konstruiert wurden und folglich hier nicht individualisiert werden musste.

Sowohl die religiöse als auch die psychologische Bedeutung sind negativ konnotiert. Empfohlen wird die möglichst konkrete Benennung von Verhaltensweisen (wie zum Beispiel das Sammeln von Schuhen; starker Ordnungssinn), ohne dies implizit als pathologisch zu bewerten.

Marx benutzte das Konzept des »F.ismus« um ihn auf die Ökonomie zu übertragen und spricht hier von »Warenf.«.[12] Im Gegensatz zu dem psychoanalytischen »F.ismus«-Konzept geht Marx davon aus, dass der »Warenf.ismus« den Individuen nicht bewusst ist und in ihm die unbegriffene Verdinglichung bzw. Versachlichung sozialer Verhältnisse zum Ausdruck gebracht werden kann. Der Wert, der den Waren im gesellschaftlichen Prozess gegeben wird, wird für die Individuen real durch die alltägliche Zuschreibung dieses Wertes und damit nur schwer hinterfragbar. So verstanden ist Marx Auffassung des »Warenf.ismus« als Form- und Strukturanalyse eine radikale Form von Gesellschaftskritik. In dieser Verwendung ist der Begriff damit für den politischen Kontext umgedeutet worden und kann hier sinnvoll für politische Analysen eingesetzt werden.[13] Adorno sieht darüber hinaus nicht nur Arbeitsverhältnisse, öffentliche und private Verkehrsformen, Kunst, Kultur, Sexualität und das gesellschaftliche Verhältnis zur Natur als Formen der Macht des »F.s«, sondern auch das Denken und die Philosophie an sich. »F.« erfährt in der kritischen Theorie damit eine erweiterte, politische Anwendung, bleibt aber weiterhin negativ besetzt. In postmoderner feministischer Theorie (u.a. bei Judith Butler, Marjorie Garber und Teresa de Lauretis) wird darüber hinaus ein Schritt weiter gegangen und »F.« ein subversives Potential zugesprochen und damit entgegen der kritischen Theorie die Doppeldeutigkeit des »F.s« betont. »F.« ist hier nicht nur Machtform im Sinne von Adorno, sondern zugleich auch deren Unterlaufung und wird so machtvoll umgedeutet.[14]

Für den Kontext von Religionen in Afrika und anderen ehemaligen Kolonien kann und muss auf diese Vokabel verzichtet werden, weil sie dadurch in eine gefährliche Nähe zu einer individuellen Neigung mit exzessiver Natur gestellt wird. Was als »F.ismus«

bezeichnet wird, ist Teil von Religionen, sog. »F.e« sind nichts anderes als Reliquien, wie sie auch andere Religionen wie etwa das Christentum kennen.

Marlene Bauer

Anmerkungen

1   *Meyers Konversations-Lexikon.* Bd. 6. Leipzig, Wien 1897: 360.
2   *Der Große Brockhaus. Handbuch des Wissens in zwanzig Bänden.* Bd. 6. Leipzig 1930: 178.
3   *Duden. Das große Wörterbuch der deutschen Sprache in sechs Bänden.* Bd. 2. Mannheim, Wien, Zürich 1976: 831.
4   *Brockhaus-Wahrig. Deutsches Wörterbuch in sechs Bänden.* Bd. 2. Wiesbaden, Stuttgart 1981 : 727-728.
5   *Wahrig. Deutsches Wörterbuch.* Mannheim, Wien, Zürich 1991 (Auflage von 1986): 470.
6   *Duden. Die deutsche Rechtschreibung.* Mannheim 2001: 374.
7   *Brockhaus. Die Enzyklopädie. Deutsches Wörterbuch I-III (Bd. 28-30).* Bd. 28. Mannheim 1999: 1219.
8   Vgl.: Brosses, Charles de. *Du culte des dieux fétiches ou Parallèle de l'ancienne religion de l'Egypte avec la religion actuelle de Nigritie.* Paris 1988 (Erstveröffentlichung 1760); Comte, Auguste. *La sociologie.* Paris 1897.
9   Mabe, Jacob E. (Hrsg.). *Das Afrika Lexikon. Ein Kontinent in 1000 Stichwörtern.* Stuttgart, Wuppertal 2001: 174.
10 Vgl. *Duden. Deutsches Universalwörterbuch.* Leipzig, Mannheim, Wien, Zürich 2001: 537.
11 Apter, Emily; William Pietz (Hrsg.) *Fetishism as Cultural Discourse.* Ithaca 1993: 13.
12 Vgl. Marx, Karl. *Das Kapital. Kritik der politischen Ökonomie.* Bd. 1 Buch I: *Der Produktionsprozeß des Kapitals.* (MEW, Bd. 23) Berlin 1974 (Erstveröffentlichung 1867): 85-98 der Begriff »Warenf.« .
13 Für eine ausführlichere Darstellung vgl. http://infoladen.de: Stephan Grigat »Zur Kritik des Fetischismus« (15.7.2003).
14 Für eine Diskussion des Fetischismus im Kontext feministischer Ansätze, vgl. *Philosophin 13. Fetisch. Frau.* Mai 1996.

»Hamite/Hamitin«

»**Hamiten,** die Nachkommen von Ham oder Cham ... Mit diesem biblischen Namen werden jetzt gewöhnlich nach dem Vorgang von Lepsius und Fr. Müller eine Reihe afrikanischer Völker, die Ägypter an der Spitze, begriffen, welche die ziemlich nahe untereinander verwandten h a m i t- i s c h e n S p r a c h e n reden. Sie zerfallen in drei Gruppen; die ägyptische, die aus zahlreichen Inschriften und Papyrussrollen bekannte Sprache der alten Ägypter und die in der ältesten christlichen Zeit daraus hervorgegangene, jetzt gleichfalls ausgestorbene Sprache der K o p t e n umfassend; die libysche Gruppe oder Gruppe der B e r b e r s p r a c h e n, die ... im Altertum ... den ganzen Nordrand von Afrika westwärts von Ägypten einnahm, während sie heutzutage von der Küste fast überall durch das Arabische verdrängt ist, aber die Sprachen der zahlreichen räuberischen Stämme umfaßt, die unter den Namen Berber, Tuareg, Kabylen u.a. die südlichen Teile von Algerien, Tunis, Marokko und Tripolis sowie alle Oasen zwischen den arabischen Staaten Nordafrikas und den Negerstaaten innehaben; drittens die k u s c h i t i s c h e oder ä t h i o p i- s c h e Sprachengruppe ... Einen entfernten Ausläufer scheint die Sprache der Haussa in Westafrika zu bilden. «[1]

»**Hamiten,** → Hamitische Völker ... Hamitische Völker, Hamiten [die Nachkommen Hams, eines Sohnes des Noah], eine Völkerfamilie mit untereinander verwandten Sprachen (Hamitische Sprachen) in Nord-, Nordost-, Ost und Südafrika ... Die H.V. heben sich der Rasse nach scharf von der Negerrasse ab, so dass sie als eigene Rasse angesehen werden (Äthiopische Rasse). Sie sind anthropologisch durch hohen, schlanken Wuchs, lockiges, nicht krauses Haar, hellbraune Hautfarbe und scharfgeschnittene Nase gekennzeichnet ... Die Kernpunkte, der H.V. bilden die Bischarin, Galla, Somali, Masai, Hima u.a.; die gesamte Kultur dieser Gruppe baut sich auf der Viehzucht auf. Etwas weiter abseits stehen die schon zum Ackerbau übergegangenen, auch körperlich mehr mediterranen Berber und die nach Südafrika abgedrängten Hottentotten ...

Die Frage nach der Heimat der H. B. ist noch nicht geklärt; einzelne Forscher glauben an eine Einwanderung aus Westasien, die Mehrzahl der Forscher hält jedoch eine Herausbildung der Völker in Nordafrika selbst für das wahrscheinlichste.

Die H.V. sind kriegerisch veranlagt, aber arm an künstlerischem Sinn; sie zeigen schwache Ausbildung des Seelenglaubens und stark patriarchale Sitten.«[2]

»**Hamit** ... Angehöriger einer afr. Völkergruppe.«[3]

»Hamit[e] ... Angehöriger einer den Semiten nahestehenden Sprach- u. Völkergruppe in Nord und Nordostafrika.«[4]

»Hamiten ... Angehörige[r] einer Völkergruppe in Afrika«[5]

»Hamiten, in der bibl. Völkertafel (1.Mos. 10.6 bis 20) auf Ham zurückgeführte Völker in N-Afrika und S-Arabien.«[6]

Ham gilt nach der Völkertafel Gen. 10 als einer der drei Söhne Noahs und »Stammvater« der »Hamiten«. Seit dem 16. Jahrhundert galten in Europa pauschal alle Afrikaner/innen als Nachfahr-/inn/en Hams, da diese schon in der Bibel durch einen Fluch zu Sklav/inn/en Sems und Japhets gemacht wurden. Im Zuge der Kolonisation und des Sklavenhandels wurde diese biblische Legende als Rechtfertigungsstrategie für Abwertung und Ausbeutung genutzt. Das christliche Konstrukt fand damit also eine weitreichende Übertragung. Nachdem die Bedeutung der ägyptischen Hochkultur auch im europäischen Raum anerkannt wurde, erfolgte eine weitere Differenzierung: »H.n« wurden als »niedere Form« der »kaukasischen Rasse« klassifiziert und dabei von den »Negroiden« abgegrenzt.

Der englische Forschungsreisende John Henning Speke, der auf der Suche nach den Nilquellen in das Gebiet der Großen Seen, im heutigen Rwanda, gereist war, stellte Mitte des 19. Jahrhunderts eine Migrationsthese auf. Demnach sollen im 17. Jahrhundert Viehzüchter/innen aus Äthiopien, denen aus europäischer Perspektive ein gewisses Maß an Kultur zugestanden und gleichzeitig ein »Afrikanisch-Sein« abgesprochen wurde, in den Süden gewandert sein, wobei sie »Zivilisationselemente« nach Zentralafrika »importiert« haben sollen.[7] Wenn hier Kultur als importierte Ausnahmeerscheinung in Afrika dargestellt wird, folgt das dem gängigen kolonialistischen Muster, das sich etwa auch im Begriff → »Schwarzafrika« niederschlägt, Kulturen und Menschen in Afrika kulturelle Eigenleistungen abzusprechen. Das war eine wichtige Strategie, um Ausbeutung und Unterwerfung durch die Europäer/innen rechtfertigen sowie die Annahme der europäischen »Höherstellung« und »Zivilisiertheit« bestätigen zu können.

Ein Beispiel für die fatalen Auswirkungen der »H.ntheorie auf gesellschaftliche Prozesse in Afrika – und zwar bis in die Gegenwart hinein – ist der Konflikt zwischen Hutu und Tutsi. Zwar sind weder die Begriffe und die Einteilungen von Menschen als Hutu und Tutsi oder auch Twa noch deren Hierarchisierung eine koloniale Erfindung. Doch bis in die Mitte des 19. Jahrhunderts waren sie von nachgeordneter Bedeutung. Zudem basierte diese Unterteilung in Hutu und Tutsi zunächst ausschließlich auf sozialökonomischen Kriterien. So beziehen sich die Begriffe im Kinyarwanda, der gemeinsamen Sprache der als Hutu und Tutsi bezeichneten Gruppen, auf einen sozialen Status: Hutu meint »sozial nieder, Klient, jemand, der keine Rinder besitzt«, Tutsi geht auf *gutuuka* zurück: »jemanden bereichern«.[8] Eine Ursache dafür, dass Tutsi, die mehrheitlich als Viehhalter/innen arbeiteten, höheres soziales Ansehen genossen als andere Bevölkerungsgruppen derselben Regionen, lag darin, dass Erdkontakt gerade bei der Herstellung von Nahrungsmitteln als unrein galt. Tutsi hatten als Hirt/inn/en den geringsten Erdkontakt; Hutu, die wiederum hauptsächlich als Feldbauern/Feldbäuerinnen tätig waren, berührten den Boden durch Werkzeuge, und Twa waren als Töpfer/innen nach dieser Einteilung auf der untersten Stufe angesiedelt. Nach Mitte des 15. Jahrhunderts erhielten die Bezeichnungen eine weitere oder modifizierte Bedeutung. Sie drückten nun den Grad der Machtteilnahme aus. Dabei handelte es sich aber keinesfalls um statische Festschreibungen, sondern um dynamische Konzepte. Hutu konnten durch Militärdienst oder Besitz zu Tutsi aufsteigen (*kwhutura*), genau wie Tutsi sozial gesehen zu Hutu werden konnten (*kwtutsira*).

Im Kontext des Kolonialismus verliehen die Kolonialmächte der tradierten Unterteilung nach Hutu und Tutsi neues Gewicht. Ausgangspunkt war eine biologistische Modifizierung der sozialökonomischen Klassifizierung, die sich letztendlich in der Konstruktion von Hutu und Tutsi als →»Rassen« festschrieb. Die »H.theorie«, die Tutsi als großgewachsene, hellhäutige aristokratische Herrscher klassifizierte, spielte dabei eine wichtige Rolle. Tutsi wurden als »H.n«, als »Herrenrasse« im afrikanischen Kontext, konstruiert. Teil der kolonialistischen Verwaltungspolitik war es – ganz im Duktus der klassischen »Teile und Herrsche Politik« der Kolonialmächte –, diese Erfindung von »Rassen« gesellschaftspolitisch festzuschreiben und umzusetzen. Dazu gehört etwa, dass nunmehr in jedem Ausweis vermerkt wurde, ob es sich um Hutu, Tutsi oder Twa handelte. Dies ging mit einer machtpolitischen Stärkung der Tutsi einher. So wurden beispielsweise in den kolonialen amtlichen Positionen ausschließlich Personen eingestellt, die als den Tutsis zugehörig galten.

Durch die koloniale Instrumentalisierung und rassistische Neudefinition der sozialen Unterschiede zwischen den als Hutu und Tutsi Bezeichneten kam es zu einer zunehmenden Verfestigung von Hutu- und Tutsi-Identitäten. Der/die Andere wurde nicht mehr als Nachbar/in unterschiedlichen sozialen Standes wahrgenommen, sondern als Angehöriger einer anderen »Rasse«. So verlangten Hutu Anfang der 1990er Jahre, dass Tutsi als »Rasse« und nicht als »ethnische Gruppe« klassifiziert und als »race foreign to Rwanda«[9] getötet werden. Die extern implementierte Differenz führte nunmehr zum Genozid. Heute wird die Bedeutung der unterschiedlichen Gesellschaften und Gruppen in Rwanda zwar geleugnet, die »H.theorie« wird aber nach wie vor durch die »Tutsifizierung« staatlicher Institutionen reproduziert.

Ein anderer Kontext der Verwendung des Konstrukts »H.« findet sich noch in alten fachwissenschaftlichen (vorwiegend linguistischen) Texten, vor allem zur Bezeichnung einer der »semitischen« Sprachgruppe nahestehenden Sprachfamilie. Die Bezeichnung »Semitensprachen« wurde 1781 für eine Gruppe verwandter Sprachen aus der Bibel eingeführt, deren Ursprung als auf Noahs Sohn Sem zurückgehend erklärt wird. Da später noch weitere Sprachen zu dieser Gruppe gezählt wurden, wurde der Begriff »H.sprache« ergänzt, nach Sems jüngerem Bruder Ham, der als biblischer Vorfahre von Ägypten galt und diese Sprachen damit auch in einem christlichen Deutungsmuster kategorisiert. Durch diese Zusammenfassung verschiedener Sprachen unter zwei konkreten Begrifflichkeiten, die später auch in einem Kompositum (semitisch-hamitisch) verbunden wurden, entstand der Eindruck, dass es sich um zwei unterschiedliche, voneinander unabhängige Sprachgruppen handelt. Um dies zu vermeiden, wurde die Bezeichnung »afroasiatisch« eingeführt. An diesem Begriff ist u.a. problematisch, dass er suggeriert, dass er alle afrikanischen wie auch asiatischen Sprachen zusammenfasse.[10]

Die so genannte »H.theorie« – und daraus folgende rassistische Einteilungen – sind bis heute anzutreffen. Um wissenschaftlich unbegründete Verallgemeinerungen, bei der verschiedene Kulturen aufgrund willkürlich festgelegter Merkmale wie etwa der Körpergröße in einem biologistischen Verfahren als eine »Rasse«

konstruiert werden, zu vermeiden, ist es angeraten, nachvollziehbar und explizit von gesellschaftlich hergestellten kulturellen Strukturen und Grenzen auszugehen. In diesem Zusammenhang ist auf bestehende Eigenbezeichnungen (z.B. Bagwere, Bakiga, Labwor) zurückzugreifen.

Marlene Bauer, Kathrin Petrow

Anmerkungen

[1] Meyers *Konversations-Lexikon*. Bd. 8. Leipzig, Wien 1897: 270.
[2] *Der Große Brockhaus. Handbuch des Wissens in zwanzig Bänden*. Bd. 8. Leipzig 1931: 99-100.
[3] Mackensen, Lutz. *Deutsches Wörterbuch*. Laupheim 1955: 352.
[4] *Kleines Fremdwörterbuch*. Leipzig 1972: 141.
[5] *Duden. Die deutsche Rechtschreibung*. Mannheim, Leipzig, Wien, Zürich 2001: 334.
[6] *Der Große Brockhaus in einem Band*. Leipzig, Mannheim 2003: 428.
[7] Vgl.: http://www.phil.uni-passau.de/soziologie/kulturre.htm 03.03.2003.
[8] Vgl.: http://www.phil.uni-passau.de/soziologie/rwanda~1.htm 03.03.2003.
[9] http://www.upenn.edu/gazette/0301/hughes5.html 03.03.2003.
[10] Comrie, Bernard *The World's Major Languages*. New York, London 1991: 647.

»Häuptling«

»**Häuptling** ... *oberhaupt, anführer, das wort ist zufrühest im altfriesi-schen bezeugt als* hâvding *und* hâvdling, *wo es ein mitglied des friesischen adels bezeichnet* ...; *in welchem sinne die hochdeutsche form häuptling noch* ADELUNG (1796) *ausschlieszlich anführt. wenig später ist das wort in allgemeinerer Bedeutung von den hochdeutschen schriftstellern häufig gebraucht* ...«[1]

»**Häuptling**, anerkannter Führer in der polit. Ordnung höherstehender Naturvölker. Das Häuptlingtum findet sich bei niedrigen und mittleren Naturvölkern entweder gar nicht oder nur schwach entwickelt ... Bei niedrigen Naturvölkern ist ein besonderer Einfluss in der Gemeinde durchaus von der einzelnen Persönlichkeit abhängig, um die sich eine Schar von jungen Leuten sammelt ... Oft sind es magische Geschicklich-keiten oder schamanische Eignungen, die gleichzeitig zu einem polit. Einfluss verhelfen ... Die Dorfhäuptlinge müssen von den Sippen- oder Klanhäuptern unterschieden werden, deren Bereiche sich gegenseitig durchschneiden. Die Dorfhäuptlingschaft enthält den Keim zum König-tum, die Sippen- und Klanführung dagegen mit ihrer Betonung der Riten und Zeremonien den Keim zum Priestertum in sich ...«[2]

»**Häuptling** ... 1. *Stammesoberhaupt eines Naturvolkes*: der tapfere, gro-ße, ehrwürdige, weise H.; die Häuptlinge der Indianerstämme; das Zelt, die Hütte des Häuptlings«[3]

»**Häuptling** (< 17. Jh.). Zunächst ›Anführer, Oberhaupt‹, zu Haupt; seit dem 19. Jh. festgelegt auf ›Anführer eines Stamms‹.«[4]

»**Häuptling** [urspr. = (Familien)oberhaupt, Anführer, seit dem Erschei-nen von Coopers Indianererzählungen in der 1. Hälfte des 19. Jh.s speziell für das Oberhaupt eines Stammes bei Naturvölkern (als Übers. von engl. *Chief*)] 1. *Stammesführer, Vorsteher eines Dorfes bei Naturvölkern* ... 2. (iron. abwertend) *Anführer [einer Bande], leitende Persönlichkeit*«[5]

Im Zusammenhang rassistischer Ideologien und kolonialer Er-oberungen spielte die Bildung und Verwendung von Begriffen zur Benennung der Menschen eine wichtige Rolle. Angesichts der deklarierten Andersartigkeit und Unterlegenheit der kolonisierten Gesellschaften wollten Weiße für deren politische Machthaber/innen keine Begriffe verwenden, die im europäischen Kontext für Benennungen dieses Status oder dieser Funktionen gebräuchlich waren, da so eine Vergleichbarkeit oder gar Gleichrangigkeit impliziert gewesen wäre. Ausgehend von einer eurozentristischen Benennungspraxis und einer homogenisierenden Wahrnehmung des kolonialen Raums wurde im 17. Jahrhundert mit »H.« ein neues Wort für Machthaber und Herrscher erfunden und etabliert. Damit wurde auf der Begriffsebene eine grundlegende Differenz zwischen den europäischen Großmächten und von ihnen eroberten und kolonisierten Gebieten produziert.

Der Begriff »H.« setzt sich aus dem Wortstamm »Haupt-« und dem Suffix »-ling« zusammen. Die in einem Grundwort beschriebene Tätigkeit oder Eigenschaft bzw. die damit bezeichnete Person erhält durch das Suffix »-ling« in einigen Fällen eine diminutive Konnotation [wie im Fall von »Prüfling« (zu »Prüfer«) und »Lehrling« (zu »Lehrer«)], zumeist aber eine abwertende Konnotation. Dies gilt etwa für die Formen »Feigling«, »Schreiberling«, »Wüstling«, »Primitivling«, »Schönling«, »Eindringling«, »Emporkömmling«, → »Mischling« und eben auch »H.« Diese Bezeichnung ist durch anthropologische Forschungen institutionalisiert worden.

Durch den Neologismus wurde der Gedanke transportiert, der so Benannte sei ein »Haupt«, der einer überschaubaren, in der Regel familiär gewachsenen, gesellschaftlichen Struktur vorstehe. Für die gelegentlich vermutete Beziehung zwischen »HÄUPT-ling« und dem Schmuck auf dem »Haupt« lassen sich historisch keine verallgemeinerbaren Belege finden. Wie aus den obigen Lexikonbeispielen ersichtlich ist, wird der Machtradius eines »H.s« auf den Kontext eines Dorfes oder eines → »Stammes« sowie von → »Naturvölkern« eingeschränkt. Durch die semantische Verknüpfung von »Stamm«, »Naturvölkern« und »H.« wird die kolonialistische Konnotation potenziert und verfestigt.

In der historischen wie auch aktuellen Verwendung des Begriffes »H.« wird mit ihm → »Primitivität« und personale Herrschaftsform verbunden. Diese Konstruktion baut außerdem auf Imaginationen eines wenig bekleideten und bemalten Herrschers auf, der (vor allem für den nordamerikanischen Kontext) einen üppigen (Feder-)Kopfschmuck trägt. Während ein »H.« für den Kontext der *First Nations People of America* oftmals als allwissender, gütiger Weiser verklärt wird, der sein Volk nach alten – Europäer/inne/n fremden – Richtlinien leitet, werden »H.e« in Afrika oft mit Brutalität, Willkür und Ungebildetsein assoziiert. So konnte implizit der kolonialistische Mythos von der »zivilisatorischen Mission der Weißen« begrifflich genährt werden.

Der Begriff findet auf ganz unterschiedliche Herrschaftsformen Anwendung, so dass die gesellschaftlichen Strukturen im kolonialen Raum stereotypisiert und homogenisiert werden. Wenn er in der Gegenwart für nicht-staatliche Herrscher in afrikanischen Gesellschaften verwendet wird, transportiert er die Annahme von der strukturellen Einheit dieser Gesellschaften ungebrochen.

Da »H.« nur männliche Herrscher bezeichnet und es kein weibliches Pendant gibt, findet sich hier auch eine terminologische Ignoranz von strukturellen Herrschaftsformen, die Frauen ausüben. Das Innehaben von struktureller Macht wird implizit gleichgesetzt mit Männlichkeit – ein Ansatz, der auf die patriarchalische Verfasstheit von Europa in der Ära des Kolonialismus zurückgeht.

Auch wenn der Begriff »H.« vorrangig Assoziationen mit den *First Nations People of America* hervorruft, wurde er von Anfang an für Gesellschaften in Afrika verwendet. Da die gesellschaftlichen Strukturen der *First Nations People of America* heute weitgehend zerschlagen sind, ist »H.« in diesem Kontext vor allem in historischer Perspektive gebräuchlich. Für Afrika findet der Begriff sowohl für historische als auch zeitgenössische Machthaber von Dörfern, Städten oder Gesellschaften Verwendung. Auf Staatsebene wird von Politiker/inne/n, Präsident/inne/n, Minister/inne/n etc. gesprochen.

Zur Bezeichnung eines westlichen Politikers oder einer westlichen Politikerin hat »H.« in sachlichen Zusammenhängen weder auf staatlicher noch auf regionaler Ebene je Verwendung gefunden. Hier wird der Begriff nur als abwertende Bezeichnung eines Machtinhabers gebraucht, der seiner Führungsposition nicht gewachsen sei bzw. dem eine fehlende Legitimierung durch demokratische Wahlverfahren unterstellt werden soll. Dass der Begriff in diesem Kontext abwertend ist, wird in aktuellen Lexika häufig vermerkt, dass dies prinzipiell gilt wird nicht erwähnt. Gelegentlich wird »H.« in seiner abwertenden Implikation in polemisch-ironisierenden Zusammenhängen, zum Beispiel in Zeitungsartikeln, benutzt. Sowohl die ungleiche Bewertung des Begriffes für verschiedene gesellschaftliche Räume als auch der ironisierende Gebrauch für den westlichen Kontext schreiben die abwertende Konnotation des Begriffs für Afrika und andere koloniale Räume und damit auch die diese betreffende prinzipielle Stereotypisierung fort.

Der aus dem Englischen entlehnte Begriff *chief* stellt keine Alternative zu »H.« dar. Analog zu »H.« wurde er eigens für den Kontext afrikanischer Gesellschaften in seiner Bedeutung erweitert. Er basiert ebenfalls auf der Annahme, für Afrika würden andere Begriffe als für den Westen benötigt werden, wodurch das Konstrukt der Dichotomie (re-)produziert wird. *Chief* wirkt ähnlich homogenisierend wie »H.«: Wieso sollten vielfältige Herrschaftsformen auf einen Begriff reduziert werden, noch zumal er eine Fremdbezeichnung darstellt und in vielen Regionen Afrikas nicht verstanden wird?

Um die Position innerhalb des Machtgefüges so konkret wie möglich zu benennen, ist es vonnöten, sich an der tatsächlichen Struktur der jeweiligen Gesellschaft zu orientieren. Als Alternativen bieten sich die Eigenbezeichnungen aus den jeweiligen Sprachen an, ein Verfahren, das für westliche Länder gängig ist. So wird auch in anderen Sprachen vom Premier oder vom Bundeskanzler, der Knesset oder dem Sejm gesprochen. In der Igbo-Gesellschaft werden die Machthaber/innen von Dörfern beispielsweise als *Eze* bezeichnet. Manchmal kann es angebracht und möglich sein, zusätzlich zum Originalbegriff (etwa in Klammern) ein westliches Pendant zu benennen. Dabei müsste aber deutlich gemacht werden, dass eine Differenz besteht, aber um der Verständlichkeit Willen ein Analogiebegriff angeboten wird. In solchen Zusammenhängen kann manchmal auch das Wort »Bürgermeister/in« oder »König/in« verwendet werden. Dabei darf man/frau aber nicht in eine erneute Stereotypisierung verfallen und den Begriff pauschal verwenden. Oft wird »König/in« unreflektiert als Benennung für eine/n Herrscher/in in nicht-zentralistisch organisierten Gesellschaften benutzt, was dazu führt, dass es dann in einer Gesellschaft gleich mehrere Könige und/oder Königinnen gibt. Auch der Titel »Sultan« ist mit Vorsicht zu wählen, denn diese arabische Fremdbezeichnung ist nur auf wenige Gesellschaften in Afrika anwendbar. Will man überregional verallgemeinern, so bietet es sich an, analog zum europäischen Kontext beispielsweise von politischen Machthaber/inne/n, Herrscher/inne/n oder Amtspersonen zu sprechen.

Susan Arndt

Anmerkungen

[1] Grimm, Jacob; Wilhelm Grimm. *Deutsches Wörterbuch*. Bd. 4/2. Leipzig 1885: 619.

[2] *Der Große Brockhaus. Handbuch des Wissens in zwanzig Bänden*. Bd. 8. Leipzig 1930: 231.

[3] *Wörterbuch der deutschen Gegenwartssprache*. Bd. 3. Berlin 1977: 1741.

[4] Kluge, Friedrich. *Etymologisches Wörterbuch der deutschen Sprache*. Berlin, New York 1995: 360.

[5] *Brockhaus. Die Enzyklopädie. Deutsches Wörterbuch I-III*. (Bd. 28-30). Bd. 29. Mannheim 1999: 1692.

»Hottentotten/Hottentottin«

»**Hottentotten** (›Stotterer‹) wurden von den Holländern die afrikanischen Urbewohner am Kap der Guten Hoffnung wegen der Schnalzlaute in ihrer Sprache genannt. Sie bilden mit den Buschmännern zusammen eine eigene, von den Negern streng geschiedene Menschenrasse ... Die Nahrung besteht in Milch und Fleisch, und wo diese, wie häufig, fehlen, in Wurzeln, Zwiebeln etc., die sie mit wunderbarem Scharfsinn auszuspüren verstehen ... Für den Genuß von Branntwein und Tabak gibt der Hottentote alles hin. Das Temperament der H. ist vorwiegend sanguinisch, und bei dem Leichtsinn Charakters entsteht eine Unberechenbarkeit der Handlungsweise, die ihre guten Eigenschaften, persönlichen Mut und Intelligenz, Bereitwilligkeit, dem Bedrückten und Hilfsbedürftigen beizustehen, u. Gastfreundschaft, völlig lahm legt. Schrankenlos geben sie sich dem Branntweingenuß hin, und Stück für Stück verkaufen sie ihr Land den vordringenden Kolonisten um Kleinigkeiten. Sie sind meist heiterer Laune, lieben die Geselligkeit, Tanz und Schmausereien. Die Leichtigkeit aber, die Sitten und noch mehr Unsitten der Europäer anzunehmen, führt sie dem Rassentod entgegen. Von Moral ist bei den H. nicht viel zu bemerken. Wankelmut, Sucht, den großen Herrn zu spielen, Lügen, Diebstahl und Sinnlichkeit sind ihre Hauptlaster. Von ihrer Begabung zeugen die Leichtigkeit, mit der sie sich fremde Sprachen aneignen, sowie die oben erwähnten, von ihnen selber dem eigenen Verständnis entsprechend umgestalteten Fabeln von Reinecke Fuchs, ferner Skulpturen u.a. ... «[1]

»**Hottentotten** (vom holländ. hotentots, die Stotterer), eigener Name Khoi-Khoin (›Menschen‹), Völkerfamilie in Südafrika ..., kulturell und wahrscheinlich auch sprachlich zu den hamitischen Völkern gehörig. Gesamtzahl etwa 100 000. Anthropologisch bilden sie eine an den übrigen Völkern des afrik. Erdteils verschiedene Rasse, kennzeichnende Merkmale: kleiner Wuchs, sehr hervortretende Backenknochen, dicke Lippen, platt, zwischen kleinen Augen liegende Nase, schmutzigolivengelbe und fahlgraue Gesichtsfarbe, wollige, dicht verfilzte Haare, bei den Frauen außerdem der Fettsteiß und die Hottentottenschürze. Die Gesichtzüge der meisten älteren Individuen sind hässlich. Nur ein einziger Stamm, die Korana, unterscheidet sich durch höheren Wuchs, körperl. Stärke, belebte Augen, wohlgebildete Gesichter und größere Intelligenz ...

Rein finden sich die H. nur in nördl. Gegenden, bes. unter den Namas, während große Teile, bes. in der Kapprovinz und in Südwestafrika, sich mit Buren, Engländern und Kaffern vermischten (Bastards). Von den

3.Hottentottenstämmen sind nur die Kolonialhottentotten und die Namastämme noch in größerer Anzahl und fast ausschließlich in Südwestafrika vertreten. Die H. sind im wesentlichen Viehzüchter, im einzelnen weisen sie in ihrer Kultur sehr viel Gemeinsames mit den hamitischen Völkern auf, so in Religion ..., in den Sitten der vaterrechtl. Gesellschaft und vor allem in den Gebräuchen der Viehzucht.«[2]

»**Hottentotte** ....(= Stotterer?) Angehöriger eines südafr. Negervolkes; ungepflegter Mensch; *H.nbrot* ... eßbare Yamswurzel; *H.nfeige* ... essbare Frucht einer Mittagsblume; *H.nschürze* ... künstliche Verlängerung der w. kleinen Schamlippen; *H.nsteiß* ... Fettansammlung am Steißbein; *hottentottisch* EW als, wie ein Hottentotte.«[3]

»**Hottentotte** ... *Angehöriger einer den Buschmännern nahestehenden, rassisch gemischten Völkerfamilie in Süd- u. Südwestafrika* [< kapholländ. *hotentot* ›Stotterer‹]«[4]

»**Hottentotten**, (Eigenbez. Khoikhoin [›Menschen der Menschen‹], Volk der khoisaniden Rasse, Hirtennomaden; urspr. im südlichsten Afrika, von den Weißen nach N und O abgedrängt. Die nach Namibia abgewanderte Gruppe der *Nama* hat sich als einzige rein erhalten.«[5]

»**Hottentotten**, Pl., Eigen-Bez. Khoikhoin, zusammenfasssender Name einer Völkerfamilie in Südafrika und Namibia; hamit. Einfluss in der Wirtschaftsform (Großviehzüchter) und der Sprache. Als einzige ethnische Gruppe haben sich die Nama erhalten.«[6]

»**Hottentotte** ... (Angehöriger eines Mischvolkes in Südwestafrika) Hottentottin, hottentottisch«[7]

Der Begriff »H.« wurde im 17. Jahrhundert durch die europäischen, das heißt zumeist niederländischen Kolonisator/inn/en eingeführt. Dabei wurden verschiedene Gesellschaften mit ganz unterschiedlichen sprachlichen, sozioökonomischen und kulturellen Hintergründen wie die Nama (in Namibia), Korana und Griqua (im heutigen Südafrika/Namaqualand), die im südlichen Afrika teilweise in großer räumlicher Distanz von einander leben, in einem homogenisierenden Verfahren als eine vermeintliche Einheit konstruiert. Von Anfang an ging diese Konstruktion mit einer Abwertung der so bezeichneten Gesellschaften einher. So verbanden sich mit der Bezeichnung »H.« die Charakteristika »Unordnung«, »Chaos« und »Primitivität«. Diese Stereotypen legitimierten die Kolonialpolitik, da durch sie die Überlegenheit der Kolonialherren manifestiert wurden.

Die Herkunft des Begriffs »H.« lässt sich etymologisch nicht eindeutig festlegen. Einerseits kann auf verschiedene Indizien verwiesen werden, die nahe legen, dass die Niederländer/innen einige Gesellschaften des südlichen Afrika als »H.« bezeichneten, weil ihre Sprachen durch zahlreiche Clicks, das heißt implosive Konsonanten, gekennzeichnet sind. Die Europäer/innen, denen diese Phoneme nicht vertraut waren, nahmen diese als Stottern und Stammeln wahr. Ein berühmtes Beispiel dafür war der Reisende J. Nieuhoff (1653).[8] Die Benennung als »H.« ist aus dieser Perspektive heraus als ein Nachahmen bzw. ein Verächtlichmachen des vermeintlichen Stotterns zu betrachten.

Andererseits verweisen einige Quellen darauf, dass die Einwohner/innen während des Singens und Tanzens oft das Wort »H.« (alternativ dazu ist auch »hautito« belegt) sangen und deswegen von den Niederländer/inne/n so benannt wurden.[9]

Beide Varianten der Erklärung der Genese des Begriffes »H.« haben eine herabwürdigende Betrachtungsweise der so genannten Click-Sprachen zum Hintergrund. Was den europäischen Kolonisator/inn/en fremd klang – Clicks und Stakkato – und ihnen unverständlich war, wurde mit eurozentrischen Maßstäben be- und als Stottern oder Stammeln verurteilt.

Dass eine Konstruktion einer Kultur auf der Grundlage eines linguistischen Merkmals unhaltbar ist, wird allein schon daran deutlich, dass es im südlichen Afrika auch Gesellschaften gibt, in deren Sprachen ebenfalls Clicks auftauchen, die aber nicht unter den »H.« subsumiert worden sind. Dazu zählen etwa die |Xam, die Ju|'hoansi, die Hai||om, die Nharo oder die G|wi. Diese ebenfalls sehr variierenden Gesellschaften wurden unter der kolonialen Konstruktion → »Buschmänner« subsumiert.

An dieser Stelle offenbart sich ein weiteres Konstruktionskriterium, das neben dem linguistischen Kriterium eine Unterteilung nach »H.« und »Buschmänner« ermöglichen sollte. Zur rassistischen Klassifikation wurden auch (sozioökonomische) Lebensweisen herangezogen. Dabei wurden die »Buschmänner« als »Jäger und Sammler« und die »H.« als »Viehzüchter« konstruiert. Dass die nomadische Lebensweise den Europäer/inne/n nicht nur fremd war, sondern sie es ihnen zudem erschwerte, diese Kulturen zu beherrschen, schlägt sich darin nieder, dass die »Buschmänner« in einer kolonialen Hierarchie noch unter den

»H.« positioniert wurden. Dieses Modell entspricht einem typischen kolonialen Verfahren, insbesondere der Engländer/innen, Macht und Herrschaft (durch eine Minderheit) dadurch zu sichern, dass verschiedene afrikanische Kulturen gegeneinander ausgespielt wurden, indem man einigen partielle Privilegien zukommen ließ, die anderen verweigert blieben. Dieses Modell wurde auch in der Apartheidhierarchie übernommen. Während »H.« den »Coloureds« (→ »Farbige«) zugeordnet wurden, wurden die »Buschmänner« auf der untersten Stufe der Apartheidskala, noch unter den *Blacks*, eingruppiert. Ein Ergebnis dieser rassistischen Politik ist es, dass sich dieses Denken im Prozess einer Verinnerlichung rassistischer Denkmuster partiell auch in Verhaltensmuster von Afrikaner/inne/n eingeschrieben hat, die zu einer Diskriminierung von Schwarzen untereinander führte und führt.

Die so sozioökonomisch und sprachlich begründete Konstruktion und Homogenisierung von Bevölkerungen und Kulturen als »H.« mit den damit verbundenen Stereotypen wurde besonders im 19. Jahrhundert durch das Aufkommen und Erstarken eines »wissenschaftlich verankerten« Rassismus, bzw. der so genannten Rassenanthropologie mit einer »biologischen Begründung« ergänzt bzw. verändert.

So wurden »H.« als eigene → »Rasse« in Abgrenzung zu anderen vermeintlichen »Rassen«, wie zum Beispiel den erwähnten »Buschmännern«, definiert. Dabei wurde in Ergänzung zu den bisherigen Kriterien auf Äußerlichkeiten (Hautfarbe, Körpergröße usw.) sowie vermeintlichen Charaktermerkmalen abgehoben. Besonders stark wurden dabei angebliche Auffälligkeiten der weiblichen Anatomie, bzw. der weiblichen Geschlechtsmerkmale, fokussiert und exotisiert. Ein spezielles Interesse galt auf erniedrigende Weise dem so genannten »H.steiß«.

Als Beispiel für die demütigende Behandlung und herabwürdigende Betrachtungsweise der »H.« als minderwertige »Rasse« bzw. Menschen soll hier das Schicksal der so genannten »H.venus«, Saartje Baartmann, genannt sein, die 1810, 19-jährig, nach Frankreich verschleppt wurde und dort auf Jahrmärkten und im Zirkus zur Schau gestellt wurde. Nach ihrem Tod im Jahr 1816 wurde ihr Körper für »wissenschaftliche Untersuchungen« benutzt, um herauszufinden, ob sie den Tieren oder den Menschen zuzuordnen sei. Bis 1974 wurden ihre präparierten Geschlechtsteile im Pariser Musée de l'Homme zur Schau gestellt.[10] Saartje Baartmann wurde damals als geeignete Repräsentantin ihrer »Rasse« präsentiert, als Sinnbild wilder Sexualität und zugleich rassischer Minderwertigkeit, als ein Beleg für ein damals gesuchtes Bindeglied zwischen Mensch und Tier.

Ihr Schicksal veranschaulicht die Betrachtungsweise von »H.« als biologistische Kategorie. Diese »naturalisierte« die Kategorie »H.« und sah bestimmte Stereotype naturgemäß, das heißt einer biologischen »Rasse« inhärent, an. Dies betraf vor allem auch die Übernahme der erwähnten Charakteristika der »Primitivität«, der »Unordnung« und des »Chaos«. Ergänzt wurden diese durch eine nun zusätzlich behauptete »sexuelle Zügellosigkeit«, das heißt »Promiskuität« der »H.«, wobei es sich, aus einer psychoanalytischen Perspektive betrachtet, auch hier um Projektionen des Unbewussten der Kolonisatoren handelt.

Diese »biologischen« Perspektiven auf »H.«, sowie auch die damit verbundenen abwertenden Stereotypen, haben sich tief in europäischen Denk- und Wertemustern festgesetzt. So tauchen beispielsweise die Begrifflichkeiten des rassistischen Vokabulars wie »Völkerfamilie«, »Rasse«, »rein erhalten« und »Vermischung« in den anfänglich zitierten Definitionen unhinterfragt auf. Der Konstruktcharakter der Bezeichnung »H.« wird dabei nur unzureichend, bzw. gar nicht erwähnt.

Die Zuschreibung »H.« stellte auch im Kontext der deutschen Kolonialpolitik ein wesentliches Element dar. Von 1904 bis 1907 führten die deutschen Kolonisator/inn/en im kolonialen »Dt.-Südwestafrika« (Namibia) einen brutalen Vernichtunskrieg gegen die Erhebung der dortigen Bevölkerungen, u.a. der Herero und der Nama. Die dortige »Politik« der Niederwerfung und die dafür benötigte Zustimmung zur Finanzierung führte 1906 zur Auflösung des Reichstages, da die SPD und das Zentrum gegen eine Finanzvorlage stimmten, und daraufhin zu einem sehr erhitzt geführten Wahlkampf. Die 1907 als »H.wahl« bezeichnete Reichstagswahl stand ganz im Zeichen einer »nationalen« Mobilmachung des »Rechten Blocks«. Hier wurde erfolgreich versucht, nationale Identität über die Abgrenzung und Konstituierung einer Überlegenheit über andere »Rassen«/Völker zu propagieren.

Im heutigen Sprachgebrauch wird die Bezeichnung »H.« oft auch auf Personen übertragen, die nicht unter das ursprüngliche Konstrukt fallen würden. Am bekanntesten ist dabei die Redewendung »Hier geht es ja zu, wie bei den H.«. In diesen Zusammenhängen erscheint die Zuschreibung als Schimpfwort, da zumeist Zustände der »Primitivität«, des »Chaos« und der »Unordnung« umschrieben bzw. behauptet werden sollen. »H.« wirkt in diesen Fällen als Metapher. Die damit beabsichtigte und vorgenommene Beleidigung und Herabwürdigung ergibt sich nicht nur aus der abwertenden Konnotation des Begriffs, sondern wirkt zugleich auch auf den Begriff und die so bezeichneten Menschen und Gesellschaften zurück. Ein zumeist nur unzureichendes Wissen über das Konstrukt »H.« wird durch die negative Benutzung nicht erweitert, aber die als existent angenommenen negativen Stereotypen werden dadurch selbstreferentiell bestätigt.

Aufgrund des Konstruktcharakters sowie der rassistischen Konnotation der Bezeichnung »H.« ist von der Verwendung der Bezeichnung »H.« zur Beschreibung von Kulturen/Gesellschaften im südlichen Afrika abzusehen. Da die Begriffe »H.« und »Buschmänner« koloniale Konstrukte mit willkürlichen Kriterien darstellen, haben sie folgerichtig auch keine Entsprechungen in den jeweiligen afrikanischen Sprachen. Oft wird für »H.« alternativ auf den Begriff »Khoi« zurückgegriffen. Dabei bleibt aber zum einen das Problem bestehen, dass die koloniale Konstruktion unerschüttert bleibt und es auch zu Bedeutungsübertragungen von »H.« auf »Khoi« kommt. Hinzu kommt, dass »Khoi«, was so viel heißt wie Mensch, ebenfalls eine Fremdbezeichnung ist. Am naheliegendsten ist es letztlich, genau zu benennen, auf welche Gesellschaften des südlichen Afrika sich bezogen werden soll und dabei auf Eigenbezeichnungen zurückzugreifen.

Bestimmte Kontexte, etwa eine Beschäftigung mit der Geschichte und der Verortung einzelner Subjekte innerhalb von Identitätsgruppen und Machtstrukturen, können es allerdings erforderlich machen, das Konstrukt »H.« als Kategorie zu verwenden. Dabei kann es sinnvoll sein, auf den Begriff »Khoi« zurückzugreifen, dem immerhin die der eurozentristischen Vokabel »H.« eingeschriebenen rassistischen Konnotationen fehlen. Vor allem aber ist es angebracht, auf den Konstruktcharakter zu verweisen. Das kann zum einen durch Anführungszeichen geschehen, zum anderen

aber auch durch Formulierungen wie etwa »die im kolonialen/
Apartheidkontext als ›H.‹ konstruierten Gesellschaften«.

Stefan Göttel

Anmerkungen

1 *Meyers Konversations-Lexikon.* Bd. 8. Leipzig, Wien 1897: 442-423.
2 *Der Große Brockhaus.* Bd. 3. Leipzig 1931: 692.
3 Mackensen, Lutz. *Deutsches Wörterbuch.* Laupheim 1955: 380.
4 *Brockhaus-Wahrig. Deutsches Wörterbuch in sechs Bänden.* Bd. 3. Wiesbaden, Stuttgart 1981: 662.
5 *Meyers Taschenlexikon in 12 Bänden.* Bd. 5. Leipzig, Mannheim, Wien, Zürich 1996: 1543.
6 *Der Grosse Brockhaus in einem Band.* Leipzig, Mannheim 2003: 458.
7 *Duden. Die deutsche Rechtschreibung.* Leipzig, Mannheim, Wien, Zürich 2001: 481.
8 Vgl.: Ernst, Michael. *Die Khoisaniden. Anthropologische und physisch-anthropologische Untersuchungen über die Buschmänner und Hottentotten.* Dissertation zur Erlangung des akademischen Grades eines Doktors der Philosophischen Fakultät der Universität des Saarlandes, Saarbrücken 1988: 18.
9 Ebenda 19.
10 Nach der Abschaffung des Apartheidsystems in Südafrika war es der neuen Regierung ein Anliegen, die sterblichen Reste von Saartje Baartmann zu überführen und zu bestatten, was so auch geschah.

»Kaffer/Kafferin«

»**Kaffern** (v. arab. Kafir, ›Ungläubiger‹), zu den Bantuvölkern gehörige Völkerfamilie, die an der Ostseite Südafrikas vom Sambesi bis zur Südspitze wohnt und von N. nach S. gezählt die Swasi, Amatonga, Sulu, Pondo, Pondomisi, Baku, Tembu und Amakosa umfasst. Linguistisch und ethnographisch stimmen sie auffallend mit den Negern des tropischen Afrika überein ... Körperlich gehören sie zu den kräftigsten Negerstämmen. Der Schädelbau ist dolichocephal, die Gesichtszüge ähneln denen der kaukasischen Rasse, die Hautfarbe ist bei den südlichsten Völkern rein braun, wird aber nach N. zu immer dunkler, bis sie an der Delagoobai dunkelschwarz erscheint. Das Haar ist schwarz und wollig, die Stirn hoch, die Backenknochen sind, wie bei den Hottentoten, hervorragend, die Lippen aufgeworfen, der Bart meist schwach ... Da physischer Typus und Sprache vielfach an Hamitisches und Semitisches erinnern, hat wahrscheinlich in unvordenklicher Zeit eine Mischung der Urnegerrasse mit hamitischen Stämmen stattgefunden. Der Charakter der K. zeichnet sich durch die Energie aus, welche sie den politisch ausgreifendsten Eroberervölkern und Staatenbildnern Afrikas an die Seite stellt. Mit vielem Scharfsinn begabt, mutig, tapfer und ausdauernd, sind sie aber auch träge, rachsüchtig, verräterisch und grausam gegen ihre Feinde ... «[1]

»**Kaffern** ... Bantuvolk in Südafrika im östl. Gebiet der Südafrik. Union bis etwa nach Sofala. Zahl: rund 1.300.000 Köpfe. Sie bilden einen eigenen Typus unter den afrik. Völkern ... Ihre Hautfarbe ist bei den südlichsten Völkerschaften (den Kosa) licht und rein braun; nordwärts wird sie allmählich dunkler und an der Delagoabai dunkelschwarz. Die K. haben schwarzes, wolliges Haar; ihre Gesichtszüge zeigen deutliche Beimischung hamitischen Blutes. Mit den Hamiten haben sie die hohe Stirn und den erhabenen Nasenrücken, mit den Hottentotten die hervorragenden Backenknochen, mit den Negern aufgeworfenen Lippen gemein ... Die Last des Garten- und Feldbaues ruht auf den Weibern, während sich der Mann um die Herden kümmert und sich der Jagd und dem Kriegshandwerk hingibt ... Halbkugelförmige, mit Gras bedeckte und zu Kraalen angeordnete ›Bienenkorbhäuser‹; die Vorräte werden in unterirdischen Gruben verwahrt. Die einzelnen Stämme werden von unumschränkten, erblichen Häuptlingen regiert, die Gesetze geben, Recht sprechen und über Leben und Tod entscheiden. Die K. Glauben an ein höchstes Wesen, halten aber viel von Zauberbeschwörern und Regenmachern.«[2]

»**Kaffer** ... [aus dem Rotwelschen ‹ jidd. Kapher = Bauer, zu hebr. Kafar = Dorf; volksetym. auf Kaffern, den Namen eines afrik. Volksstammes, bezogen] (Schimpfwort): *dummer, blöder Kerl:* diese blöden K., Hättest du K. Renée den Ring nicht später geben können (Remarque, Obelisk 99)«[3]

»**Kaffer** m. vulg. ›dummer Kerl‹ (‹ 18. Jh.).Aus dem Rotwelschen ... Dorthin kam es aus wjidd. *Kaf(f)er* ›Bauer, Dörfler‹ ... Die afrikanische Stammesbezeichnung ist davon unabhängig: sie stammt aus span. *cafre,* port. *cafre* ›Barbar‹ ... Die beiden Wörter sind aber bei den Sprechern gleichgesetzt worden.«[4]

»[1]**Kaffer** 1. *frühere, bes. südafrikan. Bez. für:* Angehöriger eines bestimmten Bantustammes. 2. *frühere abwertende südafrikanische Bez. für:* Schwarzer; [2]Kaffer [aus dem Rotwelschen ‹jid. kapher = Bauer, zu hebr. kaffar = Dorf, volksetym. auf [1]Kaffer bezogen]«[5]

»[1]**Kaffer** ... *(frühere Bez. für* Angehöriger eines Bantustammes in Südafrika, *auch derb abwertend für* Schwarzer)

[2]**Kaffer** ... ‹hebr.-jidd.› *(ugs für* dummer blöder Kerl)«[6]

Der Begriff »K.«, der in mehreren Sprachen wie dem Deutschen, Niederländischen, Afrikaans und dem Englischen verwendet wird, basiert auf einem irrationalen Konzept, welches durchgängig diskriminierend gebraucht wird. Seine Herkunft ist nicht auf nur eine Quelle zurückführbar, vielmehr werden in der Regel zwei unterschiedliche etymologische Wurzeln angeführt. Zum einen kommt es aus dem jiddischen *Kaf(f)er,* wo es »Bauer« oder »Dörfler« meint. Eine noch heute umgangssprachlich gebräuchliche Ableitung dieser Form ist das Wort »Kaff« (abfällig für Dorf). Andererseits wird die Herkunft von »K.« dem spanischen bzw. portugiesischen *cafre* zugeschrieben, was abwertend eine Person als »ungesittet« und »roh« charakterisiert.[7] Diese Bezeichnung geht auf das arabische Wort *kafir* für »Nicht-Gottergebene nach dem Islam« oder »Nicht-Muslim(a)« zurück.[8] Von den Weißen, die das südliche Afrika okkupierten und eroberten, wurde dieser Begriff im 17. Jahrhundert übernommen. Dabei war ausschlaggebend, dass ihnen »K.« (in zwei verschiedenen Kontexten) als abwertend begegnet war. Dies ist auch die primäre Konnotation, mit der »K.« bis heute verwendet wird, wobei die beiden früheren Verwendungen des Begriffes miteinander verschmolzen und immer mehr in den Hintergrund getreten sind.

Wäre das arabische Wort »*Kafir*« in seiner ursprünglichen Bedeutung als »Nicht-Gottergebene nach dem Islam« übernommen worden, müssten sich die christlichen Europäer/innen selbst als

»*Kafir*« bezeichnen. Im südafrikanischen Kontext kommt hinzu, dass die europäischen Machthabenden, die die afrikanische Bevölkerung abfällig als »K.n« bezeichneten, in dreifacher Hinsicht selbst als »K.n« angesehen werden könnten. Erstens, da sie »Nicht-Gottergebene nach dem Islam« waren. Zweitens waren viele von ihnen Bauern, die jiddische Übersetzung von »K.«, was sich auch im Begriff »Bure« manifestiert. Und drittens schließlich könnten sie – angesichts ihrer Verbrechen im Kontext von Kolonialismus und Apartheid – als »roh« und »ungesittet«, die Übersetzung des spanischen/portugiesischen Wortes »*cafre*«, bezeichnet werden.

Der Begriff »K.« wurde damit im kolonialen Kontext mit einer veränderten Bedeutung gegenüber den oben erwähnten früheren benutzt. Das einzige, was in der Übertragung übernommen wurde, ist der negative, diskriminierende und abwertende Bedeutungsinhalt. Deswegen ist es auch kein Zufall, dass er eben nicht auf »Buren« oder andere Weiße angewendet wurde, sondern nur auf Schwarze.

Inzwischen hat sich das Wort aus dem südafrikanischen Kontext herausgelöst und wird auf weite Teile des afrikanischen Kontinentes angewendet. So trifft man heute auf den Begriff »K.« als eine Bezeichnung für Afrikanerinnen und Afrikaner generell.

Es wird deutlich, dass mit diesem Begriff eine Homogenisierung ganz unterschiedlicher Kulturen und Gesellschaften mit differierenden religiösen Konzepten vollzogen wurde. Dennoch wird in vielen Nachschlagewerken, wie etwa im oben zitierten *Etymologischen Wörterbuch* von Kluge, suggeriert, »K.n« seien ein »Stamm oder Volk in Afrika«.[9]

»K.« bezeichnet jedoch weder eine Gesellschaft oder Kultur noch eine Sprache. Es handelt sich um eine Fremdbezeichnung für ein willkürlich geschaffenes Konstrukt. »K.« wurde als Benennung erfunden, um die Vormachtstellung der Weißen im südlichen Afrika zu legitimieren und um ihre Kultur implizit als Norm zu setzen. Zudem wird der Begriff bis heute, vor allem in Südafrika, als Schimpfwort für Schwarze gebraucht. Dabei wird sowohl die Konnotation von »dumm«, als auch von »ungläubig« mittransportiert. Während der Apartheid war der Begriff ein wichtiger Ideologieträger.

Es existieren mehrere Komposita, in denen »K.« durchgängig als Synonym für »südafrikanisch« oder gar, noch pauschaler, »afrikanisch«, immer aber in abwertender Bedeutung, verwendet wird. Hier ist die »K.nhirse« oder das »K.nkorn« zu nennen, das auch »Mohrenhirse« genannt wurde. Diese Übertragung der Abwertung ist weitreichend gewesen und hat sich in zahlreichen weiteren, entsprechenden Komposita verfestigt: Als »K.nbüffel« wird eine in Zentralafrika beheimatete Rinderart bezeichnet, als »K.nadler« ein Adler in Ost- und Südafrika. Als »K.nbrot« wird ein auf dem afrikanischen Kontinent beheimatetes Palmfarn, aus dem Sago hergestellt werden kann, benannt. Gemeinsam ist diesen Wortbildungen das Bestreben, Nahrungsmitteln und Tieren, die nicht aus Europa stammen, das Attribut »afrikanisch« zu verleihen. Dieses geschah hier durch die abwertende Bedeutung des Begriffes »K.«, so dass die so bezeichneten Tiere und Nahrungsmittel ebenfalls und sekundär abgewertet wurden. Die Absurdität eines solchen regional und kulturell pauschalen Attributes wird daran deutlich, dass niemand von »Weißwurstfresserkühen« sprechen würde, wenn Kühe in Bayern gemeint sind. Zudem zeigt sich hier, dass die Konstruktion von Afrika als dem »Anderen« sogar soweit ging, auch Pflanzen und Tiere zum »Anderen« (im Vergleich zum europäischen Kontext) zu konstruieren.

Die Grenzkriege im südlichen Afrika im 18. und 19. Jahrhundert, die die Europäer/innen gegen die einheimische Bevölkerung führten, um das Land der Siedlungskolonie nach Nordosten hin zu vergrößern, wurden als »K.nkriege« bezeichnet. Mit diesem Begriff wurde irreführend suggeriert, es sei die Bevölkerung des südlichen Afrika gewesen, die Kriege gegen die Europäer/innen initiiert hätte. Damit wurde verschleiert, dass diese Kriege im Zeichen einer gewaltsamen Landaneignung durch Europäer/innen standen.

Wegen seines negativen, diskriminierenden Charakters und weil er ein willkürliches Konstrukt bezeichnet, kann und sollte auf den Begriff »K.« gänzlich verzichtet werden. In Südafrika sind aufgrund der umfangreichen Antidiskriminierungsgesetze, speziell auf der Grundlage des *Promotion of Equality and Prevention of unfair Discrimination Bill*,[10] Diskriminierungen aufgrund der Hautfarbe, der Herkunft, des Geschlechts oder der Sprache, um nur einige zu nennen, verboten. Eine als »K.« bezeichnete Person könnte in Südafrika heute vor Gericht klagen. Alternativ können die einzelnen Kulturen oder Sprachen konkret benannt oder kann allgemein von Schwarzen Südafrikaner/inne/n geredet werden.

Katharine Machnik

Anmerkungen

[1]   *Meyers Konversations-Lexikon.* Bd. 9. Leipzig, Wien 1897: 730-731.
[2]   *Der Große Brockhaus. Handbuch des Wissens in zwanzig Bänden.* Bd. 9. Leipzig 1931: 551-552.
[3]   *Duden. Das große Wörterbuch der deutschen Sprache in sechs Bänden.* Bd. 3. Mannheim, Wien, Zürich 1977: 1400.
[4]   Kluge, Friedrich. *Etymologisches Wörterbuch der deutschen Sprache.* Berlin, New York 1999: 417.
[5]   *Brockhaus. Die Enzyklopädie. Deutsches Wörterbuch I-III.* (Bd. 28-30). Bd. 29. 1999: 2026-2027.
[6]   *Duden. Die deutsche Rechtschreibung.* Mannheim, Leipzig, Wien, Zürich 2001: 519.
[7]   Vgl.: Kluge. *Etymologisches Wörterbuch:* 417.
[8]   www.irh-info.de/islam/select-kufr.html (26.03.03).
[9]   Kluge. *Etymologisches Wörterbuch:* 417.
[10] http://www.gov.za/bills/1999/b57b-99.pdf (16.04.03).

ohne Titel, Moise Ngolwa, 2003

Moise Ngolwa kehrt eine Weiße Fantasie um.

»Kannibalen/Kannibalismus«

»**Kannibalen** ... ursprünglich die menschenfressenden Bewohner der karibischen Inseln; daher überhaupt soviel wie Menschenfresser, wilde, grausame Menschen.«[1]

»**Kannibalen** ... Bezeichnung für Menschenfresser, entstanden auf Grund von Beobachtungen des Kolumbus 1492 ... *Kannibalismus, Anthropophagie*, der Genuß von Menschenfleisch durch Menschen, kam bei Naturvölkern aller Erdteile vor, so in Afrika bes. bei den Niam=Niam ...«[2]

»**Kannibale** ... 1. jmd., der Menschenfleisch verzehrt; Angehöriger eines Naturvolkes, bei dem der Kannibalismus herrscht... 2. (*abwertend*) roher, brutaler Mensch ... Kannibalismus ... 1. Verzehr von Menschenfleisch [als kultischer Brauch bei bestimmten Naturvölkern] ... 2. (*Zool.*) das Auffressen von Artgenossen bei Nahrungsmangel o.ä.... «[3]

»**Kannibale** ... 1 Angehöriger eines Naturvolkes, das Menschenfleisch verzehrt, bei dem Kannibalismus herrscht; ... 2 ‹*abwertend*› roher, brutaler Mensch; ...Kannibalismus ...1 Sitte einiger Naturvölker, Menschenfleisch zu essen, bes. um sich dadurch die Lebenskräfte des Gegessenen anzueignen; ... 2 ‹*Zool.*› das Auffressen von Artgenossen, häufig im Gefolge von Überbevölkerung od. Nahrungsmangel«[4]

»**Kannibale** ... Angehöriger eines Naturvolkes, das rituell Teile des getöteten Feindes verzehrt ... ›fig‹ roher, brutaler Mensch [›neulat. *canibalis*] Kar(a)ibe (Indianer im karib. Raum) ... *Kannibalismus*‹ ... bei Naturvölkern Brauch, Teile des getöteten Feindes zu verzehren, um sich dessen Kräfte zu eigen zu machen«[5]

»**Kannibale** ... Menschenfresser; *übertr.* für roher, ungesitteter Mensch ... **Kannibalismus** ... Menschenfresserei; *übertr. für* unmenschliche Rohheit ... «[6]

»**Kannibalismus** ... Verzehr von Menschenfleisch [als kultischer Brauch bei bestimmten Naturvölkern]«[7]

»**Kannibale** ... nach dem Stammesnamen der Kariben ... 1. jmd., der Menschenfleisch verzehrt; Angehöriger eines Naturvolkes, bei dem Kannibalismus herrscht«[8]

Christoph Columbus war einer der ersten Kolonialeroberer, der vom »K.« bei den von ihm »entdeckten« Kulturen berichtete. Er verband die Eigenbezeichnung *caniba* (dessen ursprüngliche Bedeutung »stark, geschickt, tapfer, klug« war) mit lateinisch *canis*

(»Hund«) und beschrieb die Ansässigen als »Menschenfresser mit Hundeschnauzen«. Im weiteren Verlauf wurde der Begriff zunehmend auf jene Bewohner/innen angewendet, die sich der Kolonisation am stärksten widersetzten.[9] Durch spanische Vermittlung gelangt der Begriff »K.« mit dem semantischen Inhalt »jmd., der Menschenfleisch isst« nach Europa und findet sich hier seit dem 16. Jahrhundert in deutschen Texten.[10] Das Phänomen war jedoch schon länger in allen Teilen der Welt bekannt. Vor allem in Ausnahmesituationen wie Dürreperioden, Kriegsbelagerungen, als Gewaltmittel u.ä. wurde von »K.« berichtet, die ausnahmslos Abscheu und die Ausgrenzung aus der restlichen Gesellschaft zur Folge hatten.

Schwarze, die sich gegenseitig, aber besonders auch Weiße Reisende »fressen«, sind eine koloniale Erfindung. Sie diente der Rechtfertigung der Kolonialverbrechen. Mit teilweise identischen Beschreibungen und Formulierungen wanderte das Bild in Berichten von Südamerika nach Afrika und heute nach Papua Neuguinea.

Durch die Erfindung des »K.« versuchten Weiße zum einen die Versklavung und Tötung von Millionen von Schwarzen zu rechtfertigen. So erlaubte die Spanische Königliche Proklamation von 1503 etwa nur die Versklavung von »K.«. Damit die Afrikaner/innen dieser Beschreibung entsprechen, haben Weiße sie zu »K.« konstruiert. Nur durch die Dehumanisierung und Dämonisierung der zu erobernden Bevölkerung konnten die durch Weiße verübten Grausamkeiten gerechtfertigt bzw. verschleiert werden.

Zum anderen sollte dieser Mythos die koloniale Landnahme und das Auftreten der Europäer/innen als neue Herrscher/innen und »Heilsbringer/innen« rechtfertigen. Afrika, so wurde unterstellt, bedurfte der »Befreiung« von dieser »Barbarei«. Neben wirtschaftlichen und politischen Zwecken eröffnete der Mythos vom »K.« dabei auch dem Christentum neue missionarische Räume und Legitimationen.

Die koloniale Konstruktion, in Afrika gäbe es »K.«, wirkt bis heute fort. Durch jahrzehntelange Propaganda in Filmen, Büchern oder Comics (z.B. Tarzan) wird Afrika noch immer mit dem Mythos des »K.« verwoben. Auch anderen Kulturen, denen → »Primitivität« unterstellt wird (so etwa auch die *First Nations People of America*), wird »K.« unterstellt. Dabei ist der Mythos, jeder Schwarze sei ein (potentieller) »K.«, heute zunehmend der Version vom »rituellen K.« gewichen. Auch dieser Mythos konnte nie wissenschaftliche belegt werden.[11] Wie für alle anderen Teile der Welt lassen sich auch für Afrika nicht mehr als extreme Einzelfälle von religiös motiviertem Verspeisen menschlicher Körperteile nachweisen. Im Duktus der kolonialen Mentalität werden diese aber verallgemeinernd auf ganze Regionen bzw. Religionen ausgeweitet und als eine prinzipielle Eigenschaft von → »Naturreligionen« abgewertet, die auf fehlende → »Zivilisation« schließen lasse. Analoge Ereignisse in Weißen westlichen Gesellschaften (etwa im Rahmen des Satanismus) werden hingegen als schwere Störung der menschlichen Psyche, als individuelle Erkrankung, eingestuft. Auch hier greift die kolonialistische Praxis der Verallgemeinerung des »Anderen«, während im europäischen Kontext stets eine Individualisierung vorgenommen wurde und wird, um Normverhalten und Abweichungen von der Norm zu unterscheiden.[12]

Im »K.«diskurs wird zudem die Tatsache vernachlässigt, dass die so genannte Transsubstantiation auf einer kannibalistischen Metaphorik basiert: Im christlichen Abendmahl wandelt sich der Wein in das Blut und die Oblate in den Leib von Jesus. Der Priester trinkt bzw. isst daher, stellvertretend für die Gemeinde, das Blut und das Fleisch. Diese leibliche Vereinigung – hier von Mensch und Gott – wird als Ausdruck der höchsten Form der Liebe gewertet. Eine derart positive Bewertung kannibalistischer Mythologie wäre für andere Religionen nicht denkbar.

Als mythisches Trauma der Menschheit sowie individuelles Krankheitsbild existiert »K.« in allen Kulturen der Welt. Eine Assoziierung von Schwarzen und ihrer Kulturen mit/als »K.« entbehrt aber jeder Grundlage. Dies ist als rassistisch einzustufen und deswegen unbedingt zu vermeiden.

Marlene Bauer

Anmerkungen

[1]   *Meyers Konversations-Lexikon.* Bd. 9. Leipzig, Wien 1897: 850.
[2]   *Der Große Brockhaus. Handbuch des Wissens in zwanzig Bänden.* Bd. 9. Leipzig 1931: 656.

[3]   *Duden. Das große Wörterbuch der deutschen Sprache in sechs Bänden.*
        Bd. 4. Mannheim, Wien, Zürich 1976: 1417.

[4]   *Brockhaus-Wahrig. Deutsches Wörterbuch in sechs Bänden.* Bd. 4. Wiesbaden, Stuttgart 1982: 63.

[5]   *Wahrig. Deutsches Wörterbuch.* Mannheim, Wien, Zürich 1991 (Auflage von 1986): 720.

[6]   *Duden. Die deutsche Rechtschreibung.* Mannheim 2001: 525.

[7]   *Brockhaus. Die Enzyklopädie. Deutsches Wörterbuch* I-III (Bd. 28-30). Bd. 29. Mannheim 1999: 2048.

[8]   *Duden. Deutsches Universalwörterbuch.* Leipzig, Mannheim, Wien, Zürich 2003: 874.

[9]   Vgl.: Loomba, Ania. *Colonialism/Postcolonialism.* London, New York 1998: 58.

[10]   Zentralinstitut für Sprachwissenschaft (Hrsg.). *Etymologisches Wörterbuch des Deutschen.* Berlin 1983: 615-616.

[11]   Vgl.: z.B.: Keck, Anette; Inka Kording; Anja Prochaska (Hrsg.). *Verschlungene Grenzen. Antropophagie in Literatur und Kulturwissenschaften, Literatur und Anthropologie.* Tübingen 1999; Frank, Erwin: »Sie fressen Menschen, wie ihr scheußliches Aussehen beweist ...« in: Duerr, Hans-Peter (Hrsg.). *Authentizität und Betrug in der Ethnologie.* Frankfurt/M. 1987; Peter-Röcher, Heidi. *Mythos Menschenfresser. Ein Blick in die Kochtöpfe der Kannibalen.* München 1998.

[12]   Vgl.: Loomba. *Colonialism/Postcolonialism:* 52.

»action world«. Ein Spiel rund um die Welt

Aus einem Gesellschafts- und Wissensspiel von »Ravensburger« für die Altersgruppe »9 – 99«, das 2003 verkauft worden ist.

»Mischling«

»**Mischlinge,** soviel wie Farbige.«[1]

»**Mischlinge;** 1) Menschen, deren Eltern verschiedenen Rassen angehören (Bastard); im allgem. Sinne dürfte die Mehrzahl der Menschen zu den M. gehören. In einem enger gefaßten Sinn werden als M. nur solche aus Kreuzungen einander sehr unähnl. Rassen aufgefaßt. Auch solche Mischungen haben in ungeheurem Ausmaß stattgefunden. Ganz Nord- und Nordostafrika stellt ein Mischgebiet zwischen Negern und der mediterranisch-orient.-vorderasiat. Rasse dar ... Mischungen neuerer Zeit fanden in großem Ausmaß zwischen Negern und Europäern in ganz Süd-, auch in Nordamerika und bes. in Südafrika statt ...

Die M. zwischen Europäern und Farbigen, z.T. auch zwischen den letzteren, haben vielfach besondere Namen bekommen. Ein allgem. Name ist Farbige. Vielfach wird Mulatte für alle Grade der Kreuzung gebraucht; urspr. bedeutet Mulatte lediglich das Kind eines Weißen und einer Negerin. Nachkommen von Mulatten ersten Grades mit Weißen heißen Terzeronen (svw. ¾ weiß), Weiße und Terzeronen erzeugen Quarteronen, Quinteronen usw. bis Octavonen. Mulatte mit Mulatte ergibt Casco, Mulatte und Neger erzeugen Sambo, Sambo und Neger wiederum Mango ... Cape-People und Bastaards heißen die Mischlinge in Südafrika ...«[2]

»**Mischling** ... Blendling, Bastard. Zuss. Mischehe, zwischen Pers. verschied. Glaubens«[3]

»**Mischling** ... 1. *Abkömmling von Eltern verschiedener Menschenrassen*: Es gab Mischlinge, Japaner, und große, breite Europäer, die triumphgewohnt vor den Cafeterias [...] saßen ... 2. B i o l. *Hybride, Bastard*: Das gibt im ersten Falle rotblühende Pflanzen ... im zweiten und dritten Falle wieder Mischlinge ...«[4]

»**Mischling**: a) Mensch, dessen Eltern verschiedenen Rassen angehören. sinnv.: Bastard, Halbblut, Kastize, Ladino, Mestize, Mischblut, Mulatte. b) Tier, Pflanze, die Merkmale verschiedener Rassen oder Gattungen geerbt hat. sinnv.: Bastard, Hybride, Maultier, Promenadenmischung«[5]

»**Mischling**: im völkerkundl. Sprachgebrauch Bez. für eine Person, deren Eltern oder Vorfahren verschiedenen Menschenrassen angehören, z.B. der europiden und negriden (Mulatte), der indianiden und europiden (Mestize) oder der negriden und indianiden (Zambo) Rasse«[6]

»**Mischling**: ›jemand, der von Eltern unterschiedlicher Volkszugehörigkeit abstammt‹ (17.Jh.), heute weitgehend als abwertend empfunden«[7]

»**Mischling** (Bastard)«[8]

»**Mischling** ...: 1. *Person, deren Elternteile verschiedenen Menschentypen angehören* (heute weitgehend als abwertend empfunden). *2. (Biol.) Hybride*«[9]

Der Begriff »M.« ist im 17. Jahrhundert im Zuge der europäischen Expansion entstanden und ist bis heute gebräuchlich. Er wurde gebildet aus dem lateinischen *miscere* »mischen, vermischen«. Damit wohnt dem Begriff der Gedanke inne, dass etwas vermischt wird. Durch die Verschmelzung des deutschen Verbs »mischen« mit dem Suffix »-ling« wird markiert, dass ein Mensch bezeichnet wird. Durch die Verwendung des Begriffs »M.« wird die Vorstellung vermittelt, dass es sich um einen »gemischten Menschen« handelt. In der Betrachtung von Analogiebegriffen wie etwa »Mischehe«, »Mischblut«, »Mischkultur«, »Mischmasch« (Durcheinander) wird deutlich, dass in Komposita mit dem Wortstamm »Misch-« die Vorstellung von »Halb und Halb« bzw. »weder das eine noch das andere« mitklingt sowie ein Bild entsteht, dass ein nicht gemischtes Verhältnis und Sein der Normalzustand sei. Damit wird eine abwertende Konnotation transportiert, die im Fall von »M.« zusätzlich durch das Suffix »-ling« eingeschrieben wird. Neben einem verkleinernden bzw. verniedlichenden Aspekt kommt ihm die Funktion zu, die im Grundwort beschriebene Tätigkeit bzw. die damit bezeichnete Person abzuwerten (vgl.: »Eindringling«, »Emporkömmling«, »Feigling«, »Fremdling«, »Wüstling«, → »Häuptling«).

Der Begriff »M.« baut auf der Grundannahme auf, dass Menschen in biologische → »Rassen« unterteilt und auf dieser Grundlage hierarchisiert werden könnten. Ein Kind eines Weißen deutsch-französischen Paares etwa wird nicht »M.« genannt. Bei dem Begriff »M.« geht es darum zu markieren und abzuwerten, dass das eine Elternteil des/der Bezeichneten Weiß und das andere Nicht-Weiß ist. Erst die Idee von der »reinen Rasse« oder der »Reinhaltung des Blutes« gibt dem Wort einen Sinn, andernfalls gäbe es keinen Grund, überhaupt Menschen so zu bezeichnen.

Dass es nicht gelingt, einen Oppositionsbegriff zu »M.« zu bilden, zeigt, dass mit »M.« eine Konstruktion des Anderen erfolgt, dem die Normalität dessen, was der expliziten Benennung entgeht, gegenüber gesetzt ist. Auf diese Weise wird wiederum Weiß-Sein als Norm bestätigt und verstärkt.

Die hier beschriebene Konnotation des Begriffes »M.« korrespondiert mit der gesellschaftlichen Ausgrenzung, die partnerschaftliche Beziehungen zwischen Schwarzen und Weißen sowie die Kinder aus den heterosexuellen Relationen dieser Menschen in Deutschland erfuhren und erfahren.[10]

. Die durch den Begriff implizierte Abwertung zeigt sich auch darin, dass in Lexika, die obigen Einträge belegen dies, aus dem Tierreich entlehnte Begriffe wie → »Bastard«, der gemeinhin (für den Weißen Kontext) als Schimpfwort bewertet wird, sowie auch → »Mulatte« (von Maulesel), als Synonym, Erklärung oder untergeordnete Kategorie für »M.« angeboten werden. Mit dieser Analogiesetzung werden zudem noch Konnotationen wie »unehelich«, »illegitim« und »unfruchtbar« mittransportiert.

Als Alternative bieten sich für den deutschen Kontext »Afrodeutsche« und auch »Schwarze Deutsche« an. Für konkrete Kontexte kann man/frau auch von »Schwarze/r« oder »Deutsch-Kameruner/in« etc. sprechen. Als Kollektivbezeichnung kann auch auf *People of Color* (POC) zurückgegriffen werden, um zwischen Personen mit einem afrikanischen Hintergrund und anderen rassistisch Diskriminierten zu unterscheiden. Diese Begriffe erlauben es, auf den Begriff »M.« zu verzichten, gleichzeitig aber begrifflich zu markieren, dass die als »M.e« konstruierten und bezeichneten Menschen bis heute Rassismus ausgesetzt sind und dadurch andere kulturelle, soziale und politische Sozialisationsmuster als Weiße Menschen erfahren.

Susan Arndt, Inger Theuerkauf

Anmerkungen

[1]   *Meyers Konversations-Lexikon*. Bd. 12. Leipzig, Wien 1897: 372.
[2]   *Der Große Brockhaus*. Bd. 12. Leipzig 1932: 601-602.
[3]   Wessely, Ignatz E. *Deutscher Wortschatz. Handwörterbuch der deutschen Sprache auf grammatisch-stilistisch-orthographischer Grundlage; nebst Fremdwörterbuch*. Berlin 1925: 811.
[4]   *Wörterbuch der deutschen Gegenwartssprache*. Bd. 4. Berlin 1975: 2515.

[5]   *Duden. Bedeutungswörterbuch.* Mannheim, Wien, Zürich 1985: 442.
[6]   *Meyers Großes Taschenlexikon.* Leipzig, Mannheim, Wien, Zürich 1992: 271.
[7]   *Duden. Das Herkunftswörterbuch.* Leipzig, Mannheim, Wien, Zürich 2001: 531.
[8]   *Duden. Die deutsche Rechtschreibung.* Leipzig, Mannheim, Wien, Zürich 2001: 653.
[9]   *Brockhaus. Die Enzyklopädie. Deutsches Wörterbuch I-III.* (Bd. 28-30). Bd. 29. Leipzig, Mannheim 1999: 2598.
[10] Siehe dazu den Eintrag → »Bastard«, S. 84-85.

»Mohr/Mohrin«

»**Mohr**, eigentlich ein Bewohner Mauretaniens (richtiger Maure), dann allgemeiner ein zur schwarzen Rasse gehöriges Individuum, Neger, insbes. ein mohammedanischer Bewohner Nordafrikas.«[1]

»**Mohr** [ahd. môr von lat. Maurus], ursprünglich die Bewohner Mauretaniens; allgemeiner alle mohammedanischen Bewohner Nordafrikas; dann svw. Neger.«[2]

»**Mohr** ... 1. Neger (Bewohner von Mauretanien); schwarzfelliges Tier; Metallpulver«[3]

»**Mohr** ... veralt. *Neger; /sprichw./* der M. hat seine Schuldigkeit getan, der M. kann gehen«[4]

»**Mohr** ... (*veraltet* für dunkelhäutiger Afrikaner)«[5]

»**Mohr** ... (veraltet) *Schwarzer:* schwarz wie ein M. sein (fam.; *tief gebräunt; sehr schmutzig sein);* R der M. hat seine Schuldigkeit getan, der M. kann gehen *(jmd. war für andere eine Zeit lang sehr nützlich, hat alles getan, was zu tun war u. fühlt sich jetzt nachdem er nicht mehr gebraucht wird, ungerecht behandelt u. überflüssig)*«[6]

»M.« ist die älteste deutsche Bezeichnung für Schwarze Menschen. In dem Wort steckt das griechische »*moros*«, das »töricht«, »einfältig«, »dumm« und auch »gottlos« bedeutet, und das lateinische *maurus*, welches für »schwarz«, »dunkel«, bzw. »afrikanisch« steht. Daraus wurde althochdeutsch *mor* und schließlich »M.« abgeleitet.

Zunächst wurde das Wort nur für die Bewohner/innen Äthiopiens benutzt, später für die Bevölkerung des westlichen Nordafrika südlich Marokkos, den Bewohner/inn/en Mauretaniens. Im mittelalterlichen Spanien wurden die Muslime der iberischen Halbinsel und im westlichen Maghreb »*moros*« bzw. »Mauren« genannt. Christ/inn/en unterschieden bald nicht mehr zwischen verschiedenen nordafrikanischen Kulturen, sondern verwendeten pauschal den Begriff »*moros*«, auch als Synonym für Menschen mit islamischen Glauben. Damit wurde auch eine begriffliche Abgrenzung zu »hellhäutigen Heiden« (im Sinne von Nichtchrist/inn/en) vollzogen. Von Anfang an war dieser Begriff negativ konnotiert, was maßgeblich auf Aversionen gegenüber Nicht-Christ/inn/en – und in Spanien speziell gegenüber den islamischen Gegner/inne/n des Christentums zurückzuführen ist.

Im deutschen Sprachgebrauch wurde später unterschieden zwischen »Maure«, das für »dunkelhäutige Heiden«, speziell für Menschen mit islamischem Glauben, in Spanien und Nordafrika galt – sowie »M.« für Menschen »dunkler Hautfarbe«.[7]

Ausgehend von dieser Differenzierung wurde »M.«, ein ursprünglich an der Religion ausgerichteter Begriff, im 16. bis 18. Jahrhundert zu einer allgemeinen Bezeichnung für Schwarze nicht nur in Bezug auf Afrikaner/innen, sondern auch für Schwarze in anderen Teilen der Welt. So wie die negative Konnotation des Wortes »moros« auf »M.« übertragen wurde, hat auch die negative Auslegung der Farbe »schwarz« im christlich-mythologischen Denken Im Allgemeinen die abendländische Wahrnehmung von dunkelhäutigen Menschen mit geprägt.[8]

Als sich im Zuge der Formierung des Rassismus die Idee einer ideologischen Trennung Afrikas in einen »hellen Norden«, dem Europa eine gewisse kulturelle Entwicklung zubilligte, und dem »kultur- und geschichtslosen Afrika« südlich der Sahara durchsetzte, gab es in Rückbesinnung auf eine frühere Konnotation von »M.« die Tendenz, zwischen »M.« als Bezeichnung für »hellhäutigere Afrikaner/innen« aus dem Norden und → »Negern« aus → »Schwarzafrika« zu unterscheiden. Dabei wurde das »N-Wort« zugleich auch als generischer Begriff für Angehörige der »schwarzen → Rasse« im Allgemeinen verwendet.[9]

Die so ausgerichtete Begriffsdifferenzierung hat sich nicht durchgesetzt. Bis heute wird »M.« in Bezug auf Schwarze im Allgemeinen gebraucht, wobei er aber partiell auch assoziative Verbindungen zu »arabisch« zulässt. Das zeigt sich exemplarisch im Logo des so genannten »Sarotti-M.«, das unmittelbar nach dem Verlust der deutschen Überseegebiete erstmalig auf Verpackungen der Sarotti-Schokolade auftaucht[10] und mehr als 95 Prozent aller Deutschen bekannt ist.[11] Nicht zuletzt ausgehend von diesem Logo wird »M.« allgemein mit dem Tragen eines Turbans und Kleidung assoziiert, die stereotypen Weißen westlichen Vorstellungen zum arabischen Kulturkreis entspringen. Aber auch ein Lendenschurz oder eine Dienerlivree werden allgemein mit dem Bild des »M.en« verbunden.

In den letzten Jahrzehnten kam es zu einer weitgehenden Verdrängung des Begriffes »M.« durch »Neger«. Dennoch ist es unangebracht, ihn pauschal als »veraltet« zu bezeichnen. Denn zumindest in der Lebensmittelindustrie, partiell aber auch in der Alltagssprache, findet er bis heute Verwendung.

Dass »M.« nicht nur zur Bezeichnung einer Schokoladensorte, sondern auch in Komposita auftaucht, die dunkles Gebäck bzw. aus Kakao hergestellte oder mit Schokolade überzogene Nahrungsmittel bezeichnen, zeigt, dass das Wort als Synonym für »schwarz« verwendet wird.[12] Hier wird deutlich, dass »M.« in ungebrochener Fortschreibung seiner Bedeutungsgeschichte noch immer essentialistisch ausgerichtet ist und den Grundgedanken transportiert, Menschen in »Rassen« unterteilen zu können. Dazu passt auch die Adjektivbildung »m.enschwarz«, die die angenommene Hautfarbe »schwarz« durch einen Bezug auf »M.« verdeutlicht.

Für Weiße gibt es keine analogen Wortschöpfungen. Obwohl wir Gebäck als »Berliner« oder Fleischbrötchen als »Hamburger« bezeichnen, wird dabei nicht auf die Hautfarbe der Weißen eingegangen. Niemand sagt »Bleichgesichtköpfe« oder »Weißenkopf« für helles Gebäck oder Schaumgebäck aus weißer Schokolade.

»M.« hat nicht die abwertende Konnotation, die in »moros« (»töricht«, »einfältig«, »dumm«, und »gottlos«) sowie in »Maure« (als islamischer Gegner der Christen in Spanien) anklang, und die sich im kolonialen Kontext hielt, beibehalten. Das manifestiert sich exemplarisch in den drei Hauptassoziationen, die sich mit »M.« verbinden lassen. Zum einen verkörpert er – als Relikt der kolonialen Mentalität – den untergebenen Diener aus Afrika. Das berühmteste Beispiel dafür ist der »stumme Diener«: Der Afrikaner in Dienerlivree, der einen Teller in der Hand hält, ziert bis heute viele deutsche Wohnzimmer. Aber auch der »Sarotti-M.« transportiert diese Assoziation des Dienens. Hier reiht sich auch die Redewendung »Der ›M.‹ hat seine Schuldigkeit getan, der M. kann gehen« (Jemand hat alles getan, was zu tun war, und ist/ fühlt sich jetzt überflüssig.) ein.[13]

In beiden Beispielen taucht aber auch eine zweite Konnotation von »M.« auf. Als »nobler Wilder« ist er bedauernswert. Doch diese vermeintlich wohlwollende Stereotypisierung von Afrikaner/inne/n ist immanenter Bestandteil des rassistischen

Diskurses und als solcher ebenso diskriminierend wie ganz offensichtliche negative Wertungen. Dazu passt auch »Die Geschichte von den schwarzen Buben« aus dem *Struwwelpeter*. Sie erzählt von einem »kohlpechrabenschwarzen M.«, der wegen seiner Hautfarbe von anderen Jungen gehänselt wird. Die Jungen werden gerügt mit den Worten »Was kann denn dieser ›M.‹ dafür/ Daß er so weiß nicht ist wie ihr?« Da die Jungen den »armen M.« weiter ärgern und auslachen, werden sie schließlich bestraft und in ein Fass mit Tinte gesteckt, bis sie »viel schwärzer als das M.enkind« sind. Es wird also als etwas Schreckliches geschildert, »schwarz wie ein ›M.‹« zu sein.

Wenn »M.«-Sein als Mittel der Sanktionierung fungieren kann, dann muss es, dies ist eine dritte Assoziation mit »M.«, auch möglich sein, es mit Schuld zusammenzudenken. Dies manifestiert sich in Ausdrücken wie etwa »M.enwäsche« (»Versuch, einen offensichtlich Schuldigen durch Scheinbeweise rein zu waschen«[14]) bzw. »einen ›M.en‹ weißwaschen wollen«[15]. Hier werden »schuldige« Menschen als »M.en« bezeichnet.

Die Bezeichnung »M.« ist vollkommen verzichtbar. Bei Lebensmitteln kann sie durch Wörter wie »Schokoladen-«, »Schoko-«, »Kakao-...« usw. ersetzt werden. Der »Sarotti-M.« müsste ganz verschwinden, und es stellt sich auch die Frage nach der Notwendigkeit von »M.en«-Apotheken und »M.en«straßen, die häufig noch durch stereotype Darstellungen auf Schildern und Bildern unterstützt werden bzw. koloniale Entstehungskontexte haben. Im Zusammenhang mit der Bezeichnung von Menschen kann auf alternative Bezeichnungen wie etwa Schwarze/r, Afrikaner/ innen, Afrodeutsche/r, Schwarze/r Deutsche/r, People of Color (POC) etc. zurückgegriffen werden.

Susan Arndt

Anmerkungen

[1]   *Meyers Konversations-Lexikon.* Bd.12. Leipzig, Wien 1897: 422.
[2]   *Der Große Brockhaus. Handbuch des Wissens in zwanzig Bänden.* Bd. 12. Leipzig 1932: 657.
[3]   Mackensen, Lutz. *Deutsches Wörterbuch.* Laupheim 1955: 524.
[4]   *Wörterbuch der deutschen Gegenwartssprache.* Bd. 4. Berlin 1975: 2543.

[5] *Duden. Die deutsche Rechtschreibung.* Mannheim, Leipzig, Wien, Zürich 2001: 660.

[6] *Brockhaus. Die Enzyklopädie. Deutsches Wörterbuch I-III.* (Bd. 28-30). Bd. 29. Leipzig, Mannheim 1999: 2626.

[7] Bräunlein, Peter J. »Magier, Märtyrer, Markenzeichen. Tucherbräu und Mohren-Apotheken.« in: Lorbeer, Marie; Beate Wild (Hrsg.). *Menschenfresser – Negerküsse. Das Bild vom Fremden im deutschen Alltag.* Berlin 1991: 104-115, hier: 104.

[8] Vgl. z.B.: Gilman, Sander L. »The Image of the Black in the Aesthetic Theory of the Eigteenth Century«, in: Ders. *On Blackness Without Blacks: Essays on the Image of the Black in Germany.* Boston 1982: 19-34.

[9] Vgl.: Oguntoye, Katharina; May Opitz; Dagmar Schultz (Hrsg.). *Farbe bekennen. Afro-deutsche Frauen auf den Spuren ihrer Geschichte.* Frankfurt/M. 1997 (Erstveröffentlichung 1986): 20.

[10] Diese 1868 von Hugo Hoffmann gegründete Firma (seit 1881 unter »Sarotti« bekannt) saß zur Zeit ihrer Gründung in der Mohrenstraße 10 in Berlin, (vgl. Heyden, Ulrich van der. »Der Sarotti-Mohr.«, in: Ders.; Joachim Zeller (Hrsg.). *Kolonialmetropole Berlin. Eine Spurensuche.* Berlin 2002: 93-95, hier: 93.

[11] Vgl.: Turner, Jonas. »Überall singt man's im Chor, vielen dank Sarotti-Mohr!« in: Lorbeer, Marie; Beate Wild (Hrsg.). *Menschenfresser - Negerküsse. Das Bild vom Fremden im deutschen Alltag.* Berlin 1991: 116-117, hier: 117.

[12] Bei dem in Österreich sehr bekannten Schokoladenpudding mit Sahnehäubchen namens »M. im Rock« wird zusätzlich noch auf die vermeintliche Nacktheit von Afrikaner/inne/n rekurriert.

[13] Diese Redensart ist ein leicht verändertes Zitat aus Friedrich Schillers »Verschwörung des Fiesco zu Genua«, wo es »Arbeit« statt »Schuldigkeit« heißt (vgl. *Duden. Redewendungen und sprichwörtliche Redensarten. Idiomatisches Wörterbuch der deutschen Sprache.* Leipzig, Mannheim, Wien, Zürich 1992: 491).

[14] *Duden. Die deutsche Rechtschreibung.* Mannheim, Leipzig, Wien, Zürich 2001: 661.

[15] *Duden. Die sinn- und sachverwandten Wörter.* Mannheim, Wien, Zürich 1986: 460.

»**Mulatten** (v. arab. múvallad, muallad), Abkömmlinge von Weißen und Negern, s. Farbige.«[1]

»**Mulatte** [span. mulato ›Maulesel‹], Europäer-Neger-Bastard ... «[2]

»**Mulatte** ... *Nachkomme ersten Grades aus der Verbindung eines Menschen mit weißer und eines Menschen mit schwarzer Hautfarbe...* «[3]

»**Mulatte**, Mischling mit einem europiden und einem negriden Elternteil (Bastard). Im kolonialen Spanisch-Amerika führte die Vermischung eines M. (span. Mulato) mit einem Spanier zum Morisco (auch: Quarteron de Mulato), mit einem Neger zum Grifo (auch Zambo), mit einem Mestizen zum Campamulato ... (Mestizisierung).«[4]

»**Mulatte** ... Nachkomme eines weißen und eines schwarzen Elternteils;«[5]

»**Mulatte** [span.., zu *mulo*, lat. *mulus* ›Maultier‹ (im Sinne von ›Bastard‹) ... Mischling mit europidem und negridem Elternteil.«[6]

»**Mulatte** ... *(männlicher) Nachkomme eines negriden u. eines europiden Elternteils* (heute oft als abwertend empfunden).«[7]

Die Bezeichnung »M.« ist seit 1604 im deutschen Sprachgebrauch nachzuweisen und etablierte sich (wie auch → »Mischling« und → »Bastard«) in der Kolonialzeit als allgemeingebräuchliche Bezeichnung.[8] Er wird benutzt, um eine bestimmte äußere Erscheinung eines Menschen zu bezeichnen bzw. wenn hervorgehoben werden soll, dass der/die so Bezeichnete einen Weißen und einen Schwarzen Elternteil hat. Gelegentlich soll auch markiert werden, dass eine Person entfernte afrikanischen Vorfahren hat.[9] Häufig synonym mit »Mischling« verwendet, wird »M.« aber zuweilen auch als eine Subform von »Mischling« – in einer Reihe mit anderen rassistischen Begriffen wie etwa »Mestize« – konstruiert.[10] Dabei wird er irreführender Weise, analog zu anderen Begriffen, die auf der Idee einer »Rassenmischung« aufbauen,[11] mit einem Anspruch auf Wertneutralität gebraucht.

Die Bezeichnung »M.« leitet sich ab aus dem spanisch-portugiesischen *mulato* von *mulo* »Maulesel, Maultier« – einem Tier, das aus einer Kreuzung von Pferd und Esel entsteht und nicht fortpflanzungsfähig ist. Mit dieser semantischen Anlehnung wird nicht nur der seit der Aufklärung gehegte Irrglauben transportiert, dass Menschen nach → »Rassen« unterteilt werden könnten. Zudem wird im Duktus dieser »Rassentheorien« eine metaphorische Nähe zwischen Schwarzen und dem Tierreich hergestellt. Analog zu »Bastard«, das oft als Synonym oder generischer Oberbegriff zu »M.« angeführt wird, wird dabei mit »M.« zudem die Vorstellung transportiert, dass Schwarze und Weiße »zusammen einen Hybriden hervorbringen, der unfruchtbar ist«.[12] Damit wird Kindern aus Beziehungen von Schwarzen und Weißen implizit Unfruchtbarkeit unterstellt.[13]

Hier findet die rassistische Ideologie ihre lexikalische Umsetzung, wonach es »wider die Natur sei«, wenn Schwarze und Weiße partnerschaftliche Beziehungen eingingen und zusammen Kinder bekämen. Dieser Ansatz, der ausgehend von im Kaiserreich eröffneten politischen Debatten im Kontext des Nationalsozialismus u.a. zur institutionalisierten Zwangssterilisierung von Kindern aus Schwarz-Weißen Beziehungen geführt hat,[14] korrespondiert mit der gesellschaftlichen Ausgrenzung, die Beziehungen zwischen Schwarzen und Weißen sowie ihre Kinder bis heute erfahren.

Dadurch, dass diese Annahme der Unfähigkeit zur Reproduktion nicht explizit formuliert wird, ist sie nur schwer hinterfragbar. Wird der Begriff »M.« unkritisch verwendet, reproduziert sich implizit immer wieder das Prinzip einer einerseits auf einer »rassischen Abstammung«, andererseits auf reproduktiven Inkompetenzen basierenden Konzeptualisierung von Menschen als »M.n«.

Ähnlich wie beim Wort »Mischling« gibt es auch für »M.« keine entsprechende Bezeichnung für Weiße. Auf den Begriff »M.« muss ob seiner Konnotation verzichtet werden. Gleichzeitig ist es wichtig zu markieren, dass Schwarze im Allgemeinen und Kinder aus Beziehungen von Schwarzen und Weißen im Besonderen rassistischen Diskriminierungen ausgesetzt sind und andere soziokulturelle Prägungen erfahren als Weiße. Für den deutschen Kontext bieten sich Bezeichnungen wie etwa Schwarze/r Deutsche/r, Mensch afrikanisch-deutscher Herkunft, Afro-Deutsche/r, Deutsch-Sambianer/in oder Schwarze/r als Alternativen an. Als Gruppenbezeichnung kann zudem auf People of Colour zurückgegriffen werden. Dieser Begriff erlaubt es, zwischen Personen mit einem afrikanischen Hintergrund und anderen rassistisch diskriminierten Gruppen zu unterscheiden.

Susan Arndt, Inger Theuerkauf

Anmerkungen

[1] *Meyers Konversationslexikon.* Bd.12. Leipzig und Wien 1897: 592.
[2] *Der Große Brockhaus. Handbuch des Wissens in zwanzig Bänden.* Bd. 13. Leipzig 1930: 8.
[3] *Wörterbuch der deutschen Gegenwartssprache.* Bd. 4. Berlin 1975: 2565.
[4] Hirschberg, Walter (Hrsg.). *Neues Wörterbuch der Völkerkunde.* Berlin 1988: 320.
[5] *Duden. Die deutsche Rechtschreibung.* Mannheim, Leipzig, Wien, Zürich 2001: 669.
[6] *Brockhaus Enzyklopädie in 24 Bänden.* Bd. 15. Mannheim 1991: 164.
[7] *Brockhaus. Die Enzyklopädie. Deutsches Wörterbuch I-III (Bd. 28-30).* Bd. 29. Leipzig, Mannheim 1999: 2652.
[8] Opitz, May; Katharina Oguntoye; Dagmar Schulz. *Farbe bekennen. Afrodeutsche Frauen auf den Spuren ihrer Geschichte.* Frankfurt/M. 1997: 101, Fn. 25.
[9] Geiss, Imanuel. *Geschichte des Rassismus.* Frankfurt/M. 1988: 46.
[10] Vgl. dazu: *Duden. Bedeutungswörterbuch.* Bd. 10. Mannheim, Wien, Zürich 1985: 442. Wird zitiert auf S. 164.
[11] Vgl. dazu z.B.den Eintrag »Mestize« im *Duden. Die deutsche Rechtschreibung*: »Mestize [alte Trennung ..../st....], ... Nachkomme eines weißen und eines indian. Elternteils ...« (*Duden. Die deutsche Rechtschreibung.* Mannheim, Leipzig, Wien, Zürich 2001: 669).
[12] Poliakov, Léon; Christoph Delacampagne; Patrick Girard. *Über den Rassismus. 16 Kapitel zur Anatomie, Geschichte und Deutung des Rassenwahns.* Frankfurt/M., Berlin, Wien 1984: 75.
[13] Geiss. *Geschichte des Rassismus*: 45.
[14] Vgl. El-Tayeb, Fatima. *Schwarze Deutsche. Der Diskurs um »Rasse« und nationale Identität 1890-1933.* Frankfurt/M., New York 2001.

175

»Naturreligion«

»**Naturreligion** (wohl zu unterscheiden von n a t ü r l i c h e r Religion) nennt man in erster Linie im Gegensatz zur Kulturreligion die Religion der sogen. Naturvölker, welche noch keine wirkliche Geschichte haben. Da keins dieser Völker mehr den wirklichen Urzustand der Menschheit veranschaulicht, ihr gegenwärtiger Zustand vielmehr häufig als Entartung und Verwilderung erscheint, so sind die Untersuchungen über die unzähligen Formen der N. mit großen Schwierigkeiten verknüpft. In zweiter Linie aber und im Gegensatz zur ethischen Religion muß der Komplex aller vorzugsweise mythologischen Religionen als N. bezeichnet werden. Ihr Geheimnis besteht im Mythus, d.h. in dichterischer Dramatisierung der Naturvorgänge, insonderheit der Himmelserscheinungen ... Alle N. ist bedingt durch den lokalen Gesichtspunkt, von welchem aus die Naturkräfte und Erscheinungen in Sicht genommen werden; sie umfaßt daher polydämonistisch-magische Stammreligionen und polytheistische Volksreligionen; alle ethischen Religionen schreiten in ihrer Entwicklung über die Volks- und Sprachengrenzen hinweg, weil sie in unvermeidlichen Erlebnissen des persönlichen Bewußtseins wurzeln und die wahren Güter des persönlichen Lebens schützen wollen. Beide Stufen der Religion sind in fließenden Übergang begriffen, und die N. setzt sich bis zu einem gewissen Grade auch in jede ethische Religion hinein fort«[1]

»**Naturreligion** ... → Naturdienst.«[2]

»**Naturdienst**, religiöse Verehrung vergötterter Naturgegenstände (Ackerbauriten, Baumkult, Erdkult, Feuerkult, Höhenkult, Quellenkult, Schlangendienst, Sonnenkult, Tierdienst, Waldkult).«[3]

»**Natur** ... 1. alles aus sich Gewachsene, Gewordene (nicht vom Menschen Geschaffene); vom Menschen unabhängige Schöpferkraft der Welt; Wesensart, Anlage (von ~ so sein ...); unverfälschter, selbstgewachsener Zustand (die Stimme der ~ = innerer Trieb; zurück zur ~!) ... N.*religion* ... relig. Verehrung der Natur; Anfänge der Religion, unentwickelte Religion ...«[4]

»**Naturreligion**: Verehrung von Naturgegenständen und -erscheinungen als Verkörperung übernatürlicher, oft göttlicher Mächte, Bestandteil vieler religiöser Auffassungen, bes. bei Völkern auf niedriger gesellschaftlicher Entwicklungsstufe. Die N. entstanden aus der Abhängigkeit der Menschen von den noch unerkannten Naturgewalten, hinter denen man übernatürliche bzw. geheimnisvolle Kräfte und Mächte wirksam glaubte. Typisch für N. sind z.B. Totemismus, Magie, Animismus, Astralkult. Mit dem Fortschreiten der Naturbeherrschung und Naturwissenschaft werden derartige religiöse Auffassungen gegenstandslos.«[5]

»**Religion** ... Religiöse Deutungssysteme sind anhand kultischer Gegenstände und Ähnlichem bereits aus der frühesten Menschheitsgeschichte überliefert und haben in Form so genannter Naturreligionen bis in die heutige Zeit überdauert. Daneben haben die großen – aus einer gemeinsamen Wurzel erwachsenen – monotheistischen Weltreligionen Judentum, Christentum und Islam sowie der mehr philosophisch strukturierte Buddhismus die Kulturgeschichte ihrer jeweiligen Verbreitungsländer entscheidend geprägt. ...«[6]

»**Naturreligion** ... Religion [der Naturvölker], deren Gottheiten als Mächte begriffen werden, die in engem Zusammenhang mit Erscheinungen der Natur stehen.«[7]

Obwohl er in vielen aktuellen Nachschlagewerken ohne Erklärung oder gar nicht verzeichnet ist, findet sich der Begriff »N.« im aktiven Sprachgebrauch. Zum einen wird er für »vor«christliche Religionen wie die der Kelt/inn/en oder German/inn/en verwendet. Zum anderen wird er pauschal zur Bezeichnung ganz verschiedener Religionen in den kolonisierten Gebieten gebraucht. Diese einem sehr variablen und unkonkreten Zuordnungsverfahren folgende Homogenisierung geht auf die gängige koloniale Bezeichnungspraxis zurück, über Begriffe eine Ähnlichkeit zwischen Europas Vergangenheit und der Gegenwart im damaligen kolonialen Raum zu suggerieren. Sie folgte dem Bestreben, den kolonialen Raum zum homogenen, unterlegenen Anderen zu konstruieren.[8] In Bezug auf Religionen diente diese Konstruktion einer Legitimierung der fortdauernden Verdrängung der verschiedensten, als »N.en« bezeichneten Religionen durch die christliche Missionierung – ein Prozess, der auch im Namen der Wissenschaft eine Fundierung erfuhr.

Im 19. Jahrhundert wurde in den europäischen Wissenschaften (vor allem in der Anthropologie) nach dem Ursprung der Religionen gesucht. Dabei wurde angenommen, man/frau könne diesen von den im evolutionistischen Kontext so genannten »N.en« ableiten, da sie und die Gesellschaften, in denen sie praktiziert werden, als »geschichtslos« und weitgehend »kulturlos« angesehen wurden und somit dem »eigentlichen, natürlichen und ursprünglichen Menschen« am ähnlichsten seien.[9]

Dahinter steht die Vorannahme, dass alle Gesellschaften feste Entwicklungsstadien durchlaufen müssen, um den »höchsten«

Zustand zu erreichen, der oft mit dem Konstrukt → »Zivilisation« benannt wird. Dabei wird von der moralischen und ethischen Überlegenheit des Christentums gegenüber anderen, insbesondere den zu diesem Zweck pauschal als »N.en« zusammengefassten Religionen, ausgegangen. Besonders in Abgrenzung zum Christentum wird unter »N.« die »natürliche« Möglichkeit des Menschen, zu Gotteserkenntnis zu kommen, gefasst. Ihr wird die »wahre« Gotteserkenntnis durch Offenbarung und Glaube des Christentums gegenüber gestellt.[10] Aus eurozentristischer Perspektive wird eine abstrakte, geistige Gottesidee auf eine der höchsten Entwicklungsstufen gestellt. Religionen, in denen andere Gottesvorstellungen und -erkenntnisse existieren, werden als niedrigere Stufe der kulturellen Entwicklung der Menschheit angesehen. In Beschreibungen dieser handelt es sich fast immer um pauschalisierende und verzerrte Darstellungen der verschiedensten Religionen, um sie in das evolutionistische Schema und die Dichotomie Natur versus Kultur einordnen zu können.

Diese Konstruktion schlägt sich auch in der asymmetrischen begrifflichen Opposition von »N.« und »Religion« nieder. »N.« ist nicht »Religion« als generischem Begriff untergeordnet. Vielmehr bewegen sie sich auf gleicher Ebene als dichotome Begriffe. »Religion« wird dabei synonym mit »Welt- bzw. Hoch(kultur)religionen« (Christentum, Judentum, Islam, Buddhismus, Hinduismus) gedacht und verwendet. Dadurch werden letztere aufgewertet, »N.« abgewertet. In diesem Kontext werden »N.en« als Kennzeichen von → »Naturvölkern« dargestellt – wie im obigen Zitat aus dem Brockhaus – und/oder »Naturvölker« werden als bestimmender Faktor für eine Einordnung von »N.en« erklärt: ein sich gegenseitig verstärkender Zirkelschluss.

Eng verbunden mit dieser »Naturalisierung« von Religionen in den ehemaligen europäischen Kolonien ist die Konzeption von »N.en« als irrational, unberechenbar und gefährlich.[11] Ein aktuelles Beispiel dafür sind religiöse Praktiken, die im Westen pauschal als »Voodoo-Kult« bekannt sind. Dabei ist Voodoo ebenfalls ein vages religiöses Konstrukt, das in Anlehnung an eine Gruppe südbeninischer Religionen (Vodún) benannt wurde.

Auch wenn heute zum Beispiel in Teilen verschiedener ökologischer und spiritueller Bewegungen aus einer Kritik an modernen Industriegesellschaften heraus eben diese »Naturkomponente«

im romantisierenden Sinn verwendet wird – Afrika und seine Religionen seien »so schön naturverbunden« – ändert dies nichts an der Tatsache, dass diese Konzeptualisierung abwertend ist. Denn auch über diesen »Natürlichkeitskult« werden die im Begriff »N.en« subsumierten Religionen pauschal als der »Zivilisation« vorgängig konzeptualisiert. Dieser Ansatz manifestiert sich auch in der früher geläufigen parallelen Begrifflichkeit »Primitivreligion« (→ »primitiv«), die dieselben Konnotationen besitzt und im direkten Kontrast zu »Zivilisation« steht.

Aus den angeführten Gründen sollte der Begriff »N.« nicht benutzt werden. Stattdessen sollten die gemeinten Religionen mit deren Eigenbezeichnung konkret benannt werden. Wenn verschiedene Religionen zusammengefasst werden, sollte immer transparent sein, unter welchen Aspekten und mit welchem Ziel dies erfolgt. Diese Zusammenfassung sollte aber nicht in impliziter, das heißt unbenannter Opposition zum Christentum stehen, da sonst dieses als religiöse Norm wiederum bestätigt werden würde.

Ulrike Kaiser

Anmerkungen

[1]   *Meyers Konversationslexikon.* Bd.12. Leipzig, Wien 1897: 795.

[2]   *Der Große Brockhaus. Handbuch des Wissens in zwanzig Bänden.* Bd. 13. Leipzig 1932: 222.

[3]   Ebenda: 217.

[4]   Mackensen, Lutz. *Deutsches Wörterbuch.* Laupheim 1955: 540-541.

[5]   *Meyers Neues Lexikon.* Bd. 9. Leipzig 1974: 702.

[6]   *Microsoft® Encarta® Enzyklopädie 2000.* © 1993-1999 Microsoft Corporation.

[7]   *Duden. Deutsches Universalwörterbuch.* Leipzig, Mannheim, Wien, Zürich 2001: 1128.

[8]   Siehe Einleitung S. 11-22.

[9]   Auch in Schriften des 19. Jahrhunderts, die dem Evolutionismus kritisch gegenüberstanden, wurden die unter dem Begriff »N.« subsumierten Religionen als »geschichtslos«, »bewildert«, »entartet« und »roh« beschrieben und so gegenüber dem Christentum als »ethischer Religion« stark abgewertet.

[10]   Vgl. Kohl, Karl-Heinz. »Naturreligion. Zur Transformationsgeschichte eines Begriffs.« in: Faber, Richard; Renate Schlesier (Hrsg.). *Die Restauration der Götter. Antike Religion und Neo-Paganismus.* Würzburg 1986: 198-214.

[11]   Siehe die nachfolgende Textanalyse, S. 224-251.

»Naturvölker«

»**Naturvolk,** *n. ein volk imstande der natur:* alle naturvölker, die wir wilde nennen. Herder älteste urk. 1,83.«[1]

»**Naturvolk,** ein im 18. Jahrh. als Ersatz für die bis dahin übliche Bezeichnung ›Wilde‹ geprägter Begriff (zuerst belegbar 1784 bei Herder); von der neuzeitlichen Ethnologie als Sammelbezeichnung für die kulturarmen Völkergruppen verwendet, die in ihrer Nahrungsgewinnung (Jagd und Pflanzensammeln, Ackerbau und Viehzucht) mehr oder weniger von der Natur abhängig sind (Gegensatz: Kulturvolk). Da aber auch die Kulturvölker vielfach, wenn auch viel weniger, in Abhängigkeit von der Natur stehen, ist für den Begriff N. die Bezeichnung Schriftlose Völker (im Gegensatz zu den schriftkundigen Völkern) vorzuziehen.«[2]

»**Naturvolk** ... kulturell unentwickeltes Volk ...«[3]

»**Naturvölker** *Plur:* die in der Urgesellschaft lebenden Völker u. Stämme der Vorklassengesellschaft«[4]

»**Natur...** ~volk ... (Völkerk. veraltend): *in Urgemeinschaft lebendes Volk, das auf einer primitiven Kulturstufe steht*«[5]

»**Naturvölker,** ein im 18. Jh. geprägter Begriff (erstmals bei J.G. Herder 1774) für jene Völker u. Stämme, mit denen sich die wissenschaftl. Völkerkunde (*Ethnologie*) befasst. Er trat an die Stelle von diskriminierenden Bezeichnungen wie Barbaren", ›Heiden‹ oder ›Wilde‹ u. blieb bis in unsere Zeit mangels besserer Begriffe neben dem vor allem im angelsächsischen Sprachraum verwendeten Wort ›Primitive‹ gebräuchlich für Menschengruppen (Stämme, Sippen, Kasten u.ä., nur in seltenen Fällen bis zur Volkwerdung vorgeschritten) mit geringer Einsicht in die Naturvorgänge, mit relativ armer Technik, deshalb stärker von der sie umgebenden Natur abhängig; oft mangels einer ausgebildeten Schrift als *schriftlose Völker* bezeichnet, weniger treffend als *geschichtslose Völker* (gemeint ist: ohne geschriebene Geschichte). Zu ihnen zu rechnen auch die *vorgeschichtl. Völker*, so daß N. eigentl. auch ein Entwicklungsstadium bezeichnet.«[6]

»**Naturvolk** ... ‹meist Pl› (Völkerk. veraltend): *Volk, Volksstamm, der (abseits von der Zivilisation) auf einer primitiven... Kulturstufe lebt.*«[7]

Der Begriff »N.« wird zur Bezeichnung von Gesellschaften in allen Kontinenten verwendet, die nach Definition des christlich geprägten Abendlandes mangels technischer Leistungen stark von der sie umgebenden Natur abhängig sind. Aus dieser Perspektive werden sie so dargestellt und konzeptualisiert, als wäre eine geringere Technologisierung gemessen am westlichen Standard ein Mangel. Die gleichzeitig damit hergestellte »Abhängigkeit von der Natur« für ebendiese Gesellschaften wird damit zugleich auch als ein Stadium geringerer → »Zivilisation« manifestiert (→ »primitiv«). Dabei steht der Begriff implizit in Opposition zu dem Konstrukt »Kulturvolk«, das im 19. Jahrhundert als Begriff sowohl für westliche Industriegesellschaften wie auch »alte Hochkulturen« (zum Beispiel in Ägypten, Mesopotamien, Südamerika usw.) gebraucht wurde. Allerdings wird dieser Begriff im aktiven Sprachgebrauch selten verwendet und ist gegenwärtig fast nie lexikalisch verzeichnet, was zeigt, dass sich ein solcher homogenisierender Begriff für die oben genannten Kulturen nicht durchgesetzt hat.

Ähnlich wie bei → »Naturreligion« fungiert »N.« zum einen als Begriff für historische Epochen der Menschheitsgeschichte, zum anderen aber auch mit aktuellem Bezug auf zeitgenössische Gesellschaften in ehemals kolonisierten Räumen. Wie der oben zitierte Artikel aus dem Bertelsmann Lexikon von 1991 exemplarisch deutlich macht, wird diese asymmetrische terminologische und semantische Analogie in der Regel nicht hinterfragt.

Im Jahr 1777 ist die Wortneubildung »N.« zum ersten Mal lexikalisch belegt. Sie wird Johann Gottfried Herder zugeschrieben, der von einem graduellen Unterschied »kultivierter« und »unkultivierter« Gesellschaften ausging und die Hoffnung auf die fortschreitende Erziehung der Menschheit zu dem höchsten Ziel, der Humanität, hegte. Dabei unterstellt er den von ihm so genannten »N.n« in logischer Konsequenz einen Mangel an Humanität, da er sie auf die niederste Stufe seiner Rangordnung stellt. Die eigene Kultur setzt er dabei unhinterfragt zur Norm. Seine Konstruktion der »N.« unterscheidet sich nur dadurch von der anderer Philosoph/inn/en des ausgehenden 18. und beginnenden 19. Jahrhunderts, wie I. Kant oder J.G.W. Hegel, dass er das Bild des »rohen und wilden Urzustandes« des Menschen ablehnt und stattdessen die von ihm so genannten »N.« auf die unterste Stufe der Kulturentwicklung stellt und damit für »erziehbar« hält.[8]

Zeitgleich mit der imperialistischen Phase des europäischen Kolonialismus Ende des 19./Anfang des 20. Jahrhunderts wurde der Begriff in vielen Wissenschaftsgebieten wieder aufgegriffen. Vor allem in der Ethnologie wurde der Kulturevolutionismus vertreten, der davon ausging, dass die Geschichte der Menschheit einer stufenweisen Entwicklung vom niederen zum höheren folgt, wobei die eigene Kultur unkritisch als höherwertig eingestuft wurde und die unter dem Begriff »N.« subsumierten Gesellschaften auf die unterste Stufe gestellt wurden. Auch in anderen Fachgebieten, u.a. in den Sprachwissenschaften oder in der Kunstgeschichte, wurde versucht, die Kulturen dieser Gesellschaften als »primitiv«, »roh« und »unterentwickelt« abzuwerten. Um »N.« in das evolutionistische Modell einordnen zu können, waren die Beschreibungen dieser Gesellschaften oft sehr pauschalisierend, ungenau und voreingenommen. Der Mythos von der Minderwertigkeit der als »N.« bezeichneten Gesellschaften war eine zentrale Vorannahme, die auch der Rechtfertigung von Kolonialismus dienlich war. Maßgeblich hergestellt über eine Dichotomisierung von »Natur« und »Kultur«, wurden »Natur« dabei Konnotationen wie etwa »Primitivität«, »geistige Unfähigkeit«, »Wildheit« sowie auch Angstdispositionen (→ »Dschungel«, → »Busch«) zugeschrieben. In diesem Zusammenhang ist die Konstruktion von Afrikaner/inne/n als Bindeglied zwischen Mensch (= Weißen) und Tier bedeutsam. Frantz Fanon schreibt, dass der Manichäismus[9] der kolonialistischen Mentalität manchmal bis ans Ende seiner Logik geht und die Kolonisierten entmenschlicht.

> »Genaugenommen, er vertiert ihn. Tatsächlich ist die Sprache des Kolonialherrn, wenn er von den Kolonisierten spricht, eine zoologische Sprache. Man macht Anspielungen auf die kriegerischen Bewegungen des Gelben, auf die Ausdünstungen des Schwarzen, auf die Horden, auf den Gestank, auf das Gewucher und Gewimmel, auf das Gestikulieren. Wenn der Kolonialherr beschreiben und das richtige Wort finden will, bezieht er sich ständig auf das Tierreich.«[10]

Durch die Gegenüberstellung von »Kultur« versus »Natur« wird außerdem suggeriert, dass die so genannten »N.« keine »Kultur« hätten beziehungsweise keine »kulturellen Leistungen« erbringen könnten. Hier kam allerdings der Hegelsche Gedanke der »Erziehbarkeit« der unter »N.n« subsumierten Gesellschaften ins Spiel. Denn erst dieser Ansatz konnte die »zivilisatorische Mission Europas« scheinbar legitimieren: Ausgehend von der evolutionistischen Dichotomie »Natur« versus »Kultur« wurde in diesem Zusammenhang auf der Annahme aufgebaut, dass »Natur«, und alles, was gedanklich damit verbunden wird, (von der »Kultur«) kontrolliert, beherrscht und unterworfen werden sollte. In logischer Konsequenz hieß das auch, dass die als »N.« bezeichneten Gesellschaften von den »zivilisierten Kulturen« (Europa) kontrolliert und beherrscht werden müssten.

Nicht nur, weil die Unterscheidung zwischen den Kategorien »Natur« und »Kultur« nicht klar fassbar und widersprüchlich ist, sondern auch, weil sie hierarchisiert, pauschalisiert und unzulässige Zusammenhänge zwischen verschiedensten Gesellschaften suggeriert, sollte der Begriff »N.« nicht verwendet werden. Es gibt keinen Grund, sowohl die Inuit in der Arktis wie auch die Igbo in Nigeria mit demselben Begriff zu benennen. Stattdessen sollten die Eigenbezeichnungen der konkret gemeinten Gesellschaften benutzt werden.

Ulrike Kaiser

Anmerkungen

[1] Grimm, Jacob, Wilhelm Grimm. *Deutsches Wörterbuch*. Bd. 7. Leipzig 1889: 619.

[2] *Der Große Brockhaus*. Bd. 15. Leipzig 1933: 224.

[3] Mackensen, Lutz. *Deutsches Wörterbuch*. Laupheim 1955: 540-541.

[4] *Großes Fremdwörterbuch*. Leipzig 1977: 507.

[5] *Duden. Das große Wörterbuch der deutschen Sprache in sechs Bänden.* Bd. 4. Mannheim, Wien, Zürich 1978: 1865.

[6] *Bertelsmann Lexikon*. Bd. 10. Gütersloh 1991: 305.

[7] *Brockhaus. Die Enzyklopädie. Deutsches Wörterbuch* I-III (Bd. 28-30). Bd. 27. Mannheim 1999: 2364.

[8] Vgl.: Ritter, Joachim; Karlfried Gründer (Hrsg.). *Historisches Wörterbuch der Philosophie*. Bd. 6. Basel, Stuttgart 1984: 635-641.

[9] Der Manichäismus ist eine von Mani begründete Religion der Spätantike und des frühen Mittelalters. Der theoretische Ausgangspunkt dieser Religion ist der radikale Dualismus von Licht und Finsternis, Gut und Böse, Geist und Materie. Diese Idee übertrug Frantz Fanon auf die koloniale Welt, vgl.: Fanon, Frantz. *Die Verdammten dieser Erde*. Frankfurt/M. 1981: 31- 35 (Erstveröffentlichung auf Französisch 1961).

[10] Ebenda: 35.

»Neger/Negerin«

»**Neger** ... Menschenrasse Afrikas, deren Verbreitung über den Kontinent sehr verschieden gedeutet worden ist ... Ratzel fasst als N. alle dunklen, wollhaarigen Afrikaner zusammen und schließt nur die hellen Südafrikaner ebenso wie die helleren Nord- und Ostafrikaner aus. Die meisten N. haben hohe und schmale Schädel...; dazu gesellt sich ein Vortreten des Oberkiefers und schiefe Stellung der Zähne ... Den der Rasse eigentümlichen Geruch führt Falkenstein auf eine etwas öligere Beschaffenheit des Schweißes zurück, der bei unreinlicher Lebensweise leicht ranzige Säure entwickelt...«[1]

»**Neger** 1) N., ältere Bezeichnung *Mohren, Nigritier, Äthiopier* ... einheitl. Menschenrasse in Afrika südl. von der Sahara bis zum Kapland, insgesamt etwa 125 Mill. Die dunkelfarbigen Rassen anderer äquatorialer Gebiete scheinen nach den Ergebnissen der neueren anthropol. Forschung nicht näher mit den N. verwandt zu sein ... Die charakteristischen körperlichen Merkmale der N. ... sind: Langköpfigkeit, Prognathismus, weit auseinanderstehende Augenhöhlen, ... dunkle Hautfarbe, vom tiefsten Braunschwarz sich abstufend bis zum Graubraun, Schokoladebraun und rötlichem Braun, wolliger Haarwuchs. Diese Verschiedenheit beruht zumeist auf Mischung mit den anderen Rassenelementen Afrikas, der pygmäsich-negriden Urschicht des Urwaldes ..., der ›hamitischen‹ Rasse ... und der orient. Rasse (... Araber) ... Die Kultur der N. ... ist trotz der Abgeschlossenheit ihres Wohngebietes stark von außen beeinflusst.«[2]

»**Neger** ... *1.* dunkelhäutiger, kraushaariger Bewohner des größten Teils von Afrika südlich der Sahara *1.1.* Nachkomme der nach Amerika verschleppten Afrikaner«[3]

»**Neger** ... *dunkelhäutiger Mensch mit sehr krausem schwarzen Haar* a) *Nachkomme der nach Amerika verschleppten Bewohner Afrikas*: der Kampf der N. in den USA um ihre Gleichberechtigung b) v e r a l t e n d /heute oft abwertend/ *Bewohner großer Teile Afrikas*: Togo, ein unabhängiger Nationalstaat der N. an der Guineaküste c) wie ein N. (*sehr braun gebrannt*) aussehen.«[4]

»**Neger** ... Angehöriger der in Afrika lebenden negriden Rasse; Nachkomme der nach Amerika verschleppten schwarzen Afrikaner; Farbiger; Schwarzer ...«[5]

»**Neger** [frz. *nègre*, über span. von lat. *negro* ›schwarz‹], Anfang des 17. Jh. aus dem Frz. übernommene, seit dem 18. Jh. In Dtl. eingebürgerte Bez. für die Angehörigen des *negriden* Formenkreises (Negride). Ausgehend von dem im Amerikanischen üblich gewordenen Gebrauch des

Schimpfwortes ›Nigger‹, gilt die Bez. ›N.‹ seit Ende des 19. Jh. zunehmend als diskriminierend und ist heute durch ›Schwarze‹, ›Schwarzafrikaner‹, ›Afrikaner‹, ›Afroamerikaner‹ o.ä. ersetzt.«[6]

»**Neger** ... *Schwarzer* (1) (wird heute meist als abwertend empfunden): er kam schwarz wie ein N. (ugs. scherzh.: *ganz braun gebrannt*) aus dem Urlaub zurück; R das haut den stärksten N. um! (ugs: *das ist eine unglaubliche, tolle o.ä. Geschichte!*); angeben wie zehn nackte N. (salopp: *fürchterlich angeben, prahlen*). 2. (Fachjargon) *schwarze Tafel, mit deren Hilfe die Lichtverhältnisse in einem Fernsehstudio verändert werden können.* 3. (Ferns. Jargon) *Tafel, von der ein Schauspieler od. Sänger (im Fernsehstudio) seinen Text ablesen kann.* 4a) (ugs.) *jmd., der für bestimmte Dienste von einem andern ausgenutzt wird*: dass solche Bankette .... Nicht für die Spieler, sondern für die Funktionäre geschaffen sind, damit sie sich mit uns, ihren ›Negern‹, wie es mitunter den Anschein hat, zur Schau stellen können (Hörzu 39, 1975, 32); b) (Jargon) *Ghostwriter* ... «[7]

»**neger** (ostösterr. ugs. für ohne Geld) er ist neger
Neger ... wird häufig als diskriminierend empfunden; Negerin«[8]

»**Neger** 1599 *Negro* (Palmer) N. seit 1681 ... Die abwertende, amerik. Form ›Nigger‹ zuerst 1834 ... Nach 1945 noch unbefangene Verwendung ...; heute nur selten u. zumeist kommentiert: ein N., ein Angehöriger der dunklen afrikanischen Völker, der gerade vorbeikam (1987 R. Wolf, Männer 76). Dieses Tabu ist wohl auch eine Reaktion auf den Gebrauch des Wortes in der Nazipropaganda, wo z.B. Juden als negerisch und der Jazz als Negermusik verunglimpft wurden ... unbefangener aber heute die Übertragung von N. auf ein Cola-Mischgetränk ... sowie die Bez. Negerkuß für eine best. Süßspeise.«[9]

»N.« geht auf lateinisch *niger*, spanisch und portugiesisch *negro* sowie französisch *nègre* zurück. Das lateinische Wort *niger* bedeutet »schwarz«. Als Millionen Afrikaner/innen versklavt wurden, ist dieses Wort von spanischen und portugiesischen Sklavenhändlern zur pauschalen Benennung von Afrikaner/inne/n benutzt worden. Der früheste schriftsprachliche Beleg stammt aus dem Jahre 1699. In Deutschland taucht der analoge Begriff »N.« erstmals Anfang des 17. Jahrhunderts, parallel zum Begriff → »Rasse«, auf und setzte sich im 18. Jahrhundert, als sich Rassismus formierte, fest.

Rassentheorien schlossen eine ideologische Trennung Afrikas in den »Weißen Norden« Afrikas und → »Schwarzafrika« ein, die mit einer Bewertung einherging: Dem Norden wurde aus Weißer hegemonialer Perspektive ein gewisses Maß an Kultur und Geschichte zugebilligt, wodurch die Herstellung des »dunklen, geschichtslosen, unzivilisierten Afrika südlich der Sahara« noch potenziert werden sollte. Diese Idee fand auch in dem Versuch Niederschlag, begrifflich zwischen → »Mohr/in« und »N.« zu differenzieren. Dabei stand »Mohr/in« für »hellhäutigere«, »arabisch geprägte« »Nordafrikaner/innen« und das »N-Wort« für Menschen in »Schwarzafrika«, womit das Konstrukt »Afrika südlich der Sahara« gemeint ist. Die Erfindung des »Sudann.s« geht auf das Bemühen zurück, eine verbindende »Rasse« zwischen »Nordafrikaner/inne/n« und »den Afrikaner/inne/n südlich der Sahara« zu konstruieren.

Letztlich hat sich diese Begriffsdifferenzierung von »Mohr/in« und »N.« nicht durchgesetzt; beide Begriffe bezeichnen Schwarze im Allgemeinen, wobei die Bezeichnung »Mohr/in« zunehmend von »N.« verdrängt wurde. Vom Versuch dieser rassistischen Binnendifferenzierung ist nur der Begriff »Sudannn.« übrig geblieben, der bis heute in deutschen Schulbüchern Verwendung findet.

Ursprünglich bezieht sich der Begriff »N.« auf die Hautfarbe von Menschen und konstruiert damit Identität über Pigmentierung. Dabei werden aber im Hautfarbenspektrum Grenzen gezogen, die keiner natürlich gegebenen Linie, sondern Weißen Machtmanifestationen folgen. Weder alle Europäer/innen noch alle Afrikaner/innen haben den gleichen Hautfarbton. Manche als Weiß konstruierten Europäer/innen haben einen dunkleren Teint als Afrikaner/innen. Erst durch den Rassismus wurde das Farbspektrum von Hautfarben auf eine Dichotomie von »weiß« auf der einen Seite und »schwarz« auf der anderen reduziert und dabei als gesellschaftlich relevant hergestellt und bewertet. Dabei galt Weiß-Sein als Norm, während das »Nicht-Weiße« zum Anderen, »Un-Normalen« opponierte. Im Kontext pseudowissenschaftlicher Rassentheorien wurde die Hautfarbe zum einen mit anderen visuell sichtbaren Körpermerkmalen vernetzt. Komposita wie etwa »N.krause« und »N.lippen« rekurrieren auf solche biologistischen Konstruktionen. Zum anderen wurden in der Verwendung des Begriffs »N.« von Anfang an körperliche Merkmale mit geistig-kulturellen Eigenschaften wie etwa Faulheit, Feigheit, Triebhaftigkeit, Grausamkeit und Kulturunfähigkeit verbunden.

Als sprachliche Schöpfung von Sklaverei und Kolonialismus, die zu keinem Zeitpunkt in einer breiteren Öffentlichkeit debattiert wurde, beinhaltet der Begriff in seiner Verwendung bis heute die ideologischen Vorstellungen, Denkmuster und Hierarchien dieser Zeit. Sein konventioneller und traditioneller Gebrauch im Deutschen ist diskriminierend und rassistisch.

Die koloniale Konnotation zeigt sich exemplarisch in der Verwendung des »N-Wortes« in Komposita und Redewendungen. Wenn beispielsweise »N.schweiß« schlechter Kaffee ist, dann kommt dem »N-Wort« zweifelsfrei eine abwertende Konnotation zu. Und durch die Redewendung »Dann stehst du da wie der letzte ›N.‹« lässt sich im Wort »N.« die Konnotation erkennen, dass den so bezeichneten Personen ein niedriger Status zugeschrieben wird und sie in den Augen von Weißen keinen Respekt verdienen. Die Dienerfunktion ist eine andere Konzeptualisierung, die Zusammensetzungen mit dem »N-Wort« (zum Beispiel »Ich bin doch nicht dein ›N.‹«) nahe legen. In »angeben wie zehn nackte ›N.‹« schlägt sich zum einen das Bild des »nackten« = → »primitiven« »Wilden« nieder, was vordergründig in Kontrast zu der gleichzeitig in dem Sprichwort zum Ausdruck gebrachten Prahlerei steht. Leicht lässt sich aber interpretieren: Hier bildet sich jemand etwas ein, der sich eigentlich – aus Weißer Perspektive – auf nichts etwas einzubilden habe. Auch auf Armut (»N. sein«) und das Stereotyp der vermeintlichen Zähigkeit des »N.s« wird in feststehenden Redewendungen angespielt (zum Beispiel: »Das haut den stärksten ›N.‹ um«). Die abwertende Sexualisierung von Schwarzen Männern spiegelt sich in dem Wort »N.pimmel« für eine Wurstsorte.

Die zahlreichen Redewendungen und Sprichwörter, die es bis heute im Deutschen mit dem Begriff »N.« gibt, zeugen davon, wie wichtig diese abwertende Konzeptualisierung von Menschen im deutschen Selbstverständnis war und bis heute ist.

Seit den 1970er Jahren – angestoßen durch die Schwarze Bürgerrechtsbewegung in Nordamerika – beginnt die Erkenntnis vom abwertenden Charakter des »N-Wortes« in der bundesdeutschen Gesellschaft Fuß zu fassen. In der DDR setzte dieser Prozess sogar erst in den 1980er Jahren ein und entwickelte sich noch weitaus langsamer als in der Bundesrepublik. Es kam in beiden deutschen Gesellschaften zu keiner kritischen inhaltlichen Auseinandersetzung mit dem Wort. Das schlägt sich heute u.a. noch darin nieder, dass in den Begriffen »negrid« und »Negride«, die gemeinhin unkritisch Verwendung finden, die gleichen rassistischen Konzeptualisierungen hergestellt und transportiert werden.[10] Die fehlende öffentliche Auseinandersetzung schuf zudem den Raum dafür, dass auch in der Gegenwart, wie etwa im oben zitierten Wörterbuch von Paul, die Meinung vertreten wird, dass nur »Nigger« ein Schimpfwort sei und der Begriff »N.« eine Rehabilitierung erfahren habe oder zumindest erfahren könne.[11]

Deshalb kann »N.« sowohl als eigenständiger Begriff als auch in Wortzusammensetzungen und Redewendungen noch immer breite Verwendung finden. Auch für polemische Zusammenhänge und in der Kunst (»10 kleine N.lein«) wird es gern herangezogen.[12] In der Lebensmittelbranche wird der Begriff sogar häufig verwendet. Schwarze fungieren hier nicht nur als Konsumobjekte, sie werden essentialisiert, weil sie auf ihre Hautfarbe reduziert werden. Die Kombination von Essentialisierung und Abwertung schlägt sich beispielsweise in dem ordinären Ausdruck »einen ›N.‹ abseilen« nieder. Wie stark die beschriebenen Konnotationen bewusst angewendet werden, zeigt folgendes Beispiel, dem gleich eine ganze Reihe rassistischer Grundannahmen innewohnen. In einem Schlagzeilen machenden Prozess Anfang 2004, bei dem es um eine Beleidigungsklage ging, rechtfertigte sich der angegriffene Generalstaatsanwalt Hansjürgen Karge mit den Worten: Die Tatsache, dass auf Straftaten Sanktionen folgten, wisse jeder »vom primitivsten Buschneger bis zu den Tieren«.[13] Die Äußerung sorgte allerdings nicht für Aufregung, sondern allein der Umstand, dass in diesen Prozess so genannte Prominente verwickelt gewesen sind.

Obgleich es laut eines Urteils des Amtsgerichts Schwäbisch Hall gestattet ist, jemanden, der einen Schwarzen »N.« nennt, als einen Rassisten oder eine Rassistin zu bezeichnen,[14] wird in den meisten Wörterbüchern nicht auf den diskriminierenden Gehalt dieses Wortes hingewiesen.[15] Wenn dies gelegentlich (in jüngeren Veröffentlichungen) der Fall ist, bleiben die Formulierungen sehr vage, wie etwa im aktuellen Duden, in dem es heißt »N.« »wird häufig als diskriminierend empfunden«.[16] Die Redaktion suggeriert damit, die Abwertung sei lediglich der »Überempfindlichkeit« Einzelner zuzuschreiben und nicht dem Begriff selbst historisch eingeschrieben und semantisch immanent. Auch Komposita werden in den Wörterbüchern nicht kritisch hinterfragt. Im aktuellen Duden firmiert etwa Schokokuss nur als sinnverwandtes Wort zu »N.kuss«.[17]

In der jüngeren Vergangenheit haben sich verschiedene Selbstbenennungen etabliert, die begriffliche Alternativen darstellen. So hat sich etwa sprachenübergreifend *Black* als eigenbestimmte Bezeichnung durchgesetzt. Der Begriff rekurriert nicht auf die Hautfarbe, sondern darauf, dass Schwarze Menschen durch Rassismus diskriminiert werden. Um die Ebene der kulturellen und sozialen Identität zu markieren, wird *Black* – ebenso wie der deutsche Analogiebegriff Schwarze – auch in adjektivischer Bedeutung groß geschrieben. Neben dieser Verwendung von *Black* gibt es noch ein Verständnis, nach dem die Benennung Schwarze eine afrozentrische Implikation hat und durch »People of Color« (POC), das nur als Kollektivbezeichnung existiert, ergänzt wird.[18]

Im Deutschen stehen außerdem, je nach Kontext, die Begriffe Afrikaner/in oder Afrodeutsche/r oder konkreter nach dem jeweiligen Herkunftsland zum Beispiel Nigerianer/in, Sudanese/ Sudanesin oder Kubaner/in sowie Nigeria-Deutsche/r zur Wahl.

Susan Arndt

Anmerkungen

1   *Meyers Konversations-Lexikon.* Bd. 12. Leipzig, Wien 1897: 826.
2   *Der Große Brockhaus. Handbuch des Wissens in zwanzig Bänden.* Bd. 13. Leipzig 1934: 252.
3   *dtv-Wörterbuch der deutschen Sprache.* München 1978: 562.
4   *Wörterbuch der deutschen Gegenwartssprache.* Bd. 4. Berlin 1975: 2628.
5   *Wahrig. Deutsches Wörterbuch.* Leipzig, Mannheim, Wien, Zürich 1991 (Auflage von 1986): 930.
6   *Brockhaus. Enzyklopädie.* Bd. 15. Mannheim 1991: 414.
7   *Brockhaus. Enzyklopädie.* (Bd. 28-30). Bd. 29. Mannheim 1999: 2717.
8   *Duden. Die deutsche Rechtschreibung.* Mannheim 2001: 684.
9   Paul, Hermann. *Deutsches Wörterbuch.* Tübingen 2002: 696-697.
10   Siehe dazu S. 38-43.
11   Vgl.: Paul, Hermann. *Deutsches Wörterbuch.* Tübingen 2002: 696-697.
12   Vgl.: Arndt, Susan. »Impressionen. Rassismus und der deutsche Afrikadiskurs.« in: Arndt, Susan (Hrsg.). *AfrikaBilder. Studien zu Rassismus in Deutschland.* Münster 2001: 11–68, hier: 28-30.
13   Beleidigungsprozess gegen Naumann wegen Äußerungen in Friedman-Affäre Erste Zusammenfassung, in: *Der Tagesspiegel* vom 20. Januar 2004.
14   Vgl.: *Stuttgarter Zeitung* vom 17. Juni 2000.
15   Siehe dazu S. 38-43;184-185.
16   *Duden. Die deutsche Rechtschreibung.* Mannheim 2001: 684.
17   Ebenda.
18   Siehe dazu S. 14.

»primitiv/Primitive«

»**Primitiv** ... ursprünglich, uranfänglich, urzuständlich, das Gegenteil von kultiviert ... «[1]

»**Primitiv** ... ursprünglich, urzuständlich; einfach, ohne Aufwand; geistig wenig entwickelt ... Primitive, in der Völkerkunde svw. Naturvölker...; Gegensatz: Zivilisierte oder Kulturvölker ... «[2]

»**primitiv** ... 1. *sehr einfach, simpel*: eine p. Hütte, Holzbank, Waffe; d. Werkzeug, Brücke, Zaun ist etwas p.; eine p. Lebensweise ... *oft* a b w e r t e n d *(not)dürftig*: eine p. Unterkunft; ein p. eingerichtetes Zimmer; unter p. Verhältnissen leben, arbeiten (müssen) ... 2. *auf niedriger Entwicklungs-, Kulturstufe stehend*: p. Lebewesen; der Wanderer ist in vielen Hinsichten ein primitiver Mensch, so wie der Nomade primitiver ist als der Bauer ...; p. Kulturen; der Ackerbau steht in diesem Land noch auf recht p. Stufe; /*übertr.*/ das Projekt befindet sich noch in den primitivsten (*ersten*) Anfängen, in seinem primitivsten Stadium; *elementar, triebhaft*: p. Gefühle, Regungen, Emotionen; ein p. Bedürfnis, Verlangen; sie tat es aus p. Habsucht ...; *naiv*: eine p. Vorstellung, Weltanschauung; Der primitive Glaube, der in Petrus den einzigen Türhüter des Himmelreichs sah ... ; p. Kunst, Malerei ... 3. a b w e r t e n d *von geringem geistig-kuturellem Niveau*: ein p. Mensch, Charakter; eine p. Unterhaltung, Ausdrucksweise, Schrift; p. argumentieren ...«[3]

»**primitiv** ›urzuständlich, urtümlich; [geistig] unterentwickelt, einfach; dürftig, behelfsmäßig‹: Das Adjektiv wurde im 18. Jh. aus gleichbed. frz. primitif entlehnt, das auf lat. primitivus ›der erste in seiner Art‹ zurückgeht, Stammwort ist lat. primus ›der erste‹ (vgl. *Primus*).«[4]

»**primitiv** .... einfach, dürftig; abwertend *für* von geringem geistig-kulturellem Niveau ... Primitive ... veraltend *für* Angehörige[r] eines naturverbundenen, auf einer niedrigen Zivilisationsstufe stehenden Volkes«[5]

»**primitiv** 1a) in ursprünglichem, noch nicht hoch entwickeltem Zustand befindlich; auf niedriger Kultur-, Entwicklungsstufe stehend; urtümlich; nicht zivilisiert: -e Kulturen; Völker; -e Lebewesen; diese Stämme stehen noch auf einer –en Stufe, sind noch, leben noch ganz p.; [...] 2b) (oft abwertend) dürftig, armselig, kümmerlich; notdürftig; behelfsmäßig: -e Unterkünfte, Behausungen [...] 3. (abwertend) ein niedriges, geistiges kulturelles Niveau aufweisend; ungebildet, geistig u. kulturell wenig anspruchsvoll; [...] Primitive (Völkerk. veraltend): auf niedriger Kultur-, Entwicklungsstufe stehende Völker«[6]

Als Adjektiv wird das Wort, wie die obigen Lexikoneinträge zeigen, in vielen verschiedenen Kontexten mit jeweils abwertender oder negativer Bedeutung verwendet. Das Wort »pr.« dient sowohl der Benennung von Menschen als auch deren Verhalten und Handlungen, aber auch von Objekten (»pr.e Kunst«, »pr.es Essen«). Es bezieht sich dabei immer auf eine Norm, die unbenannt als positiv gesetzt wird. Das Beispiel »pr.e Werkzeuge« zeigt, dass das Wort zudem relativ in seinem Gebrauch ist: das, was heute als avancierte Computertechnologie gilt, kann morgen schon als »pr.« angesehen und bezeichnet werden. Die Verwendung des Wortes ist also zugleich auch immer abhängig von dem konkreten historischen Kontext, in dem es gebraucht wird, und sagt etwas über die Normsetzungen in diesem aus. »Pr.« ist ein dynamisches Konzept, das in verschiedenen Kontexten eingesetzt wird, um eine bestimmte hegemoniale Ordnung aufrecht zu erhalten. Es wird zumeist pauschal verwendet.

Im kolonialen Kontext wurde der Begriff auf die kolonisierten Kulturen übertragen. Dabei fand er als Adjektiv, wie etwa in »pr.e Stämme«, welchem eine doppelte Abwertung immanent ist (→ »Stamm«), als auch als substantiviertes Adjektiv »Pr.« (meist im Plural gebraucht) Verwendung. Über diese Benennungspraxis wurden die so charakterisierten Gesellschaften und Menschen pauschal zum Anderen konstruiert. Dabei wurden graduelle Gemeinsamkeiten mit Europa ebenso negiert wie Unterschiede zwischen den kolonisierten Gesellschaften. Ganz unterschiedliche kulturelle Konzepte, Gesellschaften, Kulturen und Lebensformen wurden zum abgewerteten Anderen konstruiert, wodurch die Weiße westliche kulturelle Identität implizit als Norm gesetzt und aufgewertet werden konnte. Die Kriterien für diese Einteilung bleiben dabei aber unbenannt, unsichtbar und damit auch unhinterfragbar.

Eine dieser vagen Kriterien für die Weiße westliche Konstruktion einer Kultur als »pr.« ist, dass diese auf einer niedrigeren Kultur- und Entwicklungsstufe steht. Dabei wird impliziert, dass es eine Entwicklungsstufe gäbe, die als »normal« zu setzen sei und die es erlaube, andere als »niedriger stehend« zu charakterisieren. In den Assoziationen, die das Wort »pr.« in der Verwendung auf Kulturen und Menschen besitzt, fließen so immer unausgesprochen Annahmen von der Dichotomie »zivilisiert« und »normal« versus »pr.« und »unnormal« mit ein. »Pr.« bezeichnet immer ein »Weniger« ausgehend von einer Norm des »Zivilisierteren« und Komplexeren. Woran → »Zivilisation« jeweils festgemacht und gemessen wird, wird nicht explizit ausgeführt. Da in der Charakterisierung von afrikanischen Menschen und Kulturen diese zu den »Unzivilisierten« gegenüber den »zivilisierten normalen« westlichen Kulturen angesehen werden, wurde über diese Konstruktion zugleich auch der Mythos des Kolonialismus gerechtfertigt, Afrika »zivilisieren« zu müssen. Eine aktuelle Version dieses kolonialen Mythos liegt dem Begriff »Entwicklungshilfe« (→»Entwicklungsland«) zu Grunde.

Heute wird das Adjektiv »pr.« im westeuropäischen Denken partiell auch auf Gesellschaften angewendet, die niemals unter der kolonialen Herrschaft europäischer Großmächte standen. Während aber beispielsweise Afrikaner/innen sowie ihre Kulturen und Lebensumstände pauschal als »pr.« kategorisiert werden, wird in diesen kulturellen Kontexten häufig stärker differenziert. So werden beispielsweise Osteuropäer/innen im Weißen westlichen Denken nicht per se als »pr.« kategorisiert, wohl aber in vielen Fällen ihre Lebensumstände, wodurch sie auf einer entsprechenden Bewertungsskala von »pr.« bis »zivilisiert« eine mittlere Position einnehmen würden.

Aus den oben ausgeführten Gründen ist der konventionalisierte Gebrauch der Wörter »pr.« und »Pr.« als Manifestation des rassistischen und hegemonialen Diskurses zu bewerten und in dieser Form unbedingt zu vermeiden. Da, wie hier dargestellt wurde, das Konzept »pr.« ein relationales ist, welches in Weißen westlichen Kontexten in der Regel durch eine Opposition zu »zivilisiert«, »westlich« und »Weiß« hergestellt wird, ist auch der Gebrauch des Begriffes »zivilisiert« kritisch zu überdenken. Beide Wörter besaßen und besitzen als Konzepte eine hohe Brisanz in der Konstruktion von dichotomen und scheinbar eindeutigen Vorstellungen von »Gut« und »Böse«. Sie wurden und werden in den Argumentationen hegemonialer Machtkämpfe frequent angewendet, ohne dass die Kriterien für diese Dichotomisierung transparent gemacht werden würden. Bis heute tragen sie so dazu bei, Weiße stereotype (Vor-)Urteile sowie die westliche Weiße Norm(alität) zu verfestigen und westliche Handlungen zu legitimieren. Damit bilden sie wichtige rhetorische Mittel der Polarisierung. Vertauscht frau/man probeweise die Begriffe »zivilisiert« und »primitiv« in konkreten Texten, kann dies auch einen Blick darauf eröffnen, welche Kriterien den unterschiedlichen Benennungen zu Grunde liegen.

Antje Hornscheidt

Anmerkungen

1   *Meyers Konversations-Lexikon.* Bd.14. Leipzig, Wien 1897: 239.
2   *Der Große Brockhaus.* Bd. 15. Leipzig 1933: 123.
3   *Wörterbuch der deutschen Gegenwartssprache.* Bd. 4. Berlin 1975: 2862.
4   *Duden. Das Herkunftswörterbuch.* Mannheim, Wien, Zürich 1989: 550
5   *Duden. Die deutsche Rechtschreibung.* Mannheim, Leipzig, Wien, Zürich 2001: 768.
6   *Brockhaus. Die Enzyklopädie. Deutsches Wörterbuch* I-III (Bd. 28-30). Bd. 29. Leipzig, Mannheim 1999: 3007.

»Pygmäe«

»**Pygmäen** ... bei Homer ein Zwerggeschlecht an den Ufern des Okeanos (bei Späteren an den Quellen des Nils), welches mit den Kranichen im Krieg lebte. Sie griffen den schlafenden Herakles in großen Scharen an, wurden aber von ihm in eine Löwenhaut eingewickelt. Im übertragenden Sinne soviel wie Zwerge überhaupt.«[1]

»**Pygmäen** ... 1) ... ein von Homer, Herodot u.a. erwähntes fabelhaftes Zwergvolk, das am Okeanos, in Ägypten, Indien und andernorts wohnen sollte ...... Den Berichten über sie liegen wohl gleichen Anschauungen zugrunde wie den Mythen von den Zwergen; mit den eigentl. Zwergvölkern (Pygmäen 2) sind sie kaum in Verbindung zu bringen...

2) P., eine Gruppe von Zwergstämmen, bei denen die Durchschnittsgrößen der Männer unter 150 cm bleibt; ... P. finden sich heute noch in bedeutender Zahl im mittleren Afrika (die Batua, Akka ...), über das sie einst weit verbreitet waren, auf den Andamanen, Philippinen (Negrito) und im Innern einiger Südseeinseln (Neuguinea), während sie in Amerika bisher nicht gefunden wurden. Sie bilden in allen Erdteilen eine älteste oder zum mindesten uralte Bevölkerungsschicht, die nicht nur auf Grund ihrer Kleinwüchsigkeit und anderer körperl. Eigenheiten, sondern im wesentlichen wegen ihrer kulturellen Sonderstellung und Lebensgewohnheiten eine Einheit bilden. Sie sind primitive, nomadisierende Sammler und Jäger, leben meist in kleinen Horden ohne Häuptlinge und besitzen als soziale Organisation nur die Einzelfamilie... Sie treiben wenig Zauberei und Magie, aber mehr oder weniger deutlich ist der Glaube an ein höchstes Wesen ausgeprägt, das sie mit Gebeten, Primitialopfern und bes. durch Ehrfurcht verehren ...

Die P. wurden früher als eine Kümmerform angesehen (Kümmerzwerge); dagegen spricht ihre ganz normale und proportionell genaue Körperentwicklung. Die von Wilh. Schmidt u.a. früher vertretene Ansicht, daß die P. eine einheitliche Rasse bilden, läßt sich nach den Ergebnissen neuerer Forschungen nicht mehr aufrechterhalten. Wegen beachtenswerter körperl. Unterschiede sind die einzelnen kleinwüchsigen Gruppen am besten als Unterrassen oder als örtliche Spielart zu betrachten.«[2]

»**Pygmäe** ... *Angehöriger eines Zwergvolkes in Zentralafrika*«[3]

»**Pygmäenkultur**, nach den Zwergstämmen in der afrikanischen Hyläa (Urwald) benannte Kultur, die durch erstaunliche Armut an materieller Kultur und zugleich durch optimale Anpassung an die Hyläa charakterisiert ist«[4]

»**Pygmäe** ... kleinwüchsige (mittlere Größe der Männer 1,50m) Bevölkerungsgruppen in den Regenwäldern Äquatorialafrikas; Wildbeuter ohne Dauersiedlungen.«[5]

»Pygmäe ... >Angehöriger einer sehr kleinwüchsigen Rasse in Afrika< (< 16. Jh.). Entlehnt aus 1. *Pygmaeí Pl.*, aus gr. *Pygmaìoi Pl.* = Angehörige eines sagenhaften Volkes in der *Ilias*, zu gr. *pygmaìos* >eine Faust groß< ...«[6]

»Pygmäe ... *Angehöriger eines kleinwüchsigen Menschtypus in Afrika*«[7]

»Pygmäe ... (Angehöriger einer kleinwüchsigen Bevölkerungsgruppe in Afrika); pygmäenhaft, pygmäisch (zwerghaft, zwergwüchsig) «[8]

Der Begriff »P.« ist eine Konstruktion der Anthropologie – und dort speziell der »Rassenkunde«. Seinen etymologischen Ursprung hat der Begriff vermutlich im Griechischen. Das Griechische *pygmaios* bedeutet ursprünglich »eine Faust lang«. In der Übertragung auf Menschen brachte er zum Ausdruck, dass die so bezeichneten Menschen eine als gering eingestufte Körpergröße haben. Diese Übertragung ist als übertrieben anzusehen, da kein Mensch lediglich »eine Faust lang« ist.

Bezog sich der Begriff zunächst auf ein »fabelhaftes Zwergvolk«, wurde er im kolonialen Kontext auf Menschen aus Zentralafrika übertragen. Ausschlaggebend für diese Übertragung war, dass die so bezeichneten Menschen ausgehend von einer westlichen Perspektive als »kleinwüchsig« konzipiert wurden. Problematisch daran ist, dass ausgehend von diesem verallgemeinernden Kriterium ganz verschiedene Kulturen (ungefähr 150.000 Menschen in Zentralafrika zwischen Atlantik und Victoriasee) unter einer kolonialistischen Fremdbezeichnung subsumiert worden. Hinzu kommt, dass die Erfindung der »P.n« von Anfang an mit einer Abwertung einherging. Das manifestiert sich deutlich an den Formulierungen, die zur Erklärung des Konzeptes herangezogen werden, wie etwa »kleinwüchsige Rasse«,[9] »Wildbeuter«[10] und Zuschreibungen wie »erstaunliche Armut an materieller Kultur«.[11] Der zuletzt zitierte Eintrag aus Hirschbergs *Wörterbuch der Völkerkunde* (1988), wo es auch heißt, dass sich »P.n« »zugleich durch optimale Anpassung an die Hyläa«[12] auszeichnen, zeigt zudem, dass sich die Abwertung der »P.n« auch darüber vollzieht, dass ihnen Kulturlosigkeit und eine Nähe zur Natur unterstellt wird, die oft darin kulminiert, »P.n« als Bindeglied zwischen Mensch und Natur herzustellen.

In den deutschen Medien, Schulbüchern und Literatur über Afrika werden »P.n« überproportional oft behandelt, obwohl die als »P.n« konstruierten Gesellschaften nur einen sehr geringen Prozentsatz der Bevölkerung in Afrika stellen. Dieses Ungleichgewicht kann u.a. damit erklärt werden, dass sie Weißen Deutschen als willkommenes Objekt erscheinen, um die vermeintliche »Exotik« und »Steinzeitlichkeit« Afrikas zu (re)präsentieren. Zudem eignet sich die Erfindung des »P.n« in all ihren Facetten, um die darin angenommene Weiße Höherstellung zu untermauern und zu reproduzieren. Durch den Begriff wird die Dichotomie von »Weiß« – »Schwarz«, »zivilisiert« – »unzivilisiert«, »Kultur« – »Natur« reproduziert und zur Legitimierung der Weißen Machtstellung benutzt. Die Einführung und Verwendung des Begriffs entspringt einer kolonialistischen Tradition und tradiert diese weiter.

Dieser Begriff ist ersatzlos zu streichen. Einen Alternativbegriff gibt es nicht, weil »P.« eine koloniale Erfindung ist. In jedem Fall muss konkret benannt werden, welche der vielen hier subsumierten Gesellschaften konkret gemeint sind.

Andriana Boussoulas

Anmerkungen

[1] *Meyers Konversations-Lexikon.* Bd.12. Leipzig, Wien 1897: 349.

[2] *Der Große Brockhaus.* Bd. 15. Leipzig 1933: 250.

[3] *Wörterbuch der deutschen Gegenwartssprache.* Bd. 4. Berlin 1975: 2905.

[4] Hirschberg, Walter (Hrsg.). *Neues Wörterbuch der Völkerkunde.* Berlin 1988: 381.

[5] *Meyers Taschenlexikon.* Bd. 9. Mannheim, Leipzig, Wien, Zürich 1996: 2748.

[6] Kluge, Friedrich. *Etymologisches Wörterbuch der deutschen Sprache.* Berlin, New York 1995: 656.

[7] *Brockhaus. Eine Enzyklopädie in 24 Bänden. Deutsches Wörterbuch* I-III (Bd. 28-30). Bd. 30. Mannheim, Leipzig 1999: 3060.

[8] *Duden. Die deutsche Rechtschreibung.* Leipzig, Mannheim, Wien, Zürich 2001: 781.

[9] *Duden. Das Fremdwörterbuch.* Leipzig, Mannheim, Wien, Zürich 1997: 675.

[10] *Meyers Taschenlexikon.* Bd. 9. Leipzig, Mannheim, Wien, Zürich 1996: 2748.

[11] Hirschberg (Hrsg.). *Neues Wörterbuch der Völkerkunde:* 381.

[12] Ebenda.

»Rasse«

»**Rasse**, die Gesamtheit aller Individuen einer Tierart, bei denen sich gewisse weniger bedeutende Merkmale, die zur Ausstellung einer besonderen Art nicht berechtigen, konstant erhalten, d.h. auch bei der Fortpflanzung auf die folgenden Generationen übergehen. So sind z.B. Pudel, Bulldogge, Spitz untere Rassen des Hundes; es bleibt jedoch die Reinheit jeder Rasse nur bestehen, wenn sie sich nicht mit anderen Rassen durchmischt ... Übrigens sind die Rassen mancher Haustiere, z.B. des Rindes, Schweines, Hundes, mit größter Wahrscheinlichkeit nicht einer Art, sondern aus Mischung verschiedener Arten entsprungen, also von Bastarden abzuleiten... S. Menschenrassen.«[1]

»**Menschenrassen**, die verschiedenen, durch besondere typische Eigenschaften (Rassencharaktere) gekennzeichnete Gruppen, in die das Menschengeschlecht zerfällt. Diese in ihrer Heimat sich gleichbleibende Charaktere sind vorwiegend auf den körperlichen Bau begründet, wenn auch andere das Gemüt und die Geistesanlagen betreffende Eigentümlichkeiten, die sich in den Sprachen, Sitten, Religionsgebräuchen etc. ausprägen, nicht außer acht gelassen werden dürfen.«[2]

»**Rasse** ... ein viel umstrittener Ordnungsbegriff der beschreibenden Naturwissenschaften und der Anthropologie. 1) In der Anthropologie versteht man unter R. eine Gruppe von Menschen, die durch den erblichen Besitz einer angeborenen körperlichen und geistigen Verfassung gekennzeichnet sind ... Vom Begriff ›Rasse‹ muss der Begriff ›Volk‹ streng getrennt werden. Völker sind Mischungen von R. ... Über die Rassenmerkmale siehe Menschenrassen.«[3]

»**Rasse** ... 1. große Gruppe von Individuen mit einer kennzeichnenden Kombination normaler erblicher Körpermerkmale, die unter dem zusammenwirkenden Einfluss natürlicher und sozialer Lebensbedingungen entstanden sind u. der Einteilung der heutigen Menschheit in den europiden, mongoliden u. negriden Rassenkreis entspricht. – 2. Unterart, Population, die sich durch ihren Genbestand von anderen unterscheidet ...«[4]

»**Rasse** ... die weiße, gelbe, schwarze, rote ...«[5]

»**Rasse** ... 3. (Anthrop.) Menschentypus: niemand darf wegen seiner R. benachteiligt werden; Der Markt ist überdies ziemlich indifferent. Er bewertet nicht nach Hautfarbe oder R. (Wirtschaftswoche 10.6.99, 44) ... (veraltet die weiße, gelbe, schwarze R.)«[6]

Der Begriff »R.« wurde aus den romanischen Sprachen (z.B. französisch *race* = »Geschlecht«, →»Stamm«, »R.«) ins Deutsche und Englische übernommen. Die weitere Ableitung ist umstritten. Eine plausible Erklärung geht aus von einer Ableitung aus dem Arabischen *ra's* = »Kopf, Ursprung (adlige oder vornehme) Abstammung«, im Sinne eines genealogisch fundierten Nachweises der eigenen (edlen) Herkunft: »Wer ›Rasse hatte‹, hatte seine Abstammung (›ras‹) im Kopf (›ras‹), kannte sie auswendig, unter Aufzählung möglichst vieler berühmter (männlicher) Vorfahren«.[7]

Bis ins 17. Jahrhundert hinein war »R.« allein gebräuchlich zur Klassifizierung von Tier- und Pflanzenarten. Dabei bezeichnete der Begriff Gruppen, die sich von anderen derselben Art durch konstante und vererbbare Merkmale unterschieden. 1684 wurde dieses Prinzip von dem französischen Arzt und Reisenden François Bernier erstmals auf Menschen übertragen.[8] Von Anfang an ging die Klassifizierung von Menschen nach »R.n« mit biologistischen Verallgemeinerungen, Verabsolutierungen, Wertungen und Hierarchisierungen einher. Im kolonialen Kontext wurden dieser biologistischen Konstruktion soziale und kulturelle Attribute zugeschrieben. Es kam zur Herausbildung von »R.ntheorien«, die einen Anspruch auf Wissenschaftlichkeit erhoben. Dieser Prozess wird heute gemeinhin als Formierung des Rassismus angesehen, obgleich der Begriff Rassismus erst in den 1930er Jahren und zwar im Zuge des Protestes gegen Theorie und Praxis des Nationalsozialismus entstand.[9]

Der Arzt Carl von Linné war der erste, der in seiner *Systema Naturae* (1735) den »R.n« moralische Werte zuordnete – positive den Weißen, negative den Schwarzen. David Hume sprach ab 1741 davon, dass Schwarze den Weißen von Natur aus unterlegen und ohne →»Zivilisation« seien – eine Auffassung, die von François-Marie Arouet Voltaire und Jean Jacques Rousseau geteilt wurde, wobei Voltaire auch antisemitische Argumente vertrat. Nach Deutschland kam der Begriff »R.« 1775 durch Immanuel Kant. Die rassistische Hierarchisierung der »R.n« nahm hier mit dem Anthropologen Johann Friedrich Blumenbach (1775) und dem Philosophen Christoph Meiners (1785) ausgefeilte Gestalt an. Ihre Theorien wurden von Arthur de Gobineau, der in Deutschland auf starke Resonanz stieß, 1853 zugespitzt. »Höhere

R.n« sollten sich der »niederen« erwehren; »R.kriegen« und »R.hygiene« war damit der Weg bereitet.[10]

Auch wenn im Alltagsdenken die Unterscheidung in »menschliche R.n« noch immer gängig ist, haben Biolog/inn/en und Genetiker/innen nachgewiesen, dass die für Tiere wissenschaftlich begründbare Klassifizierung in »R.en« nicht auf Menschen übertragbar ist. Alle Menschen gehören zur selben Art, Homo sapiens. Francesco Cavalli-Sforza etwa hat bewiesen, dass es nicht möglich ist, genetisch nach »R.n« zu unterscheiden. Zwischen Individuen einer früher als genetisch gleich definierten Gruppe herrscht oft größere Variabilität als zwischen Individuen, die gemeinhin als Angehörige verschiedener »R.n« angesehen werden.[11]

Obwohl Menschen nicht in biologische »R.n« unterteilt werden können, hat sich diese Klassifikation so sehr in soziale und kulturelle Herrschafts- und Identitätsmuster eingeschrieben, dass dieses Paradigma nicht einfach ad acta gelegt werden kann. Durch die Allgegenwärtigkeit von Rassismus in Vergangenheit und Gegenwart haben Schwarze und Weiße spezifische soziale, kulturelle und politische Erfahrungen gesammelt sowie Weiße und Schwarze Denk- und Verhaltensmuster entwickelt. Im Prozess der Sozialisation sind sozialpolitische Identitäten gewachsen, die mit Herrschaftsverhältnissen korrelieren. Auch wenn Menschen nicht als Schwarze und Weiße geboren werden, werden sie doch – um Simone de Beauvoirs berühmte Aussage zur Konstruktion von Frauen zu adaptieren – vom Rassismus zu Schwarzen und Weißen gemacht.

Um die Geschichte des Rassismus thematisieren und darauf aufmerksam machen zu können, dass im Kontext von transatlantischem Sklavenhandel und Kolonialismus »R.n« konstruiert worden sind, ist es in bestimmten Kontexten unerlässlich, auf die Begriffe »R.« bzw. »Race« zurückzugreifen. Dabei muss deutlich gemacht werden, worauf man sich bezieht. In Anlehnung an die Unterscheidung zwischen Sex und Gender muss auch »R.« ausdifferenziert Verwendung finden.

Zunächst einmal ist es wichtig, zwischen »R.« als biologistischer Konstruktion und Kodierung des Körpers einerseits sowie »R.« als biologistischer Kategorie des Rassismus andererseits zu unterscheiden. Beide Ebenen stehen in konzeptueller Nähe zu Sex als Konstruktion und Kategorie. Dieser biologischen Matrix entgegen steht »R.« – sowohl als soziokulturelle Konstruktion des Rassismus, als auch als dekonstruierende und politische Analysekategorie. Diese Ebenen stehen in konzeptueller Nähe zu Gender, weswegen in lexikalischer Anlehnung an die Etablierung des englischsprachigen Begriffs Gender in der deutschen Wissenschaftssprache in Bezug auf diese Ebenen häufig von »Race« gesprochen wird. Die gleichzeitige Setzung in Anführungszeichen soll markieren, dass es keine menschlichen »R.n« gibt.

Als Kategorie kommt »Race« die Funktion zu, die im Kontext von Rassismus konstruierte Dichotomie von Schwarzen und Weißen zu identifizieren – also darauf hinzuweisen, dass diese Dichotomie hergestellt wurde und gesellschaftspolitisch relevant ist. Zugleich eröffnet sie die Möglichkeit, diese Konstruktion zu hinterfragen. Anders als die biologistische Kategorie »R.« baut »Race« auf der Annahme auf, dass die bloße Zugehörigkeit zur sozial als Schwarz oder Weiß definierten Gruppe weder mit gleichen Erfahrungen noch mit identischen Problemlagen oder Perspektiven verbunden sein muss, sondern auf differierenden Voraussetzungen, Ausschlüssen und Verwerfungen basiert. Mit der Kategorie »Race« kann auf gesellschaftliche, kulturelle und politische Dimensionen der Konstruktion von Schwarzen und Weißen aufmerksam gemacht werden. Sie bietet das Instrumentarium, die Hierarchien, die diesen Annahmen zugrunde liegen, in ihrer Dynamik und Komplexität benennen und analysieren zu können.

Die Forschung entlang der Kategorie »Race« kann bis in die Anfänge des 20. Jahrhunderts zurückverfolgt werden. Doch erst unter dem Einfluss der Bürgerrechtsbewegungen in den USA und der Unabhängigkeitsbewegungen in anderen Teilen der Welt kam es in den 1960er Jahren zu einer Theoretisierung von »Race« und Rassismus, vor allem im Rahmen der »Soziologie der ›Race‹ Relations«.[12]

In den frühen 1980er Jahren wurde eine Reihe von grundlegenden Kritiken an der bisherigen Forschung über »Race« und »Race Relations« und zur Herausbildung neuer Paradigmen formuliert, die insbesondere von neuen Forschungsansätzen sowie politischen Transformationen beeinflusst worden sind. Am nachhaltigsten haben sich der neomarxistische Ansatz, der Ansatz der Cultural Studies sowie der Gender Studies auf die Diskussion ausgewirkt.

In neomarxistischer Perspektive ist der Rassismus ein Kerntheorem in der Analyse des Kapitalismus, kapitalistischer Akkumulation sowie von Klassenbeziehungen in kapitalistischen Staaten.[13] Der Ansatz der Cultural Studies fokussiert hingegen Transformationen in der Konstituierung von »Race« sowie die Herausbildung neuer Formen rassistischer Denkmuster.[14] Zentral dabei ist die Analyse komplexer Prozesse, durch welche »Race« als gesellschaftliches und politisches Konstrukt hergestellt wird. Eine wichtige Erkenntnis war, dass die soziale Architektur der Macht sich polydimensional und dynamisch gestaltet und es unerlässlich ist, »Race« mit anderen Differenzen zusammenzudenken.

In enger methodischer und theoretischer Verwandtschaft mit den Cultural Studies haben die Gender Studies ebenfalls zur Erkenntnis der Dynamik und Komplexität der Kategorie »Race« beigetragen und dabei »Race« mit Gender sowie anderen Differenzen analytisch vernetzt.[15] Für den Kontext kolonialer Geschichte haben Wissenschaftler/innen wie Ania Loomba und Oyèrónké Oyewúmí aufgezeigt, dass einflussreiche Analytiker des Rassismus, wie Frantz Fanon und Albert Memmi,[16] letztlich nur die Situation und Erfahrungen von Männern diskutiert und dabei bestehende Geschlechterhierarchien reproduziert haben, wodurch sie an analytische Grenzen gerieten, die nur durch eine zusätzliche Berücksichtigung von Gender überwunden werden können.[17]

Gleichzeitig haben Theoretikerinnen des afrikanisch amerikanischen sowie des afrikanischen Feminismus seit den 1970er Jahren auf die Grenzen der feministischen Forschung sowie der Gender Studies hingewiesen. Denn obgleich es längst zum gesetzten Grundwissen der Gender Studies gehört, in Ergänzung zur Geschlechterdifferenz andere Differenzen bzw. Identitätskategorien wie etwa »Race« und »Queer« zu betrachten, geschieht dies noch immer eher additiv als integrativ. Oftmals bleiben diese Ansätze unterentwickelt und wirken lediglich als eine Art »Feigenblatt«. Hinzu kommt, dass nicht-westliche Kulturen im Rahmen der westlich geprägten Gender Studies noch deutlich unterrepräsentiert sind.[18]

In der Auseinandersetzung mit Rassismus ist es bis heute notwendig, von »R.« (in Bezug auf die Konstruktion oder auf die Kategorie) zu sprechen. Dabei ist es wichtig, die Distanz zur These einer Existenz menschlicher »R.n« zu markieren. Dies wird gemeinhin über die Schreibung in Anführungszeichen realisiert. In Bezug auf die soziopolitische Konstruktion und Kategorie wird auch auf das englische Wort »Race« zurückgegriffen.

Susan Arndt

Anmerkungen

1   *Meyers Konversations-Lexikon.* Bd. 14. Leipzig, Wien 1897: 471.
2   Ebenda. Bd. 12: 137.
3   *Der Große Brockhaus. Handbuch des Wissens in zwanzig Bänden.* Bd. 15. Leipzig 1934: 386.
4   *Großes Fremdwörterbuch.* Leipzig 1984: 641.
5   *Duden. Die deutsche Rechtschreibung.* Mannheim, Leipzig, Wien, Zürich 1996: 605.
6   *Brockhaus. Die Enzyklopädie. Deutsches Wörterbuch* I-III (Bd. 28-30). Bd. 29. Mannheim 1999: 3102.
7   Geiss, Imanuel. »Rassismus«, in: Fischer, Gero; Maria Wölfingseder (Hrsg.). *Biologismus, Rassismus, Nationalsozialismus. Rechte Ideologien im Vormarsch.* Wien 1995: 91–107, hier: 92.
8   Dabei war sich Bernier aber nicht sicher, ob es vier oder fünf »Rassen« gäbe. Er unterschied zwischen Europäer/inne/n (+ Ägypter/innen und Inder/inne/n); Afrikaner/inne/n; Chines/inn/en, Japaner/inne/n und Lapp/inn/en sowie Indianer/inne/n-Indios. Vgl.: Geiss. »Rassismus.«: 98-99.
9   Vgl.: Ebenda 91.
10 Für eine detaillierte Auseinandersetzung mit der Genese der Kategorie »Rasse« vgl.: Ebenda 91-104.
11 Vgl.: Cavalli-Sforza, Francesco; Luca Cavalli-Sforza. *Verschieden und doch gleich. Ein Genetiker entzieht dem Rassismus die Grundlage.* München 1994 (Erstveröffentlichung auf Italienisch 1993). Vgl. auch: Olson, Steve. *Herkunft und Geschichte des Menschen. Was die Gene über unsere Vergangenheit verraten.* Berlin 2002 (Erstveröffentlichung auf Englisch 2002).
12 Vgl.: Banton, Michael. *Race Relations.* New York 1967; Rex, John. *Race Relations in Sociological Theory.* London 1970.
13 Vgl. z.B.: Miles, Robert. *Racism and Migrant Labour.* London 1982; Ders. »Racism, Marxism and British Politics.« in: *Economy and Society* 17.3 (1988): 428-460.
14 Vgl. z.B.: Centre for Contemporary Cultural Studies (Hrsg.). *The Empire Strikes Back. Race and Racism in '70s Britain.* London 1982; Hall, Stuart. »Race Articulation and Societies Structured in Dominance.« in: *UNESCO Sociological Theory. Race and Colonialism.* Paris 1980.

[15]   Vgl. z.B.: Anthias, Floya; Nira Yucal-Davis. *Racialized Boundaries*. London 1992; Williams, Patricia J. *The Alchemy of Race and Rights*. Cambridge, MA 1991; Collins, Patricia Hill. *Black Feminist Thought*. London 1990; Frankenberg, Ruth. *White Woman, Race Matters*. Minneapolis 1993; hooks, bell. *Yearning. Race, Gender and Cultural Politics*. Boston 1990.

[16]   Vgl.: Fanon, Frantz. *Schwarze Haut, weiße Masken*. Frankfurt/M. 1980 (Erstveröffentlichung auf Französisch 1952); Memmi, Albert. *Rassismus*. Frankfurt/M. 1987 (Erstveröffentlichung auf Französisch 1982).

[17]   Vgl. z.B.: Loomba, Ania. *Colonialism/Postcolonialism*. London, New York 1998; Oyewúmí, Oyèrónké. *The Invention of Women. Making an African Sense of Western Gender Discourses*. London 1997.

[18]   Vgl.: Ogunyemi, Chikwenye. *Africa Wo/Man Palava. The Nigerian Novel by Women*. Chicago 1996; Kolawole, Mary. *Womanism and African Consciousness*. Trenton 1997; Arndt, Susan. *Feminismus im Widerstreit. Afrikanischer Feminismus in Literatur und Gesellschaft*. Münster 2000.

»Schwarzafrika«

> »**Schwarzafrika** ... das überwiegend von dunkelhäutigen (negriden) Völkern bewohnte Gebiet Afrikas südlich der Sahara«[1]
>
> »**Schwarzafrika** ... größtenteils von Schwarzen bewohnter Teil Afrikas südlich der Sahara ... Schwarzafrikaner *aus Schwarzafrika stammender Schwarzer*«[2]
>
> »**Schwarzafrika** (die Staaten Afrikas, die von Schwarzen bewohnt und regiert werden)«[3]

Der Begriff »S.« ist im Kontext von Kolonialismus und Rassismus entstanden. Er baute auf dem rassistischen Ansatz auf, Menschen in → »Rassen« unterteilen und diese hierarchisieren zu können. Dabei wurde versucht, die Rassentheorie kulturtheoretisch zu untermauern. Der Psychiater und Theoretiker der afrikanischen Revolution Frantz Fanon schreibt dazu: »Man teilt Afrika in einen weißen und einen schwarzen Teil. Die Ersatzbezeichnungen: Afrika südlich oder nördlich der Sahara können diesen latenten Rassismus nicht verschleiern. Auf der einen Seite versichert man, daß das Weiße Afrika die Tradition einer tausendjährigen Kultur habe, daß es mediterran sei und Europa fortsetze, daß es an der abendländischen Kultur teilhabe. Das Schwarze Afrika bezeichnet man als eine träge, brutale, unzivilisierte - eine wilde Gegend.«[4]

Mit dieser Charakterisierung des »subsaharischen Afrika« als geschichtslos und unterentwickelt wurden die europäischen Länder und Kulturkreise gleichzeitig aufgewertet sowie transatlantischer Sklavenhandel und koloniale Herrschaftsverhältnisse implizit legitimiert. Durch das Bestehen auf eine Unterscheidung zwischen dem nördlichen Afrika, im kolonialen Kontext auch »Weißafrika« genannt, und dem restlichen Afrika wird zudem so getan, als handele es sich beim nördlichen wie auch nicht-nördlichen Afrika um homogene Räume. Dabei wird die kulturelle, sprachliche, religiöse usw. Pluralität dieser Großregionen ignoriert.

Wie aus den obigen Lexikoneinträgen (u.a. auch dem aktuellen *Duden. Die deutsche Rechtschreibung*) deutlich wird, transportiert »S.« zudem die Konnotation, dass diese Staaten Afrikas »von Schwarzen bewohnt und regiert werden«.[5] Dabei wird einem

Verständnis von Schwarzen nicht im politischen, sondern rassen-theoretischen Sinn gefolgt, was unschwer daraus zu erkennen ist, dass es im aktuellen *Duden* unter Schwarzer heißt: »dunkelhäu-tiger, -haariger Mensch«.[6] Damit wird negiert, dass nicht zuletzt infolge von Kolonialismus und Apartheid auch viele Weiße in allen Ländern Afrikas leben. Im gegenwärtigen Sprachgebrauch ist aber auch die gegenläufige Praxis anzutreffen, »S.« eben im Abgrenzung zu einem »weißen Afrika« oder »Weißafrika« zu verwenden. Dabei werden zusätzlich zum Norden Afrikas oftmals auch die ehemaligen Siedlerkolonien Simbabwe, Südafrika und/oder Namibia bzw. mit »S.ner« die dort lebende Weiße Minderheit ausgeklammert. Doch auch bei dieser Unterscheidung bleibt das Problem einer unzulässigen Alterisierung und Homogenisierung bestehen, die sich weder geografisch noch kulturell legitimieren lässt.

Gelegentlich wird »S.« auch in Kontrast zu einem als »weiß« konzipierten Europa verwendet. Dabei wird die Existenz Schwar-zer Europäer/innen negiert und Europa als rein Weißer Kulturraum konstruiert.

Auf den Begriff »S.« sollte verzichtet werden. Auch der oft alter-nativ verwendete Begriff »subsaharisches« Afrika ist keine wirkliche Alternative. Auch wenn hier der rassentheoretische Ansatz nicht mehr explizit zum Ausdruck kommt, wird trotzdem auch suggeriert, das Afrika südlich der Sahara sei ein homogener Raum. Da es sich hier um mehrere Länder mit teilweise völlig unterschiedlichen Sprachen, Religionen, Kulturkreisen, Staatsformen usw. handelt, ist es angebrachter, die Länder, Regionen oder Städte beim Namen zu nennen. Spricht man vom »subsaharischen« Afrika, so muss dabei kritisch reflektiert werden, warum in den jeweiligen Kontex-ten die nördlichen Länder Afrikas oder auch die Siedlerkolonien ausgeschlossen werden sollen. In der Regel ist dies nur bei einer Bezugnahme auf koloniale Konstruktionen in historischer Perspek-tive notwendig. Des Weiteren muss immer überlegt werden, ob wirklich alle Länder Afrikas südlich der Sahara gemeint sind und an welchen Kriterien das festgemacht wird.

Katharine Machnik

Anmerkungen

[1] *Brockhaus. Die Enzyklopädie.* Bd. 24. Mannheim 1998: 550.
[2] *Brockhaus. Die Enzyklopädie. Deutsches Wörterbuch* I-III (Bd. 28-30). Bd. 30. 1999: 3474.
[3] *Duden. Die deutsche Rechtschreibung.* Leipzig, Mannheim, Wien, Zürich 2001: 873.
[4] Fanon, Frantz. *Die Verdammten dieser Erde.* Frankfurt/M. 1981: 138. (Erstveröffentlichung auf Französisch 1961).
[5] *Duden. Die deutsche Rechtschreibung*: 873.
[6] Ebenda.

»Schwarzer Kontinent«

»**schwarz** ... ~e Rasse = Neger; der S~e Erdteil = Afrika«[1]

»**Kontinent** ... 1. *Erdteil* ... der schwarze K. (*Afrika*); ein neuer K. war entdeckt worden«[2]

»**schwarz**... der ~ Erdteil, Kontinent *Afrika* ...«[3]

Die Bezeichnung »S.K.« als Synonym für den afrikanischen Kontinent wurde in der Zeit des Kolonialismus durch die Kolonisatoren geprägt. Eindeutig lässt sich heute nicht mehr nachzeichnen, ob diese Bezeichnung auf die biologistische »Hautfarbenkonstruktion« zurückzuführen ist oder aber auf die christlich-mythologische Farbsymbolik. Hier ist »schwarz« u.a. als »dunkel«, »böse« und »okkult« konnotiert, was mit der europäischen Konstruktion von Afrika als unheimliches, dunkles, finsteres und geschichtsloses »terra incognita« korrespondiert. Wahrscheinlich ist, dass beide Bedeutungsebenen Eingang in den Begriff »S.K.« gefunden haben.

In jedem Fall kann er gerade durch die abrufbaren mythologischen Konnotationen der Farbe Schwarz koloniale Konzeptionen von Afrika transportieren, die die koloniale Vorherrschaft und Ausbeutung rechtfertigen sollten.

Zunächst einmal wurde der afrikanische Kontinent als unheimlich, dunkel, finster und böse konstruiert. Wie wichtig dabei die Bezeichnung »S.K.« ist, zeigt sich exemplarisch darin, dass er ein gängiger Topos der europäischen Afrikaliteratur ist. Schon Joseph Conrad nannte seinen Welterfolg *Heart of Darkness* (1911).[4] Jüngst tauchte dieser Topos in Peter Scholl-Latours *Afrikanische Totenklage. Der Ausverkauf des Schwarzen Kontinentes* auf, wo es schon im Umschlagtext heißt, Afrika kehre in die Steinzeit „in jenen Zustand zurück..., den Joseph Conrad im *Herz der Finsternis* beschrieben hat".[5] Implizit steht hier die Dunkelheit des afrikanischen Kontinentes der Weißheit, im Sinne von Reinheit und Ordnung, des europäischen Kontinents gegenüber. So wird gerade auch in Scholl-Latours Buch impliziert, dass es Afrika nie besser gegangen sei als in der Ära des Kolonialismus – weder vorher noch nachher. Auch in der zeitgenössischen deutschen Populärliteratur, die in Afrika angesiedelt ist, wird mit »S.K.« als Metapher gearbeitet. Hier wird aber weniger mit den Konstrukten Finsternis und Dunkelheit gearbeitet als mit Abenteuer,

Ungewissheit und Exotik, wobei diese Grundmuster oft erotisiert werden (etwa in der Liebe einer Weißen zu einem Afrikaner).[6]

Zudem liegt dem Begriff auch eine Dichotomisierung von »schwarz« und »weiß« zugrunde, die in ihrer Symbiose von biologistischen und essentialistischen Konstruktion von Afrikaner/inne/n als den Anderen einerseits sowie der politischen, kulturellen und ökonomischen Manifestation dieser rassistischen Konstruktion andererseits bis heute relevant ist.

Schließlich wird die Heterogenität von afrikanischen Kulturen und Menschen, die in Afrika leben, durch den Begriff »S.K.« unsichtbar gemacht. Dazu gehört auch das Ausblenden der Tatsache, dass Weiße sich in die Geschichte des Kontinents eingeschrieben haben. Wie unzulässig die dem Begriff »S.K.« immanente Homogenisierung ist, zeigt sich zudem daran, dass niemand von Europa als »Weißer Kontinent« sprechen würde, auch wenn dieses Konstrukt mit dem Begriff »S.K.« implizit mittransportiert wird. Implizit wird so die Herstellung des »S.K.s« als Abweichung von der gleichzeitig so hergestellten unbenannten Weißen westlichen Normalität zusätzlich potenziert.

Auf den Begriff »S.K.« kann verzichtet werden, weil er in keiner Hinsicht eine treffende Aussage über den afrikanischen Kontinent zu machen vermag, sondern diesen vielmehr homogenisiert und dabei kolonialistische Konnotationen transportiert. Alternativ kann man/frau vom afrikanischen Kontinent sprechen und gegebenenfalls auch konkrete regionale Eingrenzungen benennen. So kann etwa von Nord- oder Südafrika, von Kamerun oder Uganda bzw. Harare und Bamako gesprochen werden.

Katharine Machnik

Anmerkungen

[1]   Mackensen, Lutz. *Deutsches Wörterbuch*. Laupheim 1955: 673.

[2]   *Wörterbuch der deutschen Gegenwartssprache*. Bd. 3. Berlin 1977 2182.

[3]   *Brockhaus-Wahrig. Deutsches Wörterbuch in sechs Bänden*. Bd. 5. Wiesbaden, Stuttgart 1981: 674.

[4]   Conrad, Joseph. *Heart of Darkness and Other Tales*. Oxford 1996 (Erstveröffentlichung 1902).

[5]   Scholl-Latour, Peter. *Afrikanische Totenklage. Der Ausverkauf des Schwarzen Kontinentes*. München 2001.

[6]   Vgl.: Hilliges, Ilona Maria. *Die weiße Hexe. Meine Abenteuer in Afrika*. München 2001; Hofmann, Corinne. *Die weiße Massai*. München 2000.

»Sippe«

»Sippschaft (S i p p e), Innbegriff sämtlicher Blutsverwandten eines Stammes (f. Verwandtschaft) ...«[1]

»Sippe ... 1) die Lebensgemeinschaft von Blutsverwandten; Sippschaft, im älteren german. Recht Bezeichnung für den gesamten Kreis der Blutsverwandten einer Person ... Die S. erfüllte in der Urzeit zahlreiche Aufgaben, die später vom Staat oder der Gemeinde übernommen wurden ... Die Sippenorganisation findet sich auch bei N a t u r v ö l k e r n in vielfacher Gestalt. Die Familien können am gleichen Ort wohnen, die Männer gemeinsam die Nahrung aus dem Gau ... gewinnen und wirtschaftlich eng verbunden sein, wie das bei Wildbeuterstämmen der Fall ist.«[2]

»Sippe <f. 19 Völkerkunde> durch ausgeprägtes Zusammengehörigkeitsgefühl u. bestimmte Vorschriften und Bräuche verbundene Gruppe von Blutsverwandten«[3]

»Sippe 1) *Biologie*: Bez. für eine Gruppe von Individuen gleicher Abstammung .... 3) *Ethnosoziologie*: eine Gruppe von Menschen, deren Zusammengehörigkeitsgefühl auf der Vorstellung gemeinsamer Abstammung beruht, die auch auf einen myth. Ahnen zurückgeführt ... werden kann. Weitere Gemeinsamkeiten beruhen auf Namen, Traditionen, Zeichen, Ritualen und Verhaltensregeln, bes. im Heiratsverhalten (Exogamie) ... «[4]

»*Sippe* 1. a) (*Völkerk.*) durch bestimmte Vorschriften u. Bräuche (bes. im religiösen, rechtlichen u. wirtschaftlichen Bereich) verbunden, oft eine Vielzahl von Familien umfassende Gruppe von Menschen mit gemeinsamer Abstammung. ... b) (*meist scherzh. od. abwertend*) Gesamtheit der Mitglieder der [weiteren] Familie, der Verwandtschaft ... 2. (*Biol.*) Gruppe von Tieren od. Pflanzen gleicher Abstammung ... «[5]

»S.« bezeichnet in seiner heutigen Verwendung Menschengruppen, die jeweils im Verhältnis zum deutschen Konzept »Familie« definiert werden. Ihnen allen ist eine gewisse Übereinstimmung mit der Bedeutung des deutschen Familienkonzeptes zu eigen, insbesondere die angenommene biologisch begründete Verwandtschaftsrelation. Gleichzeitig kommt in ihnen aber auch eine Abweichung zum Ausdruck: Während mit dem Begriff Familie heute eher das bürgerliche Konzept der Kernfamilie aufgerufen wird und in konventionalisierter Verwendung entsprechend positiv besetzt ist, werden mit dem Begriff »S.« komplexere und »andere« als die vertrauten deutschen Familienstrukturen benannt und gleichzeitig abgewertet.

In alt- und mittelhochdeutscher Zeit das Verhältnis der Blutsverwandtschaft in der eigenen Kultur bezeichnend, ist der Begriff »S.« danach bezogen auf diesen Kontext durch die Etablierung neuer gesellschaftlicher Ordnungsstrukturen nicht mehr gebräuchlich gewesen. Erst für den kolonialen Kontext ist »S.« Anfang des 19. Jahrhunderts wieder belebt worden.[6] Dabei ging es primär darum, Familienkonzepte in Kolonien in Afrika und anderswo zum Anderen zu machen, wodurch implizit zugleich auch die westliche bürgerliche Vorstellung von Familie als Normalzustand reproduziert wurde. Mit dem Begriff »S.« konnten so gesellschaftliche Ordnungsmuster benannt werden, die bezogen auf den eigenen (westlichen) kulturellen Kontext in der »Vor«zeit positioniert wurden.

Der Begriff transportiert Assoziationen von → »Primitivität«, Chaos, Ungeordnetheit und Unübersichtlichkeit. In Bezug auf Afrika wird diese Unordnung beispielsweise an Manifestationen der Großfamilienstruktur festgemacht, wie etwa, dass ein Kind bei seiner Tante aufwächst oder ein Mann mehrere Frauen hat, wodurch eben auch diese Verfahren pauschal abgewertet werden. Dabei wird vernachlässigt, dass auch diese familiären Beziehungen einem klaren Reglementarium folgen.

Die Vereinnahmung afrikanischer Gesellschaftsstrukturen unter der negativ konnotierten Fremdbezeichnung »S.« geht auch mit einer Homogenisierung einher, die eine differenzierte Wahrnehmung von sozialen Strukturen, die nicht der europäischen Familiennorm entsprechen, verhindert.

Vereinzelt wird das Wort »S.« heute auch wieder im westlichen Kontext verwendet – allerdings nur polemisch-ironisierend. Dabei schwingt entweder eine negative Konnotation, wie in »Der rückt ja immer gleich mit seiner ganzen Sippschaft an«, mit. In seltenen Fällen erfolgt im Prozess dieser Ironisierung aber auch die Zuschreibung einer positiven Konnotation. »Chaos« erfährt im Rahmen einer prinzipiell anerkannten Ordnung eine positive Bewertung. Hier vollzieht sich eine Abgrenzung von der Normsetzung bürgerlicher Kleinfamilien. In der Regel beziehen sich diese Äußerungen auf sich selbst. Gibt frau/man etwa in einer Internet-Suchmaschine den Begriff »S.« ein, so bekommt man zahlreiche Einträge, in denen deutsche Familien sich selbst »umgangssprachlich« und »salopp« so benennen. Die Handlung der Selbstbenennung ist hier ein wichtiges Kriterium dafür, dass der Begriff im Weißen deutschen Kontext positiv umgewertet werden kann, wobei lediglich positive Merkmale eines »Anders-Seins« in Abgrenzung zur bürgerlichen Familie herausgegriffen werden.

Dieser Gebrauch von »S.« ist jedoch nicht gleichzusetzen mit den Verwendungen des Begriffs im kolonialistischen Kontext: denn eine Abweichung wird lediglich im Rahmen der weiter verfestigten Normalität der Grundstruktur Familie hergestellt und mit ironischer Leichtigkeit zumeist auf den eigenen familiären Kontext bezogen. »S.« wird hier also nicht als Konzeptualisierung grundlegender gesellschaftlicher Organisationsformen verstanden – und negativ abgewertet –, wie dies im kolonialistischen Kontext der Fall ist. Zudem finden in Bezug auf Afrika solche Ironisierungen im individuellen Kontext oder mit positiven Belegungen nicht statt, es handelt sich in der Regel um abwertende Fremdbenennungen.

Heute sind zahlreiche Komposita gebräuchlich, die »S.« als Wort beinhalten, zum Beispiel die Begriffe »S.nforschung«, »S.nhaft«, »S.nhaftung«, »S.nkunde«, »Sippschaft«. Die Bildung und die heutige relativ häufige Verwendung dieser Komposita zeigt, dass die mit dem Begriff »S.« hergestellten Konzeptualisierungen weiterhin lebendig sind. Alle Komposita bilden zugleich auch Abgrenzungen zu als normal hergestellten Familienkonzepten. Die Begriffe »S.« und »S.nhaft(ung)« sind zudem durch ihre Verwendungen im Dritten Reich stark geprägt worden,[7] die negativen Assoziationen einer Abweichung von der deutschen Familienordnung ist hier noch mal verstärkt worden. Die Zusammensetzungen von »S.« mit Konzepten von Haft lassen zusätzlich Assoziationen von Illegalität und Verstößen gegen herrschende Rechtsordnungen entstehen, die als solche auch wiederum auf die Konzeptualisierungen von »S.« als negative Assoziationen zurück wirken.

In seiner Bedeutung für größere gesellschaftliche Zusammenhänge kann der Begriff »S.« durch Termini wie etwa »Gesellschaft/en« ersetzt werden, für kleinere soziale Zusammenhänge durch die Begriffe »Familie« bzw. »Großfamilie«. In Bezug auf Afrika drückt der Begriff »Großfamilie« eine strukturelle Einheit aus, die sich familiär verbunden und verantwortlich fühlt. Diese Gebrauchsweise ist nicht synonym mit westlich geprägten Vorstellungen von Großfamilie. Gleichzeitig muss aber anerkannt werden, dass nicht jede Familie in einem afrikanischen Land der Großfamilienstruktur folgt. Gerade im urbanen Raum dominieren zunehmend auch andere Familienkonzepte.

Antje Hornscheidt

Anmerkungen

[1]   *Meyers Konversations-Lexikon.* Bd. 15. Leipzig, Wien 1897: 1057.

[2]   *Der Große Brockhaus. Handbuch des Wissens in zwanzig Bänden.* Bd. 17. Leipzig 1934: 440.

[3]   *Wahrig Deutsches Wörterbuch.* Mannheim, Wien, Zürich 1991 (Auflage von 1986): 470.

[4]   *Brockhaus. Die Enzyklopädie in 24 Bänden.* Bd. 20, Mannheim 1993: 328.

[5]   *Brockhaus. Die Enzyklopädie. Deutsches Wörterbuch I-III* (Bd. 28-30). Bd. 30. Mannheim 1999: 3574. Vgl. für den selben Wortlaut: *Duden. Deutsches Universalwörterbuch.* Mannheim, Leipzig, Wien, Zürich 2001: 1456.

[6]   Vgl.: *Duden. Herkunftswörterbuch.* Mannheim, Leipzig, Wien, Zürich 1989: 676.

[7]   Vgl. die Einträge zu »S.«, »S.haft« usw. für Verwendungsweisen während der NS-Zeit, aber auch für angeblich etymologische Erklärungen der Bedeutung der Ausdrücke, in: Schmitz-Berning, Cornelia. *Vokabular des Nationalsozialismus.* Berlin, New York 2000.

»Stamm«

»**Stamm**, in der Botanik im weitesten Sinne soviel wie Stengel ...; im engeren Sinne die verholzende Achse (truncus). ... Ferner versteht man unter S. Menschen oder Familien und Geschlechter, welche ihre Abkunft von einem Elternpaar (Stammeltern) in ununterbrochener Reihe abzuleiten vermögen.[1]

»**Stamm** 4) In der Völkerkunde seit jeher gebräuchliche Bezeichnung für die kleineren und größeren Gruppen der Naturvölker. Die Zugehörigkeit zu einem S. beruht auf der kulturellen Einheit aller Stammesmitglieder. Bei großen Stämmen bilden sich innerhalb dieser kulturellen Einheit zuweilen einzelne Sonderzweige mit geringfügigen Eigenheiten, sog. Unterstämme. Die Unterabteilung eines S. in bezug auf die Gesellschaftsordnung bezeichnet man als Sippe, Clan oder Verwandtschaftsgruppe ... Neben der kulturellen Einheit bildet der S. häufig auch noch eine rassische Einheit, zumindest herrscht ein gewisser Rassetypus vor.«[2]

»**Stamm** ... tragende Säule der Bäume; Grundstock; Gruppe zusammengehöriger Tierklassen; Gruppe gleichsprachiger Heimatgenossen (Volksstamm); Bestand von Personen; Wortkern, Wort ohne Endung; Familie, Sippe; wuchtige Kraft ...«[3]

»*Stamm* ... (biolog. Systematik) höchste der obligatorischen Kategoriestufen oberhalb der Klasse; (Tierzucht) kleinste züchterisch bearbeitete Gruppe gleicher Rasse (Bakterien~); größere Gruppe von Familien, Sippen oder Clans, die sich durch sprachl. und kulturelle Gemeinsamkeiten von anderen unterscheiden. (Volks~, Indianer~)«[4]

»*Stamm* ... 2. (bes. bei Naturvölkern) größere Gruppe von Menschen, die sich bes. im Hinblick auf Sprache, Kultur, wirtschaftliche o.ä. Gemeinsamkeiten, gemeinsames Siedlungsgebiet o. ä. von anderen Gruppen unterscheidet: nomadisierende, sesshafte, rivalisierende Stämme, die germanischen Stämme, ein indianischer, westafrikanischer S; (bibl.:) die zwölf Stämme Isreals; (bibl.:) der S. Ephraim, Benjamin.«[5]

Am Ende des 19. Jahrhunderts teilten am Reißbrett die europäischen Großmächten Afrika untereinander auf. Bestehende und historisch gewachsene gesellschaftliche Zusammenhänge blieben dabei unberücksichtigt. Die Berliner Konferenz von 1884/85 ist für diese Beschlüsse ein zentrales politisches Ereignis gewesen.[6] Die damals gezogenen Linien bestimmten wesentlich die Grenzverläufe afrikanischer Staaten. Deshalb stimmen die Ländergrenzen zumeist nicht mit den Grenzen von tradierten Gesellschaftsstrukturen überein, was zu vielen Konflikten in Afrika geführt hat und immer noch führt. Zum einen gibt es Gesellschaften wie die Hausa, die heute in zwei oder mehreren verschiedenen Ländern leben. Zum anderen finden sich in einem Land verschiedene Kulturen – in Nigeria beispielsweise sogar mehr als 400. Damit ergibt sich für den afrikanischen Kontext die Notwendigkeit, neben Staaten anders gelagerte gesellschaftliche Strukturen zu benennen. Bis heute wird, maßgeblich institutionalisiert durch die Ethnologie, dafür mehrheitlich der Begriff »S.« verwendet.

Im Althochdeutschen (8. bis 11. Jahrhundert) diente »S.« u.a. der Bezeichnung eines Baumstamms. Zugleich wurde der Begriff auch übertragen gebraucht. Aus dem Bild des Baumes, der Äste und Zweige treibt, entstand u.a. auch die Bedeutung »Geschlecht« im Sinne von Abstammung (Stammbaum), sowie *liutstam* für »Volksstamm«. Auf dieser Bedeutungsebene ist der Begriff zunächst nicht weiter gebraucht worden. Nur für historische Kontexte fand er weiter Verwendung.

Im Zeitalter des Kolonialismus kam es zu einer Renaissance des Begriffs. Im Bestreben, die europäische Anwesenheit in Afrika zu legitimieren und den Widerspruch zwischen kolonialistischer Praxis und den im 18. Jahrhundert in Europa proklamierten Ideen von Gleichheit, Freiheit und Solidarität aufzulösen, formierte sich der Rassismus. Afrika wurde zum unterlegenen Anderen konstruiert. Dieses Ansinnen schloss auch die Weigerung mit ein, für Europa gängige Begriffe auf Afrika anzuwenden. Selbstbezeichnungen wurden ignoriert und stattdessen neue Begriffe erfunden oder Begriffe adaptiert, die auf Europas Vergangenheit abhoben und die Konzeptionen beinhalteten, die Afrika unterstellt werden sollten – u.a. Willkürherrschaft und → »Primitivität«, die es zu »zivilisieren« galt.[7] In diesem Kontext wurde auch der Begriff »S.« auf Afrika übertragen, der in der deutschen Sprache u.a. für die »Urgesellschaft« oder die Germanen gebräuchlich ist. Durch diese Bezeichnungsübertragung konnten implizit koloniale Konzeptionen von Afrika begrifflich festgeschrieben werden. Wird der Begriff heute gebraucht, wird eben dieser Duktus weiter transportiert: Die so bezeichneten Gesellschaften Afrikas hätten mit »modernen« Gesellschaften der Gegenwart nichts gemeinsam. Sie seien grundlegend anders, wobei »anders« im Sinne von

»unterlegen«, »primitiv«, »nicht-zivilisiert« etc. gebraucht wird.

Die dem Begriff »S.« in seinem Gebrauch mit Bezug auf gegenwärtige Gesellschaften immanente Abwertung setzt sich auch in Zusammensetzungen fort, wie etwa »Eingeborenens.«, »S.esritual«, »S.esältester« und »S.es→häuptling«, wodurch Bewohner/innen, Kulturen und Machthaber/innen afrikanischer Gesellschaften doppelt abgewertet werden. Durch Bezeichnungen wie etwa »S.esfehde« und »S.eskonflikte«, die ebenfalls für den aktuellen europäischen Kontext keine Verwendung finden und pejorativ sind, werden Kriege in Afrika euphemistisch bagatellisiert. Es wird der Eindruck vermittelt, dass es sich um kleinere, »unzivilisierte« Auseinandersetzungen handele, die ohne politischen oder einen anderen gewichtigen Hintergrund ausgetragen werden würden und demzufolge auch nicht verhandelbar seien. Mit »S.esgesellschaften« wird durch ein asymmetrisches Benennungsverfahren die Annahme transportiert, dass es »richtige Gesellschaften« gäbe und Gesellschaften, die nicht nach westlich definierten Regeln von →»Zivilisation« und Ordnung konstituiert seien und deswegen auch den westlichen Gesellschaften unterlegen seien. »S.es gesellschaften« wird hierbei in Opposition zum Oberbegriff »Gesellschaften« verwendet und ist in seiner Spezifizierung abwertend. Eine parallele Spezifizierung zu diesem Begriff gibt es nicht. Dadurch wird letztlich auch suggeriert, dass somit implizit mitkonstruierte »Nicht-S.esgesellschaften« die »Norm« seien. Ein ähnliches Verfahren ist auch für den häufig synonym verwendeten Begriff →»Naturvölker« erkennbar.

Weiterhin ist problematisch, dass durch das Wort »S.« eine Homogenität der so bezeichneten Gesellschaften impliziert wird. Es ist völlig unsinnig, ganz unterschiedliche Gesellschaften – wie etwa die Ogoni aus dem christlichen Süden Nigerias, die heute ca. 800.000 Menschen zählen, und die islamische Hausa-Gesellschaft, die heute (über Landesgrenzen hinweg) mehr als 50 Millionen Menschen umfasst und monarchisch organisiert war bzw. ist – unter dem Begriff »S.« zu subsumieren. Durch die Verwendung der pauschalisierenden Bezeichnung bleiben wichtige Aspekte der Struktur einer afrikanischen Gesellschaft und bestehende Unterschiede in der Gesellschaftsform, Größe, religiösen Prägung etc. unterschiedlicher Gesellschaften unberücksichtigt und unsichtbar.

Außerdem wird durch das Operieren mit dem Begriff »S.« so getan, als ließen sich klare geografische und kulturelle Grenzen zwischen einzelnen afrikanischen Gesellschaften ziehen. Wie die oben zitierten Lexikoneinträge belegen, wird dies in der Regel an Merkmalen wie Sprache, Kultur und einem abgeschlossenen Territorium festgemacht – doch dies entspricht ebenso wenig den gegebenen Realitäten wie das noch im Brockhaus von 1934 beschriebene Kriterium der »rassischen Einheit«.[8]

Da dem Begriff »S.« zudem die Vorstellung einer »gesetzmäßigen Entwicklung« menschlicher Organisationsformen von Familien, über → »Sippen« und »Clans« zu »S.« und »S.eskonföderationen« und von diesen schließlich zum Staat immanent ist, impliziert seine aktuelle Verwendung zugleich prinzipiell, dass dort wo »S.e« existieren, nämlich in Afrika, keine »vollwertigen« und den westlichen Staaten ebenbürtige Staaten existieren bzw. existieren können.

»S.« ist ein kolonialistischer Begriff, auf den im Sprachgebrauch bezogen auf die Gegenwart ersatzlos verzichtet werden kann. Dass zuweilen Afrikaner/innen selbst auf den Terminus »S.« zurückgreifen, lässt sich u.a. damit erklären, dass der koloniale Machtkontext sich auch mental auf die Kolonisierten ausgewirkt hat – und so eben auch auf ihre Selbstwahrnehmungen und ihre Sprache.[9]

Gelegentlich wird *tribe* als Alternative zu »S.« verwendet – dies ist aber eine irreführende Ersetzung, denn dem englischen Begriff *tribe* haftet die gleiche Konnotation wie »S.« an. Oft werden auch → »Ethnie« oder »Volk« alternativ gebraucht. Letztlich sind es aber nur »Ersatzbegriffe« für »S.«. Ihnen fehlt zwar die kolonialistische Konnotation des Wortes »S.«, doch transportieren sie analoge Inhalte.

Wie »S.« wird »Ethnie« nur für nicht-westliche Gesellschaften verwendet, wobei unzulässig homogenisiert und eine Differenz (re-)produziert wird, die Afrika zum Anderen stilisiert und Weiße westliche Kulturen als unsichtbare Norm reproduziert. Genau genommen definieren sich »Ethnien« über eben jene Kriterien, die in der Regel zur Definition von »S.« angeführt werden.

Bei einer Verwendung des Begriffs »Volk« wird im allgemeinen Sprachgebrauch eine Gruppe von Menschen verstanden, die sich als ideelle Einheit begreift, das heißt als eine durch gemeinsame Herkunft, Geschichte, Kultur und Sprache, zum Teil auch Religion, verbundene Gemeinschaft. »Volk« wird dabei über diese Faktoren als kollektive Einheit hergestellt. Im europäischen Kontext wird »Volk« häufig synonym mit Nation gebraucht, wobei aber anzumerken ist, dass er für den europäischen Kontext nur spärlich und selektiv verwendet wird. Gerade für Deutsche wird eher von »den Deutschen«, der deutschen Gesellschaft oder dem deutschen Staat gesprochen, vom »deutschen Volk« ist viel weniger die Rede. Das hängt damit zusammen, dass das Wort »Volk« durch den Nationalsozialismus im Sprachgefühl vieler Deutscher eine negative Konnotation erhielt.

Weil heute alle Gesellschaften in Afrika wie auch anderswo zunehmend multikulturell geprägt sind, widersprechen sie in vielen Bereichen der vom Begriff »Volk« implizierten »ideellen Einheit«. Unter anderem aus diesem Grund wird für den Kontext afrikanischer Gesellschaften zwischen Nation (Nationalstaaten wie etwa Nigeria) und dem Volk (Ogoni) unterschieden. Letztlich rangiert »Volk« damit auf der gleichen begrifflichen Ebene wie »S.«.

Wie »S.« bezeichnet auch »Volk« dabei ganz unterschiedliche gesellschaftliche Strukturen. Zwar gab es einige Gesellschaften, wie etwa die Zulu, die Swazi, die Bini (Königreich Benin), die der obigen Definition nach als Völker verstanden werden könnten. Für andere, die Igbo etwa, die keine politisch zentralisierende Autorität entwickelt haben, wäre eine solche kollektive Identitätszuschreibung aber problematisch. Sie haben partielle kulturelle Gemeinsamkeiten, waren und sind aber in kleineren Einheiten organisiert, die nicht alle Igbo Muttersprachler/innen erfasst(e).[10] Diese aufgefächerten Organisationsformen äußern sich auch in sprachlichen, kulturellen und religiösen Divergenzen, so dass nicht von einer »ideellen Einheit« ausgegangen werden kann.

Auch für Großreiche wie etwa dem Mali Reich ist es schwer, mit dem Begriff Volk zu operieren. Auch diese waren multikulturell, wobei einzelne unterworfene Gesellschaften ihre kulturelle Identität und ihre administrative Autonomie erhalten konnten und dem Herrscher im Zentrum des Reiches nur Anerkennung und Tribut zu zollen hatten.

»Volksgruppe« wird oft synonym mit Volk verwendet, dann aber ebenfalls für den nicht-westlichen Kontext. Auch dies folgt dem kolonialen Prinzip, außereuropäische Prozesse anders bezeichnen zu wollen als europäische, wobei diminutive Ausdrucksformen typisch sind.

Prinzipiell am naheliegendsten ist es letztlich, Begriffe zu verwenden, die auch für den Kontext westlicher Gesellschaften gängig sind. So könnte man etwa, da wo es zutrifft, von der Wolof Gesellschaft oder Kultur sprechen. Dabei ist es aber immer wichtig, etwaige koloniale Konstruktionen nicht zu wiederholen, sondern aufzubrechen. So kann beispielsweise, je nach Bezugsrahmen, von Igbo Gesellschaften gesprochen, also der Plural verwendet werden, oder von den Igbo westlich des Niger – also mit konkreter regionaler Fokussierung. Es ist stets sinnvoller Begriffe der Selbstidentifikation zu benutzen und da, wo es möglich ist, ganz auf Zusätze wie »Volk« oder Gesellschaft zu verzichten, denn man spricht ja auch nicht vom Volk, der »Ethnie« und erst recht nicht dem »S.« der Schott/inn/en, sondern einfach von »den Schott/inn/en«.

Susan Arndt

Anmerkungen

[1]   *Meyers Konversationslexikon.* Bd.16. Leipzig, Wien 1897: 316.

[2]   *Der Große Brockhaus. Handbuch des Wissens in zwanzig Bänden.* Bd. 18. Leipzig 1934: 48.

[3]   Mackensen, Lutz. *Deutsches Wörterbuch.* Laupheim 1955: 703.

[4]   *Wahrig. Deutsches Wörterbuch.* Gütersloh, München 1991 (Auflage von 1986): 1216.

[5]   *Brockhaus. Die Enzyklopädie. Deutsches Wörterbuch* I-III (Bd. 28-30). Bd. 30. Mannheim 1999: 3695.

[6]   Die Akte der Konferenz ist abgedruckt in: Stoecker, Helmuth (Hrsg.). *Handbuch der Verträge 1871 - 1964. Verträge und andere Dokumente aus der Geschichte der internationalen Beziehungen.* Berlin 1968: 60-65.

[7]   Siehe dazu Einleitung S. 18-20.

[8]   *Der Große Brockhaus*: 48.

[9]   Siehe dazu Einleitung S. 21.

[10] Diese Überlegungen verdanke ich Prof. Harding, der sie im Laufe eines Projektes zu Afrikabildern in deutschen Schulbüchern geäußert hat.

»Zivilisation«

»Zivilisation ... im Gegensatz zur Barbarei der Inbegriff derjenigen Bildungselemente, die zunächst zu einem geordneten bürgerlichen Zusammenleben erforderlich sind und in demselben herausgebildet wurden. Sowohl das Einzelwesen als ein ganzes Volk kann diese Elemente annehmen, doch wird es beim Einzelwesen mehr nur auf das gesellschaftliche Benehmen bezogen und der Unhöfliche unzivilisiert genannt. Auch sonst versteht man unter Z. noch nicht die vollendete und wahre, alle Seiten des innern und äußern Menschen umfassende Bildung, sondern erst die äußere Grundlage einer solchen, die Entäußerung der auf ungezügelten Egoismus beruhenden und die Rechte der Mitmenschen beeinträchtigenden Handlungen, Sitten und Gewohnheiten (s. Altruismus). Die Z. ist die Stufe, durch die ein barbarisches Volk hindurchgehen muß, um zur höhern Kultur in Industrie, Kunst, Wissenschaft und Gesinnung zu gelangen.«[1]

»Zivilisation ... 1) die für alle Menschen notwendige Lebensform, ihr Kulturbesitz im weitesten Sinne; in den meisten Sprachen sow. Kultur überhaupt. Gegensatz: Barbarei. 2) Im deutschen Sprachgebrauch ... Bezeichnung für die besondere Kulturstufe, die auf die Überreife der → Kultur (1) folgt und ihr Ende bedeutet. Sie soll in der abendländ. Kultur sich aus der fortschreitenden Naturbeherrschung, der Rationalisierung des Lebens, dem Bestandeskult und der modernen Technik ergeben haben. Z. in diesem Sinne ist grundsätzlich auf alle Völker und Länder übertragbar, sie ist universal im Gegensatz zu der enger an Zeit, Volk und Raum gebundenen Kultur. Echte Kultur wehrt sich nach dieser Theorie gegen die Z., da sie in ihrem irrationalen Grunde durch diese gefährdet ist. Diese scharfe Trennung von Z. und Kultur wird aber vielfach abgelehnt.«[2]

»zivilisation ... im sprachgebrauch der gegenwart die gesamtheit materieller und sozialethischer werte, durch deren besitz die lebensform der kulturvölker sich über die stufe der barbarei erhebt; gewöhnlich im engeren sinne ›materielle kultur und elementare sozialgesittung‹ (teil der kultur) oder ›materielle und konventionsethische Voraussetzungen der kultur‹ (im unterschied oder ggs. zur ›kultur‹); im weiteren sinne gleichbedeutend mit ›kultur‹; als schlagwort kulturphilosophischen denkens wechselnder umbewertung ausgesetzt.«[3]

»Zivilisation ... die technisch fortgeschrittenen, verfeinerten äußeren Formen des Lebens u. der Lebensweise eines Volkes, im Unterschied zur Kultur.«[4]

»Zivilisation ... ›Formung u. Entwicklung der Lebensweise nach dem Prinzip der Rationalität, bes. durch Wissenschaft und Technik‹, anfangs im

Sinne des aufklärerischen Fortschrittsgedankens, im 19.Jh. auch in neg. Sicht; z.T. ↑ *Kultur* entgegengesetzt...; auch in räumlicher Vorstellung...; seit den 1960er Jahren zunehmend abwertend...«[5]

»**Zivilisation** ... **1. a)** Gesamtheit der durch den technischen und wissenschaftlichen Fortschritt geschaffenen u. verbesserten sozialen u. materiellen Lebensbedingungen. .... **b)** Zivilisierung **2.** ‹o. Pl.› *(selten)* durch Erziehung, Bildung erworbene [verfeinerte] Lebensart... «
»*zivilisiert* **a)** moderne [westliche] Zivilisation (1a) habend ... **b)** Zivilisation (2) habend od. zeigend; gesittet, kultiviert ... «
weitere Einträge: *Zivilisationskrankheit, -kritik, -müde, -müll, -stufe*«[6]

»**Zivilisation** ... **1.a)** Gesamtheit der durch den technischen u. wissenschaftlichen Fortschritt geschaffenen u. verbesserten sozialen u. materiellen Lebensbedingungen... **b)** Zivilisierung. **2.** ‹o. Pl.› *(selten)* durch Erziehung, Bildung erworbene [verfeinerte] Lebensart ...«[7]

Der Begriff »Z.« hat verschiedene Verwendungsweisen, die jeweils abhängig davon sind, wozu »Z.« in Opposition gesetzt wird, wie bereits aus den obigen Lexikon- und Wörterbucheinträgen deutlich wird. Es können mindestens zwei Verwendungsweisen unterschieden werden, die sich jedoch auch miteinander vermischen und denen beiden eine implizite Normsetzung westlicher Vorstellungen und Werte zu Grunde liegt.

Zum einen weckt er heute in der Regel Assoziationen positiver Errungenschaften und ist Kennzeichen einer ganzen Gesellschaft bzw. Kultur, die so gleichzeitig als »modern« hergestellt wird. Der Begriff »Z.« drückt sich aus durch »Fortschritt« und »technische Entwicklung« und steht als solcher in impliziter Opposition zu → »Primitivität«.

Häufig finden sich als Kriterien für »Z.« die Faktoren arbeitsteilige Wirtschaft, technisch-mechanisches Entwicklungsniveau, eine geordnete Verwaltungsstruktur und ein gewisses Maß an materiellem Wohlstand,[8] die ihrerseits nicht präzise definiert sind und sich durchgängig auf westliche Vorstellungen und Konzepte beziehen. Sie werden in der Regel bei einem Gebrauch des Begriffs »Z.« nicht explizit gemacht, so dass »Z.« in seiner jeweiligen Ausformung gleichzeitig aber dynamisch und in den dem Konzept zu Grunde liegenden Kriterien nicht fassbar ist. Die Vorurteile und Vorannahmen, die durch »Z.« so transportiert werden, sind dadurch nur schwer zu hinterfragen. Der Begriff dient in seiner

Verwendung somit dazu, andere Gesellschaften von den so als »Norm« bestätigten westlichen Gesellschaften in negativer Art und Weise abzugrenzen. Bis heute wird dieses Konzept dabei im Sinne einer Legitimation westlicher Wertvorstellungen und vor allem westlicher Machtansprüche verwendet. Die strategische Dynamik der Zuschreibung von Vorstellungen durch eine implizite oder explizite Gegenüberstellung der Konzepte »Z.« und »Primitivität« ist aktuell an der US-amerikanischen Regierungsrhetorik zur Legitimation des dritten Golfkrieges auch in seinen direkten Konsequenzen auf politische Strategien sichtbar geworden.

Bei Elias findet sich eine weitere Variante dieser Vorstellung von »Z.«, wenn er es im Sinne von »Kultiviertheit« gebraucht und den Begriff dabei implizit ausschließlich auf den westlichen Kontext bezieht.[9] Er schreibt der herrschenden höfischen Oberschicht in der frühen Neuzeit die Rolle zu, Standards für soziales Verhalten zu entwickeln, die zu allgemeineren sozialen Normen werden und als »Z.« wahrgenommen werden.[10]

Zum anderen findet sich seit dem 18. Jahrhundert aber auch eine philosophisch begründete Kritik an dem Konzept »Z.«, die zunächst wie eine wertemäßige Gegenströmung der begrifflichen Bestimmung aussieht. In dieser wird »Z.« als »verderbt« gegenüber einem menschlichen Naturzustand erklärt. Prominent ist z.B. die Kritik von Rousseau, der vom »edlen Wilden« spricht und damit einen mythisch verklärenden, menschlichen Naturzustand herauf beschwört. Hier wird »Z.« zugleich als eine dem Naturzustand nachfolgende Vorstufe zur Kultur verstanden und somit eine hierarchische Abfolge der drei Konzepte vertreten.

Wird »Z.« in dieser begrifflichen Tradition heute als Opposition zu »Kultur« benutzt, so ist er jeweils ausschließlich bezogen auf »westliche« Gesellschaften. Diese Differenzierung ist aus einer westlichen Perspektive nicht auf den afrikanischen Kontext übertragen worden. In diesem Zusammenhang wird »Z.« stattdessen in der Regel mit »Kultur« gleichgesetzt. Dieser Gebrauch impliziert gleichzeitig, dass die westliche »Natur« »Kultur« sei, während die afrikanische »Natur« nicht »zivilisiert« sei und in dieser Logik folglich einer »Zivilisierung« bedürfe. Nur bezogen auf einen westlichen Kontext können auch Sekundärbildungen auf »Z.« angewendet werden, wie beispielsweise »Z.skrankheit«, »z.smüde« und »Z.smüll«, die, vergleichbar einer esoterischen und ebenfalls rassistischen Positivbewertung afrikanischer »Kulturen«, eine »Rückbesinnung auf Natur« propagieren. Diese können wiederum bis auf Rousseau zurück verfolgt werden und stehen damit in dieser bedeutungsmäßigen Tradition (→»Naturreligion«).

Unabhängig davon, um welche begrifflich-semantische Variante es sich handelt, wird Gesellschaften in Afrika »Z.« als bereits erlangter Zustand grundsätzlich abgesprochen. Die Notwendigkeit ihres Erwerbs bzw. ihrer Erlangung wird jedoch historisch als Legitimation für Kolonisierung und heute u.a. für westliche paternalistische Modelle von »Entwicklungshilfe« und politischer Einflussnahme westlicher Staaten herangezogen. Die Annahme einer Positivbewertung der mit »Z.« verbundenen Konzepte von Technisierung, Wissenschaft und Rationalität, wie sie auch in den obigen Wörterbucheinträgen zum Ausdruck kommen, fließen dabei als unhinterfragte, positiv bewertete Vorannahmen in das Konzept von »Z.« mit ein.

»Z.« ist ein Kernkonzept in vielen der in diesem Band besprochenen diskriminierenden Begrifflichkeiten und wird auf verschiedene Arten zur Legitimierung für Kolonisierung herangezogen. So wird beispielsweise bei der negativen Bestimmung von →»Naturreligion« die Notwendigkeit einer »Zivilisierung« betont. Bei einer vordergründig positiven Bestimmung fließt die oben dargestellte neoromantische »Z.skritik« mit ein. Weitere begriffliche Beispiele, in deren diskriminierender Belegung das Konzept »Z.« eine entscheidende Rolle spielt, sind →»Naturvölker«, →»Kannibalismus« und →»Entwicklungsland«

In der adjektivischen Ableitung des Begriffs »zivilisiert« ist das Konzept der »Z.« auch auf einzelne Menschen oder Gruppen von Menschen übertragbar und steht hier in expliziter oder impliziter Opposition zum Adjektiv »primitiv«. Dieses wiederum wird substantiviert als Bezeichnungsform für Personen auf Menschen und Menschengruppen im afrikanischen Raum verwendet, welches keine substantivierte Entsprechung auf »Z.« besitzt. »Z.« stellt sich so als ein unbenannter Normalzustand her, der dadurch auch einer Explizierung entgeht und sich immer wieder verfestigt.

Der Gebrauch des Wortes »Z.« ist damit als eine Manifestation des rassistischen und hegemonialen Diskurses zu bewerten und zu vermeiden. Da das Konzept »Z.« ein relationales ist, welches in Weißen westlichen Kontexten in der Regel durch eine Opposition zu »primitiv« hergestellt wird, ist auch der Gebrauch dieses Begriffes kritisch zu überdenken und zu vermeiden. Beide Wörter besaßen und besitzen als Konzepte eine hohe Brisanz in der Konstruktion von dichotomen Vorstellungen. Sie wurden und werden in den Argumentationen hegemonialer Machtkämpfe frequent angewendet, ohne dass die Kriterien für diese Dichotomisierung transparent gemacht werden würden. Bis heute tragen sie so dazu bei, die westliche Weiße »Norm(alität)« zu verfestigen und westliche Handlungen zu legitimieren. Sie bilden als solche wichtige rhetorische Mittel der Polarisierung. Ein probeweiser Austausch der oppositionellen Wörter in konkreten Texten kann einen Blick darauf eröffnen, welche Kriterien den unterschiedlichen Benennungen als unhinterfragte Voraussetzungen jeweils zu Grunde liegen und so den normierenden und konstruierenden Charakter, den sie haben, aufdecken.

Antje Hornscheidt

Anmerkungen

[1] *Meyers Großes Konversations-Lexikon. Ein Nachschlagewerk des allgemeinen Wissens.* Bd. 20. Leipzig, Wien 1909: 967.

[2] *Der Große Brockhaus. Handbuch des Wissens in zwanzig Bänden.* Bd. 20. Leipzig 1935: 668-669.

[3] Grimm, Jacob; Wilhelm Grimm. *Deutsches Wörterbuch.* Bd. 31. Leipzig 1956: 1730.

[4] *Der kleine Wahrig Wörterbuch der deutschen Sprache.* Mannheim 1978: 243.

[5] Paul, Hermann. *Deutsches Wörterbuch.* Tübingen 2002: 1207-1208.

[6] *Brockhaus Die Enzyklopädie. Deutsches Wörterbuch I-III (Bd. 28-30).* Bd. 30. Leipzig. Mannheim, 1999: 4644-4645.

[7] *Duden. Deutsches Universalwörterbuch.* Leipzig, Mannheim, Wien, Zürich 2001: 1860.

[8] Vgl. http://de.wikipedia.org/wiki/Zivilisation (10.7.2003); und: http://www.111er.de/ lexikon/begriffe/zivilisa.htm (10.7.2003).

[9] Elias, Norbert. *Über den Prozeß der Zivilisation. Soziogenetische und psychogenetische Untersuchungen.* 2 Bde. Frankfurt/M. 1997.

[10] Für eine Kritik an Elias' Ansatz, u.a. an seinem Universalitätsanspruch sowie an der zeithistorischen Beschränkung, siehe: Duerr, Hans-Peter. *Der Mythos vom Zivilisationsprozeß.* 4 Bde. Frankfurt/M. 1988-1997.

IV. Manifestationen von Rassismus in Texten ohne rassistische Begrifflichkeiten. Ein Instrumentarium zum kritischen Lesen von Texten und eine exemplarische Textanalyse

Antje Hornscheidt, Stefan Göttel

Neben der Verwendung bestimmter Begriffe, wie sie im vorangegangen Teil dieses Buches diskutiert worden sind, kann Rassismus auch impliziter und vielschichtiger zum Ausdruck kommen. In schriftlichen Texten und mündlichen Äußerungen finden sich häufig gesellschaftlich akzeptierte Vorannahmen und Vorstellungen, die im rassistischen Diskurs verhaftet sind. Stellt sich in der Begegnung mit diesen Äußerungen das Gefühl ein, dass der Text oder die mündliche Äußerung[1] rassistisch geprägt sei, fällt es in der Regel schwer, dies konkret festzumachen. Die folgende Analyse eines Beispieltextes illustriert, wie frau/man rassistisch geprägte Vorannahmen erkennen und hinterfragen kann. Sie ist als eine Hilfestellung gedacht, um selbst aktiv mit Texten arbeiten, sie kritisch lesen und auf sie reagieren zu können. Wir gehen davon aus, dass es keine objektive Wirklichkeit und keine Möglichkeit gibt, eine Wirklichkeit objektiv sprachlich zu beschreiben bzw. wiederzugeben, sondern Sprache immer nur Sichtweisen auf Phänomene darstellt und vermittelt. Bestimmte Vorstellungen verfestigen sich so fortlaufend weiter und werden als selbstverständlich wahrgenommen.

Die hier vorgeschlagenen Ausgangspunkte für eine kritische Auseinandersetzung sind gezielte Fragen, die frau/man an einen Text stellen kann. Dies ist keine vollständige Liste möglicher Ansatzpunkte für eine kritische Analyse. Die Fragen können aber dazu ermutigen, auch eigene kritische Herangehensweisen zu entwickeln.[2] In der Analyse werden sowohl der Text als auch sein Kontext analysiert. Diese Unterteilung ist weniger inhaltlich als vielmehr methodisch begründet. Viele der Fragestellungen sind sowohl für die Text- wie auch die Kontextanalyse relevant.

Bei dem Beispieltext handelt es sich um einen Werbetext aus einer periodisch herauskommenden mehrfarbigen Verlagsinformation einer Verlagsgruppe. Er befindet sich in einer Ausgabe des Heftes mit dem Schwerpunkt »Entwicklungspolitik«. Das Heft als Ganzes scheint vor allem an Lehrer/innen gerichtet zu sein, wie man zum Beispiel dem »Editorial« entnehmen kann, in dem diese direkt angesprochen sind.

»Afrika, ein Kontinent hat Probleme Afrika, Afrika südlich der Sahara vor allem, ist ins Abseits geraten. Die Medien präsentieren es uns zwar immer wieder als Katastrophenkontinent mit Flüchtlingselend, Hungerkatastrophen, Völkermord. Spektakuläre Interventionen finden statt, weltweite Hilfsaktionen laufen an. Doch dann scheint der Kontinent wieder sich selbst überlassen: im wirtschaftlichen Elend, von Krankheiten und Katastrophen geplagt vor einem ökologischen Desaster, unter Putschen und Bürgerkriegen, die zumeist Stammeskriege sind, leidend, ohne wirksame Staatsgewalt, die Ruhe und Ordnung oder gar wirtschaftlich-sozialen Fortschritt garantieren könnte. Vier Jahrzehnte nach seiner Unabhängigkeit stehen große Teile Afrikas am Abgrund. Das Töten Hunderttausender und die Vertreibung von Millionen sind längst keine Ausnahmeerscheinungen mehr: ›Afrika stellt weniger als acht Prozent der Weltbevölkerung, ist gegenwärtig aber Schauplatz von mehr als 50% aller bewaffneten Konflikte. Von den 32 UN-Einsätzen im Jahr 1999 fanden dreizehn in Afrika statt. Ethnische Spannungen, die Gier nach Rohstoffen und religiöser Wahn haben weite Regionen des „neuen Afrika" zu Trümmerfeldern gemacht. Seit den sechziger Jahren wurden rund 50 Mio. Afrikaner aus ihrer Heimat vertrieben und 20 Mio. in Bürgerkriegen getötet.‹ (FAZ 6.6.2000) Pfründenwirtschaft und Korruption sind in einigen afrikanischen Staaten so weit verbreitet, dass der Staat von der herrschenden Klasse als Selbstbedienungsladen zur Befriedigung privater Bedürfnisse genutzt wird. Begünstigt werden Pfründenwirtschaft und Korruption durch das Fehlen von demokratischen und rechtsstaatlichen Kontroll- und Korrekturmechanismen, aber auch durch eine zu große Rolle des Staates in allen Lebensbereichen. Nicht selten ist nämlich zu beobachten, dass die schwarze Führungsschicht ihre Herrschaftsgebiete rigoroser ausplündert als einst die weißen Gebieter. Viele Afrikaner nehmen die Staatsgewalt heute nur noch als Raubrittertum wahr. Zum Überleben auf das Stehlen angewiesen, schließen sich Gruppen Unzufriedener zusammen und tyrannisieren ihre Umgebung, stabile Staaten wie etwa Botswana, stellen eine Ausnahme dar. Afrika ist der Kontinent dessen Bevölkerung am schnellsten wächst. Damit wachsen auch die Probleme, die es eigentlich zu lösen gilt: Unterentwicklung und mangelnde Bildung, Armut und Krankheit, Gewalt und Massenflucht. Mit der Bevölkerung wächst auch die Umweltzerstörung: Wälder werden abgeholzt Böden übernutzt, Weiden strapaziert, so dass in der Folge die Erosion die Böden zerstört, die Wüsten vordringen. Das Bevölkerungswachstum hat seine Ursachen in afrikanischen Gegebenheiten: in den wirtschaftlichen und sozialen Bedingungen sowie im Wertesystem. Auf die Ausbreitung von Seuchen zu hoffen, Aids inklusive, ist nicht nur zynisch: Am Trend zum Bevölkerungswachstum wird dadurch langfristig wenig geändert. Erst bessere Bildung, besonders der Frauen, kann hieran etwas ändern.

Die Staaten Afrikas südlich der Sahara gehören zu den ärmsten Ländern der Welt und die ökonomischen Entwicklungsperspektiven sind nicht die besten. In der globalisierten Welt des 21. Jahrhunderts steht der afrikanische Kontinent vor der Gefahr, den Anschluss an den Rest der Welt aus den Augen zu verlieren. Bestehen unter solchen Bedingungen überhaupt Chancen für die Achtung der Menschenrechte, die Durchsetzung von Rechtsstaatlichkeit und die dauerhafte Anerkennung demokratischer Spielregeln für die Verteilung von Macht? Hat Afrika südlich der Sahara, sich selbst überlassen, überhaupt Zukunftsperspektiven?
Wir hoffen und wünschen es!«

TERRA*press*

Die aktuelle Ergänzung zu Ihrem Schulbuch.
Für Sie gelesen und ausgewählt von Sabine Kaupp und Edmund Blank.

Afrika, ein Kontinent hat Probleme

Afrika, Afrika südlich der Sahara vor allem, ist ins Abseits geraten. Die Medien präsentieren es uns zwar immer wieder als Katastrophenkontinent mit Flüchtlingselend, Hungerkatastrophen, Völkermord. Spektakuläre Interventionen finden statt, weltweite Hilfsaktionen laufen an. Doch dann scheint der Kontinent wieder sich selbst überlassen: im wirtschaftlichen Elend, von Krankheiten und Katastrophen geplagt vor einem ökologischen Desaster, unter Putschen und Bürgerkriegen, die zumeist Stammeskriege sind, leidend, ohne wirksame Staatsgewalt die Ruhe und Ordnung oder gar wirtschaftlich-sozialen Fortschritt garantieren könnte.

Vier Jahrzehnte nach seiner Unabhängigkeit stehen große Teile Afrikas am Abgrund. Das Töten Hunderttausender und die Vertreibung von Millionen sind längst keine Ausnahmeerscheinungen mehr: „Afrika stellt weniger als acht Prozent der Weltbevölkerung, ist gegenwärtig aber Schauplatz von mehr als 50% aller bewaffneten Konflikte. Von den 32 UN-Einsätzen im Jahr 1999 fanden dreizehn in Afrika statt. Ethnische Spannungen, die Gier nach Rohstoffen und religiöser Wahn haben weite Regionen des „neuen Afrika" zu Trümmerfeldern gemacht. Seit den sechziger Jahren wurden rund 50 Mio. Afrikaner aus ihrer Heimat vertrieben und 20 Mio. in Bürgerkriegen getötet." (FAZ 6.6.2000)

Pfründenwirtschaft und Korruption sind in einigen afrikanischen Staaten so weit verbreitet, dass der Staat von der herrschenden Klasse als Selbstbedienungsladen zur Befriedigung privater Bedürfnisse genutzt wird. Begünstigt werden Pfründenwirtschaft und Korruption durch das Fehlen von demokratischen und rechtsstaatlichen Kontroll- und Korrekturmechanismen, aber auch durch eine zu große Rolle des Staates in allen Lebensbereichen.

Nicht selten ist nämlich zu beobachten, dass die schwarze Führungsschicht ihre Herrschaftsgebiete rigoroser ausplündert als einst die weißen Gebieter. Viele Afrikaner nehmen die Staatsgewalt heute nur noch als Raubrittertum wahr. Zum Überleben auf das Stehlen angewiesen, schließen sich Gruppen Unzufriedener zusammen und tyrannisieren ihre Umgebung. Stabile Staaten wie etwa Botswana, stellen eine Ausnahme dar.

Afrika ist der Kontinent dessen Bevölkerung am schnellsten wächst. Damit wachsen auch die Probleme, die es eigentlich zu lösen gilt: Unterentwicklung und mangelnde Bildung, Armut und Krankheit, Gewalt und Massenflucht. Mit der Bevölkerung wächst auch die Umweltzerstörung: Wälder werden abgeholzt, Böden übernutzt, Weiden strapaziert, so dass in der Folge die Erosion die Böden zerstört, die Wüsten vordringen. Das Bevölkerungswachstum hat seine Ursachen in afrikanischen Gegebenheiten: in den wirtschaftlichen und sozialen Bedingungen sowie im Wertesystem. Auf die Ausbreitung von Seuchen zu hoffen, Aids inklusive, ist nicht nur zynisch: Am Trend zum Bevölkerungswachstum wird dadurch langfristig wenig geändert. Erst bessere Bildung, besonders der Frauen, kann hieran etwas ändern.

Die Staaten Afrikas südlich der Sahara gehören zu den ärmsten Ländern der Welt und die ökonomischen Entwicklungsperspektiven sind nicht die besten. In der globalisierten Welt des 21. Jahrhunderts steht der afrikanische Kontinent vor der Gefahr, den Anschluss an den Rest der Welt aus den Augen zu verlieren. Bestehen unter solchen Bedingungen überhaupt Chancen für die Achtung der Menschenrechte, die Durchsetzung von Rechtsstaatlichkeit und die dauerhafte Anerkennung demokratischer Spielregeln für die Verteilung von Macht? Hat Afrika südlich der Sahara, sich selbst überlassen, überhaupt Zukunftsperspektiven? Wir hoffen und wünschen es!

Sabine Kaupp

E. Blank

Sabine Kaupp   Edmund Blank

Heft Nr. 53 (2/2002)

© Justus Perthes Verlag Gotha GmbH, Gotha 2002. Für den Inhalt verantwortlich: Christine Reinke, Gotha. Klett-Perthes. Postfach 10 60 16, 70049 Stuttgart, Telefon (0711) 6672-1333

Textanalyse

Grundlegende Fragestellung
zum kritischen Lesen eines Textes

Eine grundlegende Frage, die an Texte gerichtet werden kann, ist, wie Themen, »Gegenstände«, Meinungen, Standpunkte und Perspektiven implizit oder explizit hergestellt werden und welche Auffassungen wie autorisiert werden. Dies lässt sich ausgehend von verschiedenen Fragestellungen untersuchen.

Was wird im Text *nicht* explizit zum Ausdruck gebracht, fließt aber in Form von Vorannahmen, Vorstellungen und Vorurteilen in diesen ein?

Welche Wissensvoraussetzungen werden damit beim Lesen des Textes aktiviert? Welche Vorannahmen muss frau/man beim Lesen akzeptieren, damit der Text verständlich wird? Wie werden Zusammenhänge zwischen Bestandteilen eines Textes hergestellt? Wie und zwischen wem und was werden beispielsweise Kausalzusammenhänge hergestellt, wo und wie zeitliche Abläufe?

Welche sprachlichen Bilder finden sich in dem Text? Welche Vorstellungen werden über diese aufgerufen?

Wer ist Akteur/in bzw. wer wird zur Akteurin/zum Akteur gemacht? Werden Akteure und Akteurinnen des im Text Geschilderten explizit benannt? An welchen Stellen? Wer wird benannt, in welcher Funktion, mit welchem Status? Werden die Akteure und Akteurinnen durch Personifizierungen erst geschaffen oder beispielsweise durch Passivkonstruktionen unsichtbar gemacht?

Wie werden Gegensätze und Oppositionen hergestellt und benannt? Was wird sprachlich als Abweichung, als »anders«, als »fremd« geschaffen und auf welcher expliziten oder impliziten Grundlage? Was wird damit als Norm implizit bestätigt? Welche Oppositionen werden durch Negationen geschaffen?

Im Folgenden werden Teile des oben wiedergegebenen Textes beispielhaft auf diese Fragestellungen hin analysiert. Zwischen den einzelnen Fragekomplexen ergeben sich dabei auch zahlreiche Überschneidungen.

Vorannahmen und Vorurteile

Jeder Text und jede sprachliche Äußerung baut auf Vorannahmen, Vorstellungen und Vorurteilen der Leser/innen auf, die im Text ausgelassen werden (können) und damit nicht explizit vorkommen. Sie werden beim Lesen eines Textes automatisch aktiviert und ergänzt, damit der Text überhaupt verständlich wird. Auf diese Weise sind sie in einem Text vorhanden, ohne explizit zu sein. Es können Präsuppositionen und Implikationen unterschieden werden.

Präsuppositionen sind Vorstellungen und Vorannahmen, die als gedachte Ergänzungen und Verbindungen beim Lesen eines Textes automatisch aufgerufen und aktiviert werden. Dazu zunächst ein fiktives Beispiel, welches sich in dieser Form häufig in Kurzmeldungen finden lässt.

> »Frau X ist festgenommen worden. Ihre Aufenthaltsgenehmigung war abgelaufen.«

Dieser fiktive Satz, der einer Zeitungsmeldung entstammen könnte, enthält zahlreiche Vorannahmen. Ohne dass zwischen den beiden Sätzen eine inhaltliche Verbindung explizit gemacht werden würde, ist es dennoch naheliegend, dass sich beim Lesen die Annahme einstellt, dass die beiden Sätze in einem kausalen Zusammenhang zueinander stehen. Dabei wird der zweite Satz als Begründung für den ersten angenommen. Durch die Weigerung, diese Verbindung automatisch beim Lesen oder Hören herzustellen, würde die Aneinanderreihung dieser beiden Sätze keinen Sinn mehr machen. Es ist in dem Beispiel unter anderem impliziert, dass Frau X keine deutsche Staatsangehörigkeit besitzt, und dass sie etwas nicht Rechtmäßiges getan hat, so dass es zu der Festnahme gekommen ist. Dadurch wird eine Verbindung von Nicht-Deutsch und Kriminalität hergestellt. Zudem ist es eine weitere Präsupposition dieser beiden kurzen Sätze, dass die Festnahme ein staatlicher Akt sei.

Vorannahmen sind umso machtvoller, umso unsichtbarer sie sind. In diesen unbenannten Auslassungen bzw. Vorannahmen manifestieren sich in der Regel sehr machtvoll Norm- und Wertvorstellungen.

Wie in dem obigen Beispiel zu sehen ist, werden Zusammenhänge zwischen Sätzen und Abschnitten häufig nicht explizit durch zum Beispiel verbindende Konjunktionen wie »weil«, »damit«, »daher«, »danach« usw. hergestellt. Vielmehr müssen diese Verbindungen zwischen den Sätzen beim Lesen geschaffen und mitgedacht werden, um den Text verstehen zu können. Sie bilden eine wichtige Grundlage dafür, dass ein Text verstanden werden kann und beispielweise nicht nur als eine Aneinanderreihung willkürlicher Sätze oder Phrasen erscheint. Die kausale Verbindung zwischen den beiden Sätzen ist *impliziert*. Da sie nicht explizit gemacht ist, ist sie schwierig zu benennen und damit auch kaum zu hinterfragen.

Implikationen sind das, was nicht explizit an- oder ausgesprochen ist, aber im Reden über etwas Anderes indirekt zum Ausdruck kommt. Sie müssen indirekt aus einer Äußerung erschlossen werden und können als Konsequenz aus dem Gelesenen oder Gehörten formuliert werden.

In jeglicher Form von Kommunikation kommen sowohl Präsuppositionen wie Implikationen permanent zur Anwendung, ohne dass wir uns darüber bewusst sind. Grundlegende Norm- und Wertvorstellungen werden so ebenso kontinuierlich reproduziert wie auch räumliche und zeitliche Vorstellungen. In dem vorangegangenen Beispiel ist impliziert, dass die Festnahme erst geschah, nachdem die Aufenthaltsgenehmigung abgelaufen war. Die angenommene zeitliche Struktur, die wir in die beiden Sätze als Zusammenhang hineinlesen, fällt also hier mit der angenommenen kausalen überein. Das steht nicht explizit in den beiden Sätzen, sondern wird beim Lesen ergänzt. Diskursives Wissen, tradierte Vorstellungen und Werte werden aktiviert, um sie »verständlich« zu machen. Präsuppositionen und Implikationen sind oft das wichtigste Mittel, um bestimmte Auffassungen zu transportieren, ohne sie explizit zu machen. Auch in dem oben zitierten Werbeartikel sind zahlreiche Beispiele vorhanden, von denen einige im Folgenden diskutiert werden.

»Vier Jahrzehnte nach seiner Unabhängigkeit stehen große Teile Afrikas am Abgrund.«

Dieser Satz zu Beginn des oben zitierten Werbeartikels für Schulbücher beinhaltet eine Reihe von Präsuppositionen und Implikationen, von denen viele den ganzen weiteren Text durchziehen. Hier wird ein Bild gezeichnet, in dem aus einer Außenperspektive heraus »Afrika« als eine homogene, politische Einheit hergestellt wird. Die Benennung »große Teile Afrikas« ist zugleich aber pauschal und wenig konkret, so dass unklar bleibt, um welche Regionen es sich handelt. Dies setzt ein Vorwissen voraus, welches bei den Lesenden nicht unbedingt differenziert vorhanden ist und stattdessen in deren Vorstellung durch ein stereotypes Afrikabild ersetzt wird.[3] Ein häufig anzutreffendes Charakteristikum rassistischer Denkmuster, das schon im Rahmen der Begriffsanalysen deutlich wurde, ist eine Pauschalisierung und undifferenzierte Vorstellung von Afrika.[4]

Die Konstruktion einer politischen Einheit wird über die homogenisierende Nennung von Afrika hergestellt, für welche die Unabhängigkeit als gemeinsamer Zeitpunkt genannt wird. Dadurch wird die unterschiedliche politische Entwicklung verschiedener afrikanischer Staaten ignoriert. Darüber hinaus wird ausgelassen, worauf sich die hier postulierte »Unabhängigkeit« bezieht, das heißt es wird nicht explizit gemacht, wovon bzw. von wem das als Einheit hergestellte Afrika unabhängig ist. Es wird so weder zwischen kolonial geschaffenen Abhängigkeiten differenziert noch eine Kontinuität zu heutiger, unter anderem wirtschaftlicher, Abhängigkeit aufgezeigt. Damit wird impliziert, dass klar sei, was in Bezug auf den afrikanischen Kontinent mit Unabhängigkeit gemeint ist. Eine Ausdifferenzierung von Abhängigkeitsstrukturen und kolonialen Kontinuitäten wird so ebenso negiert wie eine spezifizierende Bezugname auf unterschiedliche Kolonialgeschichten. Dass einige Länder, wie Simbabwe oder Südafrika erst später als andere »unabhängig« geworden sind (legt frau/man das im Text gebrauchte Verständnis von Unabhängigkeit zu Grunde) wird hier unsichtbar gemacht. Die in diesem Satz getroffene unspezifizierte und pauschale Aussage der Unabhängigkeit Afrikas reicht im weiteren Verlauf des Werbetextes aus, um eine Selbstständigkeit und Eigenverantwortlichkeit Afrikas in sämtlichen Bereichen anzunehmen bzw. zu implizieren.

Um diesen Satz überhaupt verstehen und weiterlesen zu können, müssen die Leser/innen auf Vorwissen bzw. Vorannahmen zurückgreifen, wobei diese durch die Reaktivierung zugleich auch wieder bestätigt werden. Dadurch entsteht beim Lesen eine Vorstellung, die nur noch schwer zu brechen ist und nur in einer bewussten Reflexion, wie es hier vorgeschlagen wird, hinterfragbar wird. Beim Lesen oder Hören entsprechender Äußerungen kann frau/man sich also fragen, welche Auslassungen sich im Text finden, z. B. hinsichtlich von Kausalitäten. Davon ausgehend kann frau/man sich fragen, wo diese beim Lesen selbst ergänzt wurden und was mit der Aussage des Textes passiert, wenn sie nicht entsprechend ergänzt werden.

Eine weitere Möglichkeit des kritischen Hinterfragens von solchen Textteilen ist es, einzelne Begriffe durch andere probeweise zu ersetzen, um zu sehen, wie sich dadurch die Bedeutung des Satzes verändert. Tauscht frau/man beispielsweise den Begriff »Unabhängigkeit« durch »Entkolonialisierung« aus, so würde sich dadurch auch die Perspektive verändern und eine historische Kontinuität sichtbar gemacht werden. »Entkolonialisierung« benennt einen Prozess, der von einem Zustand der Kolonialisierung ausgeht und damit die Form der Abhängigkeit explizit macht. Zugleich bleibt aber auch hier die Frage, ob überhaupt von »Entkolonialisierung« gesprochen werden kann und welche Vorstellungen einer »Abgeschlossenheit« in diesem Bild impliziert sind. So kann beispielsweise gefragt werden, ob alleine durch einen Abzug von Truppen und die Anerkennung staatlicher Eigenständigkeit eine Autonomie gegeben ist oder ob Kolonisierung nicht auch über andere, insbesonders wirtschaftliche und militärische Abhängigkeiten geschaffen wird. Letztendlich gibt eine solche Hinterfragung auch Aufschluss über die Vorstellung dazu, was als Kolonisierung verstanden wird.

Lexikalische Verweise und Wiederaufnahmen
Einige weitere wichtige Verfahrensweisen, um Zusammenhänge herzustellen und bestimmte Vorstellungen zu implizieren, sind bestimmte lexikalische Verweise, wie zum Beispiel die explizite, implizite und/oder teilweise Wiederaufnahme von bestimmten Worten und Wortgruppen und damit stattfindende Bedeutungsverschiebungen. Wenn etwa »Afrika, ein Kontinent« aus der

Überschrift im zweiten Satz des Artikels durch »Katastrophenkontinent« ersetzt wird, so wird damit eine bestimmte Wahrnehmung festgeschrieben. Es handelt sich hier nicht »lediglich« um eine erneute sprachliche »Referenz« auf denselben Gegenstand, sondern um eine wertende Lenkung der Vorstellung zu Afrika.

Implizite Relationen im Text

Ein Zitat vom dem Umschlagtext des Buches »Afrikanische Totenklage. Der Ausverkauf des Schwarzen Kontinents« von Peter Scholl-Latour verdeutlicht noch einmal die bereits angesprochene Relevanz der impliziten Gleichsetzung von Zeitstrukturen und Kausalitäten

> »Er [P. Scholl-Latour; Anm. der Verf.] hat die Länder des südlichen, des westlichen und Zentralafrikas bereist und zeichnet ein bedrückendes Bild von Elend, Mord und ›Raubtierkapitalismus‹. Seine Eindrücke kontrastiert er mit Erinnerungen an seine erste Reise 1956, als Afrika noch unter europäischer Kolonialherrschaft stand. Seine traurige Erkenntnis: Die meisten Länder sind gleichsam auf dem Weg zurück in die Steinzeit.«

In den Sätzen wird eine Zeitstruktur aufgebaut, in der das Früher von 1956 mit der heutigen Zeit ins Verhältnis gesetzt wird. Es wird das Verb »kontrastiert« benutzt, um diese beiden Zeitebenen miteinander ins Verhältnis zu setzen. Damit wird klar gemacht, dass das Früher, welches gleichzeitig näher durch die Kolonialherrschaft charakterisiert wird, in Opposition zum Heute steht, welches durch »Elend, Mord und Raubtierkapitalismus« geprägt ist. Die heutige Situation wird in einem weiteren Schritt wiederum mit einer hypothetischen Vorstellung von einer Zeit *vor* der Kolonialherrschaft gleichgesetzt. Diese Zeit wird in dem Satz als »steinzeitlich« dargestellt und damit abgewertet. Auf diese Weise wird gleichzeitig die Kolonialzeit implizit demgegenüber als etwas Positives dargestellt; als ein Weg *aus* der Steinzeit heraus, ohne dass dies in dem Text durch z.B. Konjunktionen oder explizite Verweise deutlich gemacht worden wäre.

Auch in dem Werbetext finden sich zahlreiche implizite Relationen, die beim Lesen Vorannahmen aufrufen.

> »Spektakuläre Interventionen finden statt, weltweite Hilfsaktionen laufen an.«

Nicht nur wird »Afrika« in dem Adjektiv »weltweit« implizit als außerhalb der Welt positioniert, hier wird gleichzeitig impliziert, dass es der gesamten restlichen Welt unter den hier nicht benannten Maßstäben »besser« gehen muss. Schließlich sei sie dazu in der Lage, »Afrika« helfen zu können. Was unter »Interventionen« und »Hilfe« zu verstehen ist, wird wiederum nicht konkretisiert. Auch hier baut ein Verständnis des Textes auf der Aktivierung pauschaler Vorannahmen der Lesenden auf. Impliziert ist ein bestimmtes konventionalisiertes hierarchisches Verständnis der Relation von Afrika zum Rest der Welt sowie von Hilfe. Pauschalisierende Benennungen wie »Afrika« und »weltweit« zum Beispiel machen es unmöglich, eine differenzierte Wahrnehmung zu entwickeln und die Komplexität von Abhängigkeiten auszudifferenzieren. Europäische Verantwortlichkeiten und historische Kontinuitäten werden so verdeckt, rassistisches Handeln mit einer langen historischen Kontinuität negiert.

Mit der Propagierung einer Eigenverantwortlichkeit distanziert sich der »Rest der Welt« zusätzlich und implizit von den »Problemen« Afrikas. Kolonialisierung und Kolonialgeschichte sind Auslassungen, die in dem gesamten Text nicht explizit gemacht werden und die so die Vorstellung von Afrika bestimmen. Nur an wenigen Stellen finden sich indirekte und abwehrende Verweise zur Kolonialgeschichte und damit zur Weißen europäischen Verantwortung. Ein Beispiel ist das obige Zitat zur »Unabhängigkeit Afrikas«, welches ein Wissen über einen vorgängigen Status der Abhängigkeit impliziert. Ein anderes Beispiel ist das nachfolgende:

> »Ethnische Spannungen, die Gier nach Rohstoffen und religiöser Wahn haben weite Regionen des ›neuen Afrika‹ zu Trümmerfeldern gemacht.«

Das Sprechen von einem »neuen Afrika« impliziert vor dem Hintergrund des vorhergehenden Textabschnittes, in dem die Unabhängigkeit des heutigen Afrikas betont wurde, dass es diesem vorgängig ein »altes Afrika« gegeben habe, welches so in die abgeschlossene Vergangenheit verlegt wird. Dieses wird hier nicht explizit benannt und ist lediglich die anzunehmende Voraussetzung für ein »neues Afrika«. Die koloniale Verantwortung wird gleichzeitig und implizit auf das »alte Afrika« bezogen und ist damit als abgeschlossen dargestellt. Die im obigen Zitat benannten aktuellen »Konflikte« und »Probleme« werden auf diese Weise zu »internen« afrikanischen gemacht.

Passivkonstruktionen

> »Mit der Bevölkerung wächst auch die Umweltzerstörung: Wälder werden abgeholzt, Böden übernutzt, Weiden strapaziert, so dass in der Folge die Erosion die Böden zerstört, die Wüsten vordringen.«

Im ersten Teilsatz wird auf der Oberflächenebene eine Gleichzeitigkeit von Bevölkerungswachstum und Umweltzerstörung benannt, die jedoch als Darstellung von Ursache und Folge gelesen werden kann, soll der Satz beim Lesen einen Sinn ergeben. Das heißt die Phrase »mit der Bevölkerung wächst die Umweltzerstörung« kann beim Lesen auch als »durch das Bevölkerungswachstum wächst die Umweltzerstörung« interpretiert werden. Diese Lesart wird noch mal durch die im zweiten Satz verwendeten Passivkonstruktionen unterstrichen. Durch sie wird es vermieden, Verursachende bzw. Akteure und Akteurinnen zu benennen. Diese Lücke, die beim Lesen und der Konzeptualisierung entsteht, kann gefüllt werden, indem die »Bevölkerung« des ersten Teilsatzes hier eingefügt wird. Die Verantwortung für die konstatierte Umweltzerstörung kann dadurch ausschließlich der afrikanischen Bevölkerung zugeschrieben werden, ohne dass dies explizit und eindeutig benannt worden wäre.

Explizite Relationen im Text

Werden Bedeutungszusammenhänge hingegen explizit benannt, so kann frau/man sich fragen, welche Erklärungen dadurch angeboten werden, welche Zusammenhänge so hergestellt werden und was damit vielleicht unsichtbar wird.

> »Afrika ist der Kontinent, dessen Bevölkerung am schnellsten wächst. Damit wachsen auch die Probleme, die es eigentlich zu lösen gilt.«

Hier wird durch die Konjunktion »damit« auf die nicht belegte Schnelligkeit des Bevölkerungswachstums Bezug genommen und unhinterfragt eine kausale Beziehung zwischen nicht weiter spezifizierten »Problemen« und einem angenommenen, im Vergleich relativ hohen Bevölkerungswachstum geschaffen. Die Verbform »gilt« am Ende des Satzes suggeriert objektive Maßstäbe. Auch dieser Satz erfordert wiederum die Aktivierung zahlreicher kollektiver stereotyper Vorstellungen, die dadurch gleichzeitig auch weiter verfestigt werden. Zudem verbleiben die potentiellen Akteure und Akteurinnen, die für die nicht näher spezifizierten Probleme verantwortlich sind, unbenannt. Die nur unspezifisch benannten Probleme werden beim Lesen auf zuvor im Text hergestellte Szenarien zu Afrika rückbezogen, die sich unter »Katastrophen« zusammen fassen lassen. In beiden Konzepten bleiben Zusammenhänge und Ursachen unsichtbar. Neben Konjunktionen finden sich auch andere sprachliche Mittel, um Relationen im Text herzustellen, wie zum Beispiel explizite Benennungen und Mittel der Zeichensetzung.

> »Das Bevölkerungswachstum hat seine Ursachen in afrikanischen Gegebenheiten: in den wirtschaftlichen und sozialen Bedingungen sowie im Wertesystem.«

In diesem Satz werden die Zusammenhänge durch den Begriff »Ursachen« und den Doppelpunkt explizit als kausale hergestellt. Gleichzeitig aber zeichnet sich dieser Satz dadurch aus, dass nicht konkret benannt wird, was mit »afrikanischen Gegebenheiten« und dem »Wertesystem« gemeint ist. Beim Lesen werden so eigene Vorannahmen zu Werten und stereotype Vorstellungen zu Afrika aufgerufen und dadurch als Ursachen in dem obigen Satz weiter verfestigt. Die kausale Erklärung, die auf diese Weise für das Bevölkerungswachstum gegeben wird, erweckt beim Lesen den Eindruck, dass alles klar ist und nicht weiter hinterfragt werden muss. Gerade darin kann aber auch eine machtvolle Strategie liegen, um bestimmte Zusammenhänge herzustellen und Erklärungen anzubieten, mit denen andere gleichzeitig unsichtbar werden. Dadurch, dass in dem obigen Zitat nicht konkret benannt wird, was gemeint ist, kann eine solche diffuse Benennung von Gründen zugleich auch beim Lesen durch stereotype und unreflektierte Vorstellungen automatisch gefüllt werden – anders wäre der Text an dieser Stelle nicht mehr nachvollziehbar.

Die Herstellung von »Afrika« als eigenverantwortlich impliziert gleichzeitig, dass Afrika die »Schuld« an jeglichen wahrgenommenen Missständen und Problemen selbst trage. Dadurch wird wiederum implizit eine historische Diskontinuität geschaffen, bei der die Kolonialgeschichte ausgeblendet bleibt. Gleichzeitig wird

Afrika indirekt als unfähig dargestellt, die eigenen Probleme in den Griff zu bekommen. Die so auch im gesamten Text implizierte Konsequenz, dass Afrika der Hilfe von »Außen« bedarf, dient auch der impliziten Herstellung eines positiven eurozentristischen Selbstbildes. So wird eine Hierarchie zwischen Afrika und zum Beispiel Europa reproduziert.

Es zeigt sich zusammenfassend, dass Vorannahmen auf verschiedene Weisen hergestellt und so bestimmte Vorstellungen aufgerufen werden. Wichtige Mittel sind lexikalische Verweise, Satzstellungen, wie im Fall von Passivkonstruktionen, oder der gezielte Einsatz von Konjunktionen. Sowohl das Auslassen expliziter Zusammenhänge wie auch die verbale Herstellung z.B. kausaler Relationen müssen kritisch daraufhin befragt werden, welche Vorstellungen durch sie beim Lesen oder Hören aufgerufen werden. In Bezug auf den hier hauptsächlich analysierten Artikel in einer Werbebroschüre wird deutlich, wie stark mit Pauschalisierungen und Homogenisierungen in Bezug auf Afrika gearbeitet wird und wie durch die sprachlichen Formulierungen stereotype Vorstellungen weiter verfestigt werden.

Über die Vorannahmen in einem Text hinaus kann die Analyse der sprachlichen Bilder weitere Aufschlüsse über die durch diesen aktivierten Vorstellungen beim Lesen oder Hören geben.

Sprachliche Bilder

Beim Sprechen, Schreiben, Lesen oder Hören werden sprachliche Bilder häufig gar nicht als solche wahrgenommen. *Metaphern* sind sprachliche Bilder, die ein Konzept durch ein anderes ersetzen. Sie können aus einzelnen Wörtern wie z.B. »Schokokuss«, Phrasen wie »ich tappe im Dunkeln« oder ganzen Sätzen bestehen. Über Alltagsmetaphern werden Konzepte und allgemeine gesellschaftliche Bewertungen zum Ausdruck gebracht und weiter verfestigt. Metaphern können abstrakte Größen wie Zeit, Werte, Gefühle vorstellbar machen. Die hinter ihnen stehenden Konzepte und Bewertungen sind dabei nicht reflektiert und nur schwer greifbar.

Ersetzt man ein Konzept oder ein Wort durch ein anderes, welches in einem inhaltlichen Zusammenhang steht, aber nicht identisch mit diesem ist, spricht man von *Metonymie*. Dies ist beispielsweise der Fall, wenn frau/man einen Kontinent benennt und eigentlich Menschen oder aber auch Gesellschaften in Afrika meint, wie in »Afrika steht am Abgrund«. Durch diese Stilmittel entstehen häufig Unsichtbarmachungen und Verschiebungen von potentiellen Akteuren und Akteurinnen, wenn zum Beispiel in manchen Kontexten von »Afrika« statt von den »Regierenden der einzelnen afrikanischen Staaten« gesprochen wird, wenn also statt der Handelnden pauschal der Ort benannt wird.

Personifizierung

Eine Personifizierung kann eine Form der Metapher oder der Metonymie sein, in der einer abstrakten und nicht belebten Einheit in der Darstellung menschliche Züge gegeben werden. Das in dem Werbetext hergestellte vereinheitlichende Bild von Afrika als einer Person, die in einer Landschaft steht, und zwar am Abgrund, trägt dazu bei, den afrikanischen Kontinent nicht ausdifferenziert wahrzunehmen. Die Metonymie der Person stellvertretend für Afrika durchzieht den gesamten Text wirkungsvoll.

Frau/man kann sich fragen, welches Konzept die Personifizierung konkret ersetzt und welche Vorstellungen dadurch mit dem Konzept verknüpft werden können. Weiterhin kann frau/man sich bei einer Personifizierung fragen, welche eigenen Erfahrungen, (Vor)Urteile und stereotypen Erwartungen durch diese bedient werden. So werden in Bildern auch Konzepte von einem Phänomen auf ein anderes übertragen, ohne dass einer/m das beim Lesen klar werden muss. Wenn zum Beispiel »Afrika« als Ganzes in dem Text als ein Patient personifiziert wird, können damit konventionelle Vorstellungen von Krankheit aufgerufen werden, die in einem weiteren Schritt zu Konzeptualisierungen von »Hilfsbedürftigkeit«, »Gefahr, Bedrohung« oder auch »Ablehnung, Ekel« führen können. Ohne dass es klar benennbar wäre, entstehen Vorstellungsketten, die stark diskriminierend wirken können. Dadurch werden bestimmte Vorstellungen und Assoziationen, die erst durch den Gebrauch von Bildern hergestellt worden sind, als »klar« und »eindeutig« wahrgenommen. Auf diese Art können sich rassistische Denkmuster unbewusst und unbemerkt beim Lesen weiter verfestigen, ohne dass benennbar wäre, worauf die impliziten Bewertungen und Assoziationen eigentlich beruhen.

Die Personifizierung von Afrika soll im Folgenden in ihren Implikationen noch weiter verdeutlicht werden. Durch das Bild des »am Abgrund Stehens« aus einem Zitat von weiter oben wird Afrika als pauschale Einheit zu einem Akteur bzw. zu einer Person gemacht. Afrika als Kontinent kann in dieser Vorstellung selbstständig handeln – und auch leiden, wie in dem dritten Satz des ersten Abschnitts impliziert wird:

> »Doch dann scheint der Kontinent wieder sich selbst überlassen: im wirtschaftlichen Elend, von Krankheiten und Katastrophen geplagt vor einem ökologischen Desaster, unter Putschen und Bürgerkriegen, die zumeist Stammeskriege sind, leidend, ohne wirksame Staatsgewalt, die Ruhe und Ordnung oder gar wirtschaftlich-soziale Fortschritt garantieren könnte.«

Die menschlichen Eigenschaften und Fähigkeiten, mit denen Afrika als Einheit in diesem Zitat ausgestattet wird, implizieren, dass dem Kontinent eigene Gefühle zugeschrieben werden können. Afrika kann als Person Opfer werden, »von Krankheiten und Katastrophen geplagt«, »leidend« sein. Die zunächst geschaffene Implikation der Fähigkeit zum eigenständigen Handeln wird auf diese Weise relativiert. Das Bedrohungs- und Horrorszenario, welches durch die Aufzählung von Krankheiten, Katastrophen, Elend und Desaster etc. entworfen wird und mit dem »klassische« Afrikastereotype reproduziert werden, ist als akteurslos dargestellt und impliziert so Bilder von unabwendbaren »Naturkatastrophen«, die über Afrika »hereinbrechen«. Beim Lesen kann frau/man sich fragen, in Bezug auf welche Handlungen Afrika durch die Personifizierung eine Akteursperspektive zugesprochen bekommt und in Bezug worauf Afrika als Opfer hergestellt wird. Dass Afrika am Abgrund steht und »Naturkatastrophen« über den Kontinent »hereinbrechen«, ist kein Widerspruch. Die für Afrika hergestellte Handlungsfähigkeit in diesem Bild ist insgesamt nur eine eingeschränkte. Die mit der Metapher der Krankheit geschaffene Vorstellung impliziert nicht benennbare Ursachen des desolaten Zustands. Dadurch, dass die ehemals kolonisierenden Staaten nicht als Verantwortliche benannt werden, können sie implizit als ein Gegenpol zu der Krankheit hergestellt werden, als von außen kommende »spektakuläre Interventionen« und »weltweite Hilfsaktionen«. Sie werden so gleichzeitig als »Helfer« stilisiert.

Auf diese Weise wird ein doppeltes Bild des homogenisierten Afrika geschaffen: Auf der einen Seite wird der Kontinent in dem Text als heute eigenverantwortlich für seine politische und wirtschaftliche Situation angesehen, auf der anderen Seite als unfähig, dieser Eigenverantwortlichkeit adäquat nachzukommen, wie auch in dem bereits diskutierten Zitat:

> »Das Bevölkerungswachstum hat seine Ursachen in afrikanischen Gegebenheiten: in den wirtschaftlichen und sozialen Bedingungen sowie im Wertesystem.«

Gegensätze/Oppositionen

Ein weiteres Stilmittel, welches bestimmte Vorstellungen beim Lesen und Hören schafft, ist die Herstellung von Gegensätzen oder Oppositionen im Text.

> »Afrika, Afrika südlich der Sahara vor allem, ist ins Abseits geraten.«

In dem einführenden Satz des Werbetextes wird Afrika zweimal nacheinander benannt und beim zweiten Mal weiter ausdifferenziert in eine spezifische geografische Region. Durch die Konkretisierung wird gleichzeitig spezifiziert und pauschalisiert. Das Afrika südlich der Sahara wird explizit spezifiziert und damit die konventionalisierte übliche Trennung zwischen dem Norden, der, mit einer gewissen Distanz, mit der Geschichte und Kultur im westlichen Sinne identifizierbar angesehen wird, und Afrika südlich der Sahara, dem jede so verstandene Kultur abgesprochen wird, reproduziert.[5] Im danach folgenden Text ist fast ausschließlich nur noch von »Afrika« oder »dem afrikanischen Kontinent« die Rede. Implizit wird hier aber das Afrika südlich der Sahara zur stereotypen Vorstellung von Afrika insgesamt gemacht bzw. eine derartige typische Betrachtungsweise reproduziert. Dadurch wird zum einen der Bereich südlich der Sahara homogenisiert. Zum anderen wird auf diese Weise Afrika als Synonym für das Afrika südlich der Sahara verwendet. Afrika steht also sowohl in einer internen, nicht ausgesprochenen Opposition zwischen Nord und Süd als auch in Opposition zu allen Ländern und Kontinenten »außerhalb« Afrikas, wie in den vorangegangenen Analysen bereits deutlich wurde.

Eine der beiden einzigen Stellen im Text, an denen ein Außen in Bezug auf Afrika als Einheit explizit benannt wird, findet sich im folgenden Vergleich:

> »Nicht selten ist nämlich zu beobachten, dass die schwarze Führungsschicht ihre Herrschaftsgebiete rigoroser ausplündert als einst die weißen Gebieter.«

Hier wird eine Gegenüberstellung von »schwarz« und »weiß« hergestellt. Es ist in Bezug auf die Weißen jedoch nicht von Kolonisatoren die Rede, sondern die sehr viel weniger konkret auf einen kolonialen Kontext deutende Form »Gebieter«, die zudem als unpolitische Relationsbenennung interpretiert werden kann und ein Bild eines 1:1-Verhältnisses zwischen zwei Personen aufruft. Darüber hinaus wird durch das Wort »einst« das Konzept von »weißen Gebietern« in die abgeschlossene Vergangenheit gelegt. Die Taten dieser werden zudem noch relativiert, indem ein pauschaler Vergleich mit der heutigen »schwarzen Führungsschicht« hergestellt wird, die viel »rigoroser« in ihren Ausplünderungen sei. Das Weiße Verhalten wird so gleichzeitig als vergangen hergestellt wie auch indirekt entschuldigt bzw. in Relation sogar noch als positiv bewertet und damit nicht nur relativiert, sondern auch legitimiert und verharmlost. An den Stellen im Text, an denen Teile der afrikanischen Bevölkerung explizit genannt werden, werden diese hingegen durchgängig als »tyrannisch« und »ausbeutend« benannt. Dieses Zitat beginnt darüber hinaus mit einer Negation.

Quantifizierende Angaben und Negationen
Negationen sind ein weiteres Mittel, um dichotome Gegensätze aufzubauen, ohne unbedingt beide Seiten zu benennen. Im Versuch, die Sätze des letzten Zitats ins »Positive« zu wenden, fällt auf, dass die quantitativen Angaben, die in der Negation gemacht werden, sehr ungenau sind (»sind längst keine Ausnahmeerscheinungen mehr«, »nicht selten«). Ob es nun häufig ist oder nicht, was hier benannt ist, und damit für eine Einschätzung der Aussage als relevant eingestuft werden kann, ist nicht klar. So wird gerade durch die große Ungenauigkeit ein negatives Bild aufgebaut, das nicht an Fakten und konkreten Benennungen bemessen werden kann. Gleichzeitig dienen Negationen häufig einer unspezifizierenden Darstellung:

>Das Töten Hunderttausender und die Vertreibung von Millionen sind längst keine Ausnahmeerscheinungen mehr.«

Zusätzlich zur Negation wird es hier wiederum vermieden, die Handelnden explizit zu benennen, wodurch Verantwortlichkeiten unsichtbar gemacht werden. Über die Negationen hinaus finden sich zahlreiche weitere quantifizierende Angaben in dem Text, die ebenfalls einen Eindruck von Vagheit herstellen und Gegensätze aufrufen.

>Viele Afrikaner nehmen die Staatsgewalt heute nur noch als Raubrittertum wahr.«

Die in dem Satz gemachte Aussage ist für den afrikanischen Kontinent nicht bestimmbar. Unter »viele Afrikaner« können sowohl zehn Afrikaner/innen wie 3 Millionen verstanden werden. Es ist nicht klar, auf welche Quellen sich diese Aussage stützt, sie suggeriert eine empirische Fundierung, die nicht explizit gemacht wird und bestätigt so lediglich Vorurteile. Die Angabe »viele Afrikaner« dient zusätzlich dazu der Legitimation einer Wahrnehmung afrikanischer Staatsgewalt (Singular!, das heißt wiederum die Implikation, dass Afrika ein einziges Land sei) als »Raubrittertum«. Dieses Bild ist zudem einer als abgeschlossen angesehenen europäischen Epoche entlehnt, wodurch gleichzeitig eine Parallele zu Afrika mit »bestenfalls« europäischer Vergangenheit hergestellt wird. Das negative Bild afrikanischer staatlicher Organisationsformen wird an zahlreichen weiteren Stellen des Textes wieder aufgegriffen:

>Pfründenwirtschaft und Korruption sind in einigen afrikanischen Staaten so weit verbreitet, dass der Staat von der herrschenden Klasse als Selbstbedienungsladen zur Befriedigung privater Bedürfnisse genutzt wird. Begünstigt werden Pfründenwirtschaft und Korruption durch das Fehlen von demokratischen und rechtsstaatlichen Kontroll- und Korrekturmechanismen, aber auch durch eine zu große Rolle des Staates in allen Lebensbereichen.«

Implizit wird hier eine Opposition zwischen »demokratischer Rechtsstaatlichkeit« und »afrikanischer Staatsgewalt« hergestellt, wobei letztere in dem Artikel durch »Pfründenwirtschaft«, »Korruption«, »Befriedigung privater Bedürfnisse« etc. charakterisiert wird. Afrikanische Staats- und Regierungsformen werden pauschal aus der Perspektive einer als selbstverständlich angenommenen und noch mal bestätigten Annahme »rechtsstaatlicher Ordnung«, die implizit westlichen Demokratien zugeschrieben wird, abgewertet. Weiße westliche Gesellschaften werden auch an dieser Stelle nicht explizit und konkret benannt. Sie werden damit zur nicht näher zu erklärenden neutralen Ausgangsperspektive und zum positiven Gegenpol zur pauschalisierten afrikanischen »Wirklichkeit«. Viele Sätze implizieren, dass es sich bei den durch westliche Gesellschaften vertretenen Normen um die positiven, zu erreichenden Werte handelt, die dadurch weiter in ihrer Gültigkeit und Legitimation unhinterfragt bleiben.

Dass es genau diese Staaten mit ihren Wertesystemen und Normen waren, die den afrikanischen Kontinent kolonialisiert, willkürlich in Kolonien aufgeteilt und den Kontinent wirtschaftlich ausgeplündert haben und dass dies bis heute politisch und ökonomisch nachwirkt, bleibt hier unsichtbar. Es wird impliziert, dass es sich um unabhängige Entwicklungen verschiedener Kontinente und Staaten handeln würde.

An dem im Text hergestellten Gegensatz »demokratischer Rechtsstaatlichkeit« mit »Pfründenwirtschaft« und »Korruption« zeigt sich, welche Oppositionen und Gegensätze in dem Text aufgestellt werden. »Pfründenwirtschaft« ist wie auch »Raubrittertum« ein für den deutschen Kontext auf das Mittelalter angewendeter Begriff, der in der Übertragung auf Afrika wiederum lediglich einen Vergleich mit einer europäischen Vergangenheit erlaubt.

Euphemismen

Der Begriff »Stammeskrieg« ist eine euphemistische Umschreibung technologisierter Kriege. Auch mit diesem Begriff werden entweder Konzepte einer weit zurück liegenden europäischen Zeitepoche aufgerufen und/oder Vorstellungen von kleineren, »unzivilisierten« Auseinandersetzungen zwischen verschiedenen Gruppen. Die Rechtsstaatlichkeit verschiedener afrikanischer Länder wird in der Verwendung des Begriffs negiert und ein Bild kriegerischer Auseinandersetzungen entworfen, welches aus europäischer Sicht weder als direkte Bedrohung noch als mit kriegerischen Mitteln ausgetragene Interessenskonflikte, die mit europäischen Kriegen vergleichbar wären, zu erleben ist.

Gründe und Ursachen für die kriegerischen Auseinandersetzungen auf dem afrikanischen Kontinent werden in dem Werbetext nicht explizit gemacht, wodurch ein Eindruck entsteht, dass diese motivationslos oder nicht von größerer internationaler Relevanz seien und auch aus dieser Perspektive nicht mit den westlichen Kriegen zu vergleichen sind.

Die im Werbetext kurz darauf folgende Phrase »Schauplatz von mehr als 50% aller bewaffneten Konflikte« verstärkt diese Vorstellung, indem eine Außensicht auf Afrika explizit gemacht wird, die der Vorstellung eines Theaters entlehnt ist. Durch eine Zuschauerperspektive wird jede Möglichkeit des eigenen Involviertseins negiert.

Es zeigt sich, wie viele unterschiedliche Mittel in dem Text gefunden werden können, durch die insgesamt subtil eine rassistische Vorstellung vermittelt und weiter festgeschrieben wird. Neben der Pauschalisierung und Homogenisierung spielen besonders die unterschiedlichen Bilder, die durch Umschreibungen und Darstellungen aufgerufen werden, eine wichtige Rolle für die Manifestation des rassistischen Diskurses. Sie arbeiten ebenfalls mit Pauschalisierungen, stellen sich aber auch durch implizite und explizite Oppositionen und Personifizierungen her.

Neben der reinen Textanalyse ist auch der Kontext eines Textes für sein Verständnis und seine kritische Einordnung wichtig. Dies wird abschließend erörtert.

Kontextanalyse

Unter Kontextanalyse fassen wir alles, was im Umfeld des Textes verortet werden kann:

* Fragen zur potentiellen *Perspektive*, aus der der Text geschrieben ist:

  Wer hat den Text geschrieben? Wird etwas zum Status der Autorin/des Autors angeführt? Werden Gründe oder Quellen für ihre oder seine Kompetenz angegeben? Wann ist der Text geschrieben worden, wann ist er veröffentlicht?

* Fragen zur potentiellen *Leseerwartung* an den Text:

  Wo ist der Text veröffentlicht/zu finden? Was ist als Motivation des Textes erkenn- und benennbar? Für wen ist er potentiell gedacht? Wer ist die potentielle Zielgruppe? Wer liest den Text?

* Fragen zur *konventionalisierten Einordnung des Textes* und damit zusammenhängend zu seiner potentiellen *Wirkung*:

  Wie ist das Layout des Textes gestaltet (Überschrift, Schriftgrößen und -arten, Grafiken, Bilder, Fotos, Statistiken u.ä.)? Wie ist der Text in einer Gesamtpublikation eingebettet?

Perspektive eines Textes

Ein Text ist nicht losgelöst vom gesellschaftlichen und historischen Kontext geschrieben und wird nicht unabhängig von einem bestimmten Kontext gelesen, er ist immer in einer bestimmten sozialen Situation verortet. Texte sind nicht neutral und unabhängig und nie objektiv, auch wenn dieser Anschein häufig besteht, zum Beispiel bei naturwissenschaftlichen Texten, bei Reportagen oder bei Dokumentationen. Alle Personen, die Texte schreiben und lesen, sind Teil bestimmter Gesellschaften und verschiedener gesellschaftlicher Gruppen, und agieren und reagieren in diesem Rahmen.

Machtrelationen

Wer hat Zugang zu Medien? Wer hat Internetanschlüsse, Tageszeitungsabonnements? Wer kann lesen? Texte entstehen in einem gesellschaftlichen Machtgefüge und stehen auf mehreren Ebenen in einer direkten und indirekten Abhängigkeit zu gesellschaftlicher Machtverteilung, die hier nur angedeutet werden kann. Hinzu kommt, dass nicht alle Personen ihre Meinung und/oder Sicht auf die Welt öffentlich auf eine Art und Weise kundtun können, mit der ein Großteil der Bevölkerung erreicht wird. Nur bestimmte Gruppen haben Zugang zu den Medien, durch die etwas als wichtig für die Allgemeinheit vermittelt werden kann.

Herstellen eines Expert/inn/enstatus

Autorität entsteht häufig dadurch, dass der Person, die eine bestimmte Auffassung in einem Gespräch oder einem schriftlichen Text kundtut, ein Expert/inn/enstatus gegeben wird. Wodurch wird die Person als Expertin oder Experte ausgewiesen?

Wenn im Nachspann eines Artikels zur wirtschaftlichen Entwicklung Nigerias die Autorin als Professorin für Volkswirtschaft an einer deutschen Universität vorgestellt wird, ist damit gleichzeitig implizit eine Autorisierung dieser Person für das Thema angenommen und hergestellt. Wenn dies beim Lesen nicht hinterfragt, sondern hingenommen und stillschweigend akzeptiert wird, verfestigt sich automatisch die Vorstellung, dass diese Person für dieses Thema kompetent sei. Frau/man kann sich also beim Lesen jedes Textes fragen, ob die Autor/innenschaft explizit gemacht wird und ob frau/man selbst diese Person für das behandelte Thema als kompetent einschätzt. Im Kontext der deutschen Medien wird beispielweise der Journalist Peter Scholl-Latour als »Afrika-Experte« angesehen: Seine Publikationen finden sich auf Bestsellerlisten, er wird zu Podiumsdiskussionen eingeladen usw. Auf diese Weise verstärkt sich in der öffentlichen Wahrnehmung die Annahme immer weiter und wird nur schwer hinterfragbar, dass er ein Experte sei. Dadurch gewinnen seine Äußerungen automatisch an Autorität.

»Wir« und »Sie« im Text

Häufig findet sich kein explizites »Wir« und »Sie« in einem Text, und es werden andere, implizitere Strategien gewählt, durch die eine Perspektive hergestellt wird.[6] Auf einem Kalenderblatt des Duden zum 13. März 2003 steht zum Beispiel: »Das Okapi ist eines der wenigen Großtiere, die bis ins 20. Jahrhundert unentdeckt blieben. Erst 1901 stieß man in den Regenwäldern des Kongo auf das erste Exemplar des etwa pferdegroßen Tieres.« In diesem kurzen Text wird eine westliche Perspektive reproduziert: Die Afrikaner/innen der betreffenden Regionen haben dieses Tier bestimmt nicht erst 1901 »entdeckt«. Es wird nicht explizit benannt, aus welcher Perspektive heraus es sich um eine »Entdeckung« handelt. So wird eine koloniale Perspektive implizit in den Status der Allgemeingültigkeit erhoben. Das Implizite macht eine Bewusstmachung dieser Perspektive aber gerade so schwierig. Entsprechend diesem Beispiel kann bei allen Texten und mündlichen Äußerungen gefragt werden, wer das »Ich« oder »Wir« des Textes ist, und wer das »Du«, »Ihr« oder »Sie«, wessen Wirklichkeit und Perspektive geäußert und als allgemein-verbindliche hergestellt wird. Wer wird einem expliziten oder auch impliziten »Wir« zugerechnet, und wer wird dadurch zum »Sie« oder auch andersherum? Bleibt das »Wir« und »Sie« des Textes die ganze Zeit konstant? Welche Gruppen werden auf diese Weise hergestellt? Für wen gibt die Autorin/der Autor vor zu sprechen, und wer bleibt vielleicht ganz ausgeschlossen?

So schreiben sich Perspektiven in der Regel subtil in einen Text ein, und es ist nicht leicht, diese zu erfassen. Eng damit hängen die Lese- und Hörerwartungen zusammen, die frau/man an mündliche und schriftliche Äußerungen hat.

Leseerwartungen an einen Text

Wie häufig erfahren wir etwas über die Situation von nigerianischen Flüchtlingen, über die Zustände in so genannten »Abschiebegefängnissen«, über die Diskriminierung Schwarzer deutscher Kinder im Schulalltag, wenn wir eine Tageszeitung lesen oder Nachrichten im Fernsehen sehen? Nur durch das Erscheinen in bestimmten Medien werden »Nachrichten« zu »Nachrichten«. Die Entstehung einer Nachricht ist ein langer Prozess über verschiedene Instanzen wie Korrespondent/inn/en, Nachrichtenagenturen, Redaktionen usw. Das, was in den Nachrichten im Fernsehen beispielsweise zu sehen ist, ist nicht das, was auf der Welt »passiert«, sondern das, was aus einer bestimmten Perspektive heraus als berichtenswert angesehen wird: Weil es informativ erscheint, sensationell und spannend ist, sich gut vermarkten lässt, die Einschaltquoten erhöht, unterhält, nicht langweilig, nicht zu direkt bedrohlich ist usw. Dadurch wird gleichzeitig auch eine Erwartungshaltung an Nachrichten hergestellt. Was wir nicht lesen können in Bezug auf internationale Politik beispielsweise, bleibt unzugänglich solange nicht andere Mittel der Informationsbeschaffung systematisch und kontinuierlich genutzt werden (können).

Natürlich ist der Fokus bei der Auswahl relevanter Themen, zum Beispiel für die Titelseite einer Tageszeitung, zuerst auf das eigene Umfeld gerichtet. Eine Frage ist aber, inwieweit beispielsweise durch eine weitgehende Ignorierung von Afrika in der deutschen Tagespresse mit dazu beigetragen wird, dass es nicht als relevanter Bestandteil des eigenen Lebens aufgefasst wird.

Schaut frau/man sich zum Beispiel an, wie viel Platz eine Darstellung zu Afrika in einer konkreten Ausgabe einer Tageszeitung einnimmt, so ist in der Regel festzustellen, dass dieser sehr gering ist. Nicht nur finden in Afrika an dem selben Tag, an dem die Tageszeitung erscheint, auch internationale Sportveranstaltungen und Theaterpremieren statt, werden Staatsbesuche und Wahlen abgehalten, Wirtschaftsprognosen erstellt und verworfen, volkswirtschaftliche Wachstumsraten präsentiert oder finden wissenschaftliche Konferenzen und Treffen zwischen Vertreter/inne/n verschiedener afrikanischer Staaten und Organisationen statt. Auch könnten mit einer veränderten Perspektive auf beispielsweise internationale ökonomische Abhängigkeiten viele Ereignisse in Afrika von ebenso großer direkter Relevanz für deutsche Tageszeitungsleser/innen wie etwa Vorkommnisse in den USA oder Japan sein. Letztere sind aber ungleich stärker vertreten. Durch die disproportionale Verteilung der außenpolitischen Berichterstattung werden zugleich Wahrnehmungen gesteuert, die Afrika als Ganzes in der deutschen Öffentlichkeit nahezu unsichtbar machen. Auch hier dient Afrika in der Regel lediglich als Folie zur Heraufbeschwörung eines »Anderen«, welches von Tragödien und Katastrophen gekennzeichnet ist und so die Distanzierung der westlichen Welt verstärkt. Dies spiegelt sich auch in der Anzahl der Korrespondent/inn/en, die Zeitungen und Nachrichtenagenturen in anderen Ländern und Kontinenten beschäftigen und wo der gesamte afrikanische Kontinent in der Regel von nur einer einzigen Person »überwacht« wird.

Dadurch, dass ein Artikel in einer Tageszeitung erscheint, wird diesem und damit dem Verfasser/der Verfasserin automatisch eine Autorität verliehen, die frau/man nur durch bewusste Nachfrage an den Text reflektieren kann: Worüber schreibt die Person sonst? Von wem wird sie bezahlt? Das heißt auch: Wessen Interessen vertritt sie? Wo ein Text veröffentlicht ist, sagt nicht nur etwas über die Perspektive des Textes aus, sondern hat auch Auswirkungen darauf, mit welcher Erwartung ein Text gelesen wird. Habe ich mein Wissen über »Naturreligion« aus einem Wörterbuch, aus einer Selbstdarstellung, aus einem Brief von einem Missionar in einem afrikanischen Land im 19. Jahrhundert oder etwa aus der vorliegenden Publikation? In allen Veröffentlichungen kommt eine unterschiedliche Perspektive auf den Gegenstand zum Ausdruck.[7] Grundsätzlich kann frau/man beim Lesen jedes Texts eine kritische Distanz einnehmen, indem sie/er fragt: Wo ist der Text veröffentlicht? Welche Leseerwartung ist mit dem Veröffentlichungsort verbunden? Wer hat den Text geschrieben? Wird die Autorin bzw. der Autor eines Textes explizit benannt? Welche Autorität wird der Person implizit oder explizit zugeschrieben? So wird ein und demselben Text bei Veröffentlichung in einem Lexikon in der Regel eine höhere und objektivere Autorität zugeschrieben werden, als wenn er in einer Werbebroschüre zu finden ist.

Der zu Beginn wiedergegebene Text unterscheidet sich stilistisch und inhaltlich von einer typischen Reklame, die für den Rest des Heftes, in dem er erschienen ist, kennzeichnend ist (zum Beispiel auch ersichtlich durch den mehrfarbigen Druck, Produktbenennungen, Aufführung von Bezugsquellen und Kaufpreisen). Der Text versucht, in Form und Inhalt von Werbung losgelöst, als Teil einer Informationsvermittlung zu erscheinen und stellt so den Anschein einer sachbezogenen Autorität her. Damit wird das direkte Ziel der Werbung zum Kauf von Schulbüchern durch eine Aufmachung, die suggeriert, dass es sich hier um »seriöse« Informationen handele, verdeckt.

Der Status, die Funktion oder die Kompetenz der Autor/inn/en werden nicht sichtbar gemacht. Doch auch über das Auslassen einer solchen Markierung wird impliziert, dass die Autor/inn/en eine Kompetenz in Bezug auf die behandelten Fragen besitzen. Dabei wird Autorität ausschließlich darüber hergestellt, dass die beiden vom Verlag dazu ermächtigt worden sind, sowohl den Einführungstext zu verfassen als auch die nachfolgenden Materialen des Teils der Werbebroschüre, in dem Zeitungsartikel und Grafiken zu Afrika zusammengestellt und abgedruckt sind, auszuwählen. Diese sollen offensichtlich als »aktuelle Schulbuchergänzung« dienen, wie auf der Textseite angekündigt ist. Durch ein kritisches Lesen kann die vordergründig etablierte Autorität also kritisch hinterfragt werden.

Im Text selbst wird nicht an einer einzigen Stelle auf Schulbücher oder die Schulpraxis der Vermittlung von »Wissen« Bezug genommen. Auch dadurch wird der Eindruck verstärkt, dass es sich um objektive und neutrale Informationen handele, die nicht vornehmlich Werbe- und Verkaufsstrategien dienen würden. Auf diese Weise wird eine wirkungsvolle Stilmischung betrieben: Beim Lesen des Textes kann der Eindruck einer Unparteilichkeit von den zu bewerbenden Schulbuchverlagen und ihren Produkten vermittelt werden. Diese Wahrnehmung kann dann unbewusst auf die Schulbücher übertragen werden, die auf der gleichen Seite dargestellt sind. Es wird so ein Image hergestellt, in dem die Schulbücher als objektiv »gut« und richtig erscheinen.

Eine Kontextanalyse mit den oben aufgeführten Fragen kann helfen, die potentielle Autorität von Texten und Äußerungen in Frage zu stellen, indem sie im Kontext ihrer Veröffentlichung und Autorisierung kritisch hinterfragt werden. Grundlegend ist dabei die Annahme, dass es keine neutralen Texte, keine objektiven Sichtweisen auf Wirklichkeit und keine absoluten Autoritäten gibt, sondern jede sprachliche Äußerung immer von einer bestimmten Position aus getätigt wird, die kritisch reflektiert werden muss.

Die vorgeschlagenen Fragen können auch auf andere Texte angewendet werden. Leser/innen können mit ihrer Hilfe die Autorität, Wirkung und Bedeutungsentwicklung in Texten kritisch hinterfragen. Die vorliegende Analyse und Liste von möglichen

Fragen kann nicht mehr als ein erster Schritt sein. Sie muss von allen Anwender/inne/n kontinuierlich ergänzt und modifiziert werden.

Anmerkungen

1. Wir werden im Folgenden von Texten reden, meinen damit aber auch mündliche Äußerungen. In Bezug auf die hier diskutierten sprachlichen Muster lassen sich große Übereinstimmungen zwischen schriftlichen und mündlichen Äußerungen finden.

2. Wer die hier vorgestellte Analyse vertiefen möchte, sei auf die verschiedenen Buchempfehlungen im nachfolgenden Teil verwiesen.

3. Entsprechende Ausdrucksweisen werden auch später noch unter dem Punkt »Quantifizierungen« besprochen. An dieser Stelle wird so z.B. ein mögliches Argument entkräftet, wonach gar nicht von Afrika als Ganzem geredet worden sei, sondern nur bestimmte Regionen gemeint worden wären. Es handelt sich hier um eine unkonkrete Modifikation des Gesagten.

4. Siehe zum Beispiel die Einträge → »Schwarzer Kontinent«, → »Schwarzafrika«.

5. Siehe Eintrag »Schwarzafrika«.

6. Dies ist zugleich auch ein Bereich, der sowohl der Kontext- wie auch der Textanalyse zugerechnet werden kann.

7. Dies ist ein Beispiel dafür, wie wenig die Ebenen der Perspektive und der Leseerwartung an manchen Stellen voneinander zu trennen sind.

V. Leseempfehlungen:
Kommentierte deutschsprachige Literatur zu Rassismus und Sprache

ausgewählt und kommentiert
von Susan Arndt und Antje Hornscheidt

Konstruktion von Rasse

Mosse, George L. *Geschichte des Rassismus in Europa.* Frankfurt/M. 1990 (Erstveröffentlichung in Englisch 1978).

In diesem Standardwerk, das seit 1978 immer wieder aufgelegt wird, zeichnet der bekannte US-amerikanische Historiker George L. Mosse den Aufstieg des Rassismus von seinen modernen Ursprüngen bis zu Hitlers »Endlösung der Judenfrage« nach. In diesem Zusammenhang geht er auf die Genese der »Rassentheorien« ein und zeigt, wie und warum rassistisches Denken in alle gesellschaftlichen Bereiche eindringen konnte. Dabei vertritt er die These, dass der Rassismus keine Randerscheinung, sondern ein grundlegendes Element der europäischen Kulturentwicklung gewesen ist. Er zeigt, dass Rassismus denselben Quellen entsprungen ist, die auch die Grundströmungen moderner europäischer Kultur gespeist haben – Aufklärung und Pietismus, Rationalismus und Romantik.

Cavalli-Sforza, Lucio und Francesco. *Verschieden und doch gleich. Ein Genetiker entzieht dem Rassismus die Grundlage.* München 1994 (Erstveröffentlichung auf Italienisch 1993).

»Weil uns die Unterschiede zwischen weißer und schwarzer Haut oder zwischen den verschiedenen Gesichtsschnitten auffallen, neigen wir zu der Annahme, zwischen Europäern, Afrikanern, Asiaten und so weiter müsse es große Unterschiede geben ... Aber das trifft nicht zu: Im Hinblick auf unsere übrige genetische

Konstitution unterscheiden wir uns nur geringfügig voneinander.« Dieser Satz bringt die Essenz des Buches zum Ausdruck, in dem Lucio und Francesco Cavalli-Sforza nachgewiesen haben, dass es nicht möglich ist, aus, beispielsweise Weißen oder Schwarzen, eigenständige genetische Gruppen zu konstituieren. Zwischen Individuen einer früher als genetisch gleich definierten Gruppe herrscht oft größere Variabilität als zwischen Individuen, die gemeinhin als Angehörige verschiedener »Rassen« angesehen werden. Damit entziehen die Genetiker dem Rassismus seine biologistische Grundlage.

Rassismus

Memmi, Albert. *Rassismus*. Hamburg 1992 (Erstveröffentlichung auf Französisch 1982).

»Rassismus entsteht durch die verallgemeinerte und verabsolutierte Wertung tatsächlicher oder fiktiver Unterschiede zum Nutzen des Anklägers und zum Schaden seines Opfers, mit der seine Privilegien oder Aggressionen gerechtfertigt werden sollen.« Diese Rassismus-Definition von Albert Memmi ist in die *Encyclopaedia Universalis* und auch in die *Brockhaus Enzyklopädie* aufgenommen wurden. Seither ist sie grundlegend in Forschung und Lehre. In seinem Buch führt Memmi diese Definition aus. Dabei erfährt sie eine Präzisierung, und der Autor zieht Bezüge zu Antisemitismus, dem auf Rassismus gründenden Kolonialismus und Fremdenfeindlichkeit.

Hall, Stuart. *Rassismus und kulturelle Identität. Ausgewählte Schriften 2*. Hamburg 2002.

Diese Schriftenauswahl gibt Einblick in theoretische Grundpositionen von Stuart Hall, einem der wichtigsten Begründer der Cultural Studies, zu Rassismus im Kontext von kultureller Identität, Multikulturalismus und Nationalismus. Zu den von ihm diskutierten Thesen gehört, dass sich eine multikulturelle Gesellschaft nicht durch ein Insistieren auf Integration auszeichnet, sondern dadurch, dass den Eingewanderten das Recht eingeräumt wird, ihre eigene Kultur zu bewahren. Kulturelle Identität fasst er dabei als historisch gewachsenes und dynamisches Konstrukt, dass sich in und durch verschiedene gesellschaftliche Achsen der Macht herstellt. Dabei bleibt aber zum einen ein Spielraum für eine bewusste und reflektierte individuelle Reaktion auf Sozialisationsmuster. Zum anderen ergibt sich kulturelle Identität aus einem Kampf und Wechselspiel verschiedener Differenzen.

Kolonialismus

Osterhammel, Jürgen. *Kolonialismus. Geschichte, Formen, Folgen*. München 1995.

Das Buch beschreibt koloniale Herrschaft als herausragendes Merkmal der Weltgeschichte zwischen etwa 1500 und 1960. An Beispielen aus allen Imperien der Neuzeit schildert Osterhammel Methoden der Eroberung, Herrschaftssicherung und wirtschaftlichen Ausbeutung. Davon ausgehend werden so wichtige Schlagworte wie Kolonien, Kolonialismus und Imperialismus erörtert und definiert. Osterhammel vertritt die These, dass um 1870/80 eine Epochenzäsur des Kolonialismus anzusetzen ist. Der Kolonialismus tritt in seine imperialistische Phase. Der wichtigste regionale Schwerpunkt ist dabei die europäische Okkupation Afrikas. Auch die diese Entwicklung tragende koloniale Mentalität sowie die ihr zuwiderlaufende Dekolonisation werden im Buch behandelt.

Said, Edward. *Kultur und Imperialismus. Einbildungskraft und Politik im Zeitalter der Macht*. Frankfurt/M. 1994 (Erstveröffentlichung auf Englisch 1993).

In diesem Buch diskutiert der Autor des Buches *Orientalismus* die unbewussten und bewussten Bevormundungs- und Überwältigungsstrategien, die der Westen zur Zügelung des ihm Fremden ausgebildet und gebraucht hat sowie die Rechtfertigungsstrategien, mit denen Rassismus und Kolonialpraxis im Westen legitimiert werden sollten. Dabei beleuchtet er auch die diesbezügliche Rolle von westlicher Literatur, Humanwissenschaften und Politik. »Was ich versucht habe«, schreibt Said, »ist eine geographische

Überprüfung der historischen Erfahrung, und ich habe mir dabei bewußt gehalten, dass die Erde tatsächlich eine einzige Welt ist, in der es unbewohnte Räume im Grunde nicht mehr gibt. So wie von uns niemand außerhalb oder jenseits der Geographie steht, so ist niemand von uns vollständig frei vom Kampf um die Geographie. Dieser Kampf ist komplex und lehrreich, weil er nicht nur um und mit Soldaten und Kanonen geführt wird, sondern auch mit Ideen, Formen, Bildern und Imaginationen.«

Mamozai, Martha. *Schwarze Frau, weiße Herrin. Frauenleben in den deutschen Kolonien.* Reinbek b. Hamburg 1982.

Martha Mamozais Buch beleuchtet als erstes die ambivalente Rolle von deutschen Frauen in der deutschen Kolonialgeschichte. Zum einen rekonstruiert sie aus zeitgenössischen Bildern und Zeugnissen die enge theoretische Verwobenheit von Rassismus und geschlechtsspezifischer Diskriminierung. Dabei macht sie deutlich, dass die patriarchalische Grundeinstellung Weißer Männer gegenüber Weißen und Schwarzen Frauen zwar gemeinsame Wurzeln, aber dennoch auch unterschiedliche Manifestationen hat. Andererseits zeigt das Buch auf, wie sich Weiße Frauen an der Unterdrückung der Schwarzen beteiligten, insbesondere auch der von Schwarzen Frauen. Weiße Frauen haben nicht nur mitgeschwiegen, sondern auch mitgemacht. Sie tragen, so Mamozai, in gleichem Maße Verantwortung für den Kolonialismus wie Männer.

Sprache, Diskriminierung und Rassismus

Klemperer, Victor. *LTI. Notizen eines Philologen.* Leipzig 1987 (Erstveröffentlichung 1946).

Selber von den Nationalsozialisten verfolgt, hat Klemperer Tagebuch geführt, welches der Veröffentlichung von LTI zu Grunde liegt. Im LTI (Lingua Tertii Imperii - Sprache des Dritten Reiches) dokumentiert und kritisiert er den Sprachgebrauch, vor allem Wörter und Redewendungen, im Nationalsozialismus. Das Buch ist ein bis heute überzeugendes und bedeutsames Zeugnis dafür, wie sich die nationalsozialistische Ideologie in und durch Sprache manifestierte.

Morgenstern, Christiane. *Rassismus – Konturen einer Ideologie. Einwanderung im politischen Diskurs der Bundesrepublik Deutschland.* Hamburg 2002.

Die Monografie untersucht, wie Rassismus in den Debatten um die Anwerbung ausländischer Arbeitskräfte zum Ausdruck kommt. Es wird untersucht, inwiefern sich in den politischen Auseinandersetzungen um Einwanderung, multikulturelle Gesellschaft und Asyl in den 1980er Jahren eine neue Form rassistischer Ideologie entwickelte. Nach einer Einführung des Konzepts Rassismus und einer Darstellung eines spezifisch deutschen Rassismus findet sich im dritten Teil eine Diskursanalyse von Debatten des deutschen Bundestages, an denen die Herstellung von Rassismus in Sprache und politischen Reden untersucht wird.

Pörksen, Bernhard. *Die Konstruktion von Feindbildern. Zum Sprachgebrauch in neonazistischen Medien.* Opladen 2000.

Der Autor untersucht in der Monografie Schriften neonazistischer Gruppen, an denen er die Konstruktion des neonazistischen Weltbildes dieser Gruppen am Beispiel der Entstehung von Feindbildern nachzeichnet. Er konzentriert sich in seiner Analyse besonders auf Schlagwörter, Neologismen und Metaphern zur Feinbildkonstruktion. In den Untersuchungen kommen nicht nur einige der auch in der vorliegenden Publikation kritisierten Begrifflichkeiten vor, seine Analyse ist darüber hinaus auch auf andere Kontexte als den neonazistischen anwendbar und kann weitere Ideen für kritisches Lesen von Texten in Bezug auf Rassismus eröffnen.

Jung, Matthias; Martin Wengeler; Karin Böke (Hrsg.). *Die Sprache des Migrationsdiskurses. Das Reden über „Ausländer" in Medien, Politik und Alltag.* Opladen 1997.

In 24 Artikeln wird in diesem Band der Frage nachgegangen, wie Ausländer/innen in unterschiedlichen Diskursen und Zusammenhängen sprachlich konstruiert werden. Einen Schwerpunkt bildet dabei die Frage, welche Rolle der Sprachgebrauch der Medien für die Herstellung von z.B. rassistischen Konzeptualisierungen hat. Als Ganzes gibt der Band einen sehr guten Einblick in unterschiedliche Herangehensweisen an den Zusammenhang von Sprache, Medien und rassistischen Denkmustern.

Demirovic, Alex; Manuela Bojadzijev (Hrsg.). *Konjunkturen des Rassismus.* Münster 2002.

In verschiedenen Artikeln wird die Wirkungsweise und Herstellung von Rassismus in Alltag, Medien und Institutionen, in Politik und Gesellschaft Ende der 1990er Jahre analysiert. Es wird dargestellt, wie Rassismus auf allen gesellschaftlichen Ebenen verankert ist und als rassistisches Ideologem zu einer Refiguration und Transformation von Rassismus geführt hat. Dabei werden sowohl Rassismus als auch Antirassismus kritisch beleuchtet. In mehreren Artikeln finden sich zudem Leitfäden und Tipps zum Lesen und Verstehen von Texten in Bezug auf Rassismus (insbesondere die Artikel von Link und Jäger in diesem Band).

Schwarze Deutsche

El-Tayeb, Fatima. *Schwarze Deutsche. Der Diskurs um »Rasse« und nationale Identität 1890-1933.* Frankfurt/M., New York 2001.

Ausgehend von umfassenden Quellen untersucht Fatima El-Tayeb die wissenschaftliche und politische Debatte zur Ausgrenzung von deutschen afrikanischer Herkunft in den Jahren 1890 bis 1933. Dabei setzt sie sich mit der Konstruktion der Kategorie »Rasse« sowie der Geschichte der Verfolgung und Diskriminierung von

Schwarzen Deutschen in den deutschen Kolonien sowie der deutschen Gesellschaft bis zur Gegenwart auseinander.

Hügel-Marschall, Ika. *Daheim unterwegs. Ein deutsches Leben.* Berlin 1998.

In der Autobiografie erzählt Ika Hügel-Marschall ihre Geschichte von der Nachkriegszeit in der deutschen Provinz, u.a. ihrer Zeit in einem Kinderheim, bis hin zu den 90er Jahren des 20. Jahrhunderts, als sie in Berlin lebt und arbeitet. Ihr Leben ist dabei durchgängig geprägt von einem deutschen Rassismus, der ihr als Schwarzer Deutscher alltäglich begegnet und der in der Autobiografie sehr eindrücklich nahe gebracht wird. Dabei wird nicht nur der Rassismus in der deutschen Provinz in den 1960er und 70er Jahren deutlich gemacht, sondern beispielsweise auch der Rassismus der deutschen Frauenbewegung kritisch beleuchtet.

Oguntoye, Katharina; May Opitz; Dagmar Schultz (Hrsg.). *Farbe bekennen Afro-deutsche Frauen auf den Spuren ihrer Geschichte.* Frankfurt/M. 1997 (Erstveröffentlichung 1986).

In diesem Band melden sich Schwarze deutsche Frauen erstmalig selbst zu Wort. Sie thematisieren ihre Erfahrungen mit Rassismus, die dazu führen, dass sie sich oft fremd in ihrem eigenen Land fühlen. Dabei diskutieren sie historische und gesellschaftliche Zusammenhänge von Rassismus und zeichnen die Geschichte von Schwarzen in Deutschland nach.

Weiß-Sein

Morrison, Toni. *Im Dunkeln spielen. Weiße Kultur und literarische Imagination.* Hamburg 1994 (Erstveröffentlichung auf Englisch 1992).

In ihrem anregend geschriebenen Essay weist die afrikanisch-amerikanische Literaturnobelpreisträgerin darauf hin, dass Weiße Schriftsteller/innen über Rassismus sprechen, ohne dass sie sich selbst als involviert betrachten würden. Eine Menge Zeit und Intelligenz sei investiert worden, »um Rassismus und seine entsetzlichen Auswirkungen auf seine Objekte aufzudekken«. Morrisons Fazit lautet, dass jede Auseinandersetzung mit Rassismus und kultureller Identität jedoch an Grenzen geraten muss, wenn »der Einfluß des Rassismus auf diejenigen, die ihn perpetuieren ... die Wirkung rassistischer Beugung auf das Subjekt ausgeklammert ... und unanalysiert bleibt«. Erst über die Einbeziehung von Weiß-Sein als Konstruktion und Kategorie könne sich ein komplexeres und dynamischeres Verständnis von gesellschaftlicher und individueller kultureller Identität in ihrer Wechselbeziehung zu kolonialen Tradierungen und rassistischen Konstruktionen herausbilden. Getragen von diesem Ansatz kam es Anfang der 1990er Jahre in den USA zur Herausbildung der Forschungsrichtung, die nach David Stowe »Critical Whiteness Studies« genannt wird.

Wachendorfer, Ursula. »Weiß-sein in Deutschland. Von der Unsichtbarkeit einer herrschenden Normalität.« in: Arndt, Susan (Hrsg.). *Afrikabilder. Studien zu Rassismus in Deutschland.* Münster 2001: 87-101.

Die Weiße deutsche Psychologin Ursula Wachendorfer war die erste, die den Ansatz der Critical Whiteness Studies auf die deutsche Gesellschaft übertragen hat. In diesem Essay weist sie auf die konstituierende Rolle hin, die Weiß-Sein im Kontext von Rassismus spielt und dass eben dies von Weißen unreflektiert bleibt. Typische Weiße Abwehrmuster, sich mit Weiß-Sein auseinander zu setzen, sowie Privilegien und Verantwortlichkeiten, die Weiße Individuen und Gesellschaften besitzen, werden von ihr reflektiert.

VI. Index

O
Ogoni 215, 217

P
People of Colour 14, 62, 94, 130, 166,
171, 174, 189
»primitiv«/»Primitivität« 7, 19, 26,
35-37, 45-48, 58, 77, 100, 104,
113-115, 117, 132-134, 143, 148,
151-152, 161, 179-182, 187-
188, 190-194, 210, 214-215,
220-223
»Primitivreligion« 76-77
Privilegien/Privilegierung 8, 12, 30-31,
58-59, 61-62, 65, 80, 82, 108,
110, 150
»Pygmäe« 184, 194-196

R
»Race« 17, 68-69, 199-202
»Rasse« 11-13, 15, 18, 22, 26, 31-32,
38-41, 57, 64, 89-94, 116, 124-
125, 128-130, 137-141, 147-
151, 154, 164-165, 168, 170,
173-174, 184-186, 194-195,
197-204, 207, 213
»Rassenschande« 92-93
Rassismus, Definition 11-12
Rassismus
Institutionalisierung von 11-13
»kultureller« 16
»positiver« 15-16, 48, 221-222
und Cultural Studies 200-201
und Sprache (allg.) 21-33, 44-60,
224-251
und Wörterbücher 33-44
»Rechtsextremismus« 15, 55, 57
Regenwald 100, 112, 115, 194, 247
Religion 20, 26, 56, 76-78, 103, 108,
125-126, 132-136, 148, 162,
169, 176-179, 181, 197, 205,
222, 249
Reliquien 132-136
Reproduktionsunfähigkeit 91
»Rheinlandbastarde« 92-93

Riten 66, 142, 176
Roma 82
Romantisierung von Afrika 178-179
Rwanda 138, 140

S
»San« 105
»Schimpfwort« 29, 36, 39-41, 90, 152,
155-156, 166, 184, 188
Schokokuss 36, 64-65, 169, 188,
237
Schulbücher und Afrika
schwarz/Schwarz, Groß- und Klein-
schreibung 13-14, 64
»Schwarzafrika« 18, 138, 169, 185-
186, 204-206
Schwarze Deutsche 13-15, 26-27, 49,
54, 65-66
»Schwarze Schmach« 93
»Schwarzer Kontinent« 7, 35, 207-
208
schwul 29
Sex (als Kategorie) 68, 199
Simbabwe 205, 231
»Sippe« 36, 209-213
»Stamm« 19, 21, 33, 35, 64, 97,
102-103, 116, 124-125, 137,
142-143, 147-148, 154, 156,
180, 190-191, 194, 198, 209,
213-218
»Stammesfehde« 66, 215
Struwwelpeter 171
»subsaharisches Afrika« 204-205
Südafrika 36, 102-103, 130, 137,
147-148, 154-158, 164, 184,
205, 231
»Sudanneger« 66, 186
Sultan 145-146
Swahili 46, 125
Swazi 217

T
Tiermetaphorik 19, 173-174, 182
Togo 184
tradiert 47, 230